大数据时代高校网络舆情引导机制与话语模式研究

朱 斌 郑 静 张美玲 著

上海交通大学出版社
SHANGHAI JIAO TONG UNIVERSITY PRESS

内容提要

本书以高校网络舆情为研究对象,分为上下两篇。上篇主要阐述大数据时代高校网络舆情引导机制构建情况,通过介绍当下网络舆情生态与预警模型建构情况,并结合运用算法工具分析具体舆情事件,以展现相关机制原理。下篇重点分析全媒体时代的高校主流意识形态话语权,并以泛娱乐思潮冲击为切入点,分析高校网络舆情话语模式的发展情况。本书可供高校网络舆情管理者、思政教育工作者等群体阅读参考。

图书在版编目(CIP)数据

大数据时代高校网络舆情引导机制与话语模式研究 /
朱斌,郑静,张美玲著. -- 上海:上海交通大学出版社,
2024.12. -- ISBN 978-7-313-32407-8

Ⅰ.G219.2

中国国家版本馆 CIP 数据核字第 2025RM2117 号

大数据时代高校网络舆情引导机制与话语模式研究
DASHUJU SHIDAI GAOXIAO WANGLUO YUQING YINDAO JIZHI YU HUAYU MOSHI YANJIU

著　　者:朱　斌　郑　静　张美玲
出版发行:上海交通大学出版社　　　　　地　　址:上海市番禺路 951 号
邮政编码:200030　　　　　　　　　　　电　　话:021-64071208
印　　制:上海万卷印刷股份有限公司　　经　　销:全国新华书店
开　　本:710 mm×1000 mm　1/16　　　印　　张:14
字　　数:228 千字
版　　次:2024 年 12 月第 1 版　　　　　印　　次:2024 年 12 月第 1 次印刷
书　　号:ISBN 978-7-313-32407-8
定　　价:88.00 元

序

　　《大数据时代高校网络舆情引导机制与话语模式研究》是浙江农林大学朱斌教授的最新力作,是关于网络舆情引导机制及其对高校主流意识形态影响的专题研究。朱斌教授长期从事地方高校党政领导岗位工作,对于深受全球化和互联网双重裹挟的高校舆情生态的复杂性有着比较深刻的认识。通览全书,字里行间充溢着作者对于网络舆情大环境下高校主流意识形态话语权的理性认知和深切忧虑。

　　稍做文献检索可以发现,目前关注高校网络舆情问题的相关研究成果很多,不乏一些为高校网络舆情治理提供理论支持和实践指导的作品,各种宏观研究和微观分析瑕瑜互见,借助可视化工具和主题模型的技术性研究成果精彩纷呈。然而,朱斌教授高校舆情的工作经历为他累积了"可视化"的内观视野,使本书的研究视角可以在传统媒体、网络新媒体乃至综合了各种媒体类型优势的全媒体时代之间不断切换,让读者身临其境感受到大数据时代高校网络舆情生态的时代变迁和深刻变局。

　　本书整体上的一大观感乃是它的实证性。实证性体现在微观层面社情民意(文中称之为"社会心态")的问卷调查和访谈调研。作者敏锐觉察到,网络舆情不等于网络民意,必须警惕理性思考者在众声喧哗的舆情网络中被迫消音,因此要把反思社情民意和舆情引导结合起来。或许是基于这种"实证"的思想,作者针对高校网络舆情引导的现状分析、高校马克思主义意识形态话语体系的宣传形式和载体效果、泛娱乐化思潮对大学生主流意识形态认同的影响现状、全媒体时代高校主流意识形态话语权建设存在的问题等采取了一系列的问卷访谈的采样、调研和深度研判。正像书中所言,意识形态是系统化、理论化的思想观念体系,运用线下问卷访谈能让其"触手可及"并且可观可感,实证研究真是妙不可言!

　　不仅如此,针对突发事件引发的网络舆情危机,作者借助了大数据强大的搜索引擎和信息处理能力,运用核心算法构建网络舆情预警的量化指标体系,为进一步遏制和排除舆情风险、介入和控制舆情事件的未来走势提供参考。相比线下问卷访谈的微观可感,大数据技术的网络舆情预警模型倾向于量化可见。这种基于大数据模型的网络舆情预警机制显然是多学科交叉融合、纵深推进的结果,其跨越了数字建模的"技术流派"和思辨反思的"人文学派"之间的视野分化,实现了实证研究方法论上的"数字升级"。

实证性是本书的最大特点。对于网络舆情和高校大学生的主流意识形态问题,它们更多是属于具有某种精神内涵和心理属性的主观事实。从这个意义上说,实证研究已不仅仅是一种学术研究的方法,还是学者应当一贯秉持的实事求是的研究姿态。面对全球化和大数据技术的复杂局势,相关研究应具备一种深谙"世情"的洞察能力和对宏观事实的深度剖析能力。

本书的另一大观感是实用性。高校网络舆情引导机制的建模和技术分析,最终要服务于有关高校主流意识形态的网络舆情预警、研判、介入、调适,以及舆情危机应对化解的实际应用工作。线上舆情生态的引导和构建是为了线下高校意识形态阵地的捍卫和坚守。本书基于实用性的问题导向意识十分显著,主要体现在两个方面。

一是治理创新,数智融合。作者跳出了以高校网络舆情的传播速度、传播方式、传播人群、传播特性、社会影响为中心的传统研究范式,基于数字化的相关技术理论和应用场景的变迁,通过多学科之间不断交叉融合,为协同治理提供了新机遇、新作用、新场域。

二是治理协同,共建共享。本书作者在掌握大量理论文献和社会调查实践成果基础上,提出了基于媒体融合的高校网络舆情"六位一体"预警系统和"五制联动"引导机制,为全媒体时代高校主流意识形态话语权提升提供了新的研究路径。通过建设具有强大凝聚力和引领力的社会主义意识形态,使全体人民在理想信念、价值理念、道德观念上紧紧团结在一起,"六位一体""五制联动"可以深入推进高校舆情生态治理,构建网上网下同心圆,更好凝聚多方共识,巩固主流意识形态的共同思想基础。

总之,意识形态是系统化、理论化的思想观念体系,高校是社会思想文化精华荟萃之地,也是党和国家密切关注的意识形态主力战场。本书对高校网络舆情治理和主流意识形态提升提出了系统创新的见解,并进行了严谨细致的论证,为大数据时代高校网络舆情管理提供了重要参考。

李梦云(浙江工商大学马克思主义学院院长)

前　言

在大数据时代,研究高校网络舆情引导机制与话语模式不仅是应对新形势的需要,也是提升高校管理水平、促进和谐校园环境的重要途径,有助于及时识别和响应突发事件,防止负面信息的扩散,帮助管理者制定科学有效的舆情应对策略,提高舆情管理的专业性和及时性,增强校园治理能力的现代化和法治化。

本书分为上下两篇,共五章。上篇旨在构建大数据时代高校网络舆情引导机制,下篇旨在建立大数据时代高校网络舆情话语模式。上篇既有理论分析,也有问题分析,落脚点在于构建高校网络舆情引导机制;下篇重点在于分析全媒体时代高校主流意识形态话语权影响、现状和提升路径,并以泛娱乐化思潮为例,分析网络话语体系对高校主流意识形态影响,提出优化高校主流意识形态引导的建议。

第一章和第二章揭示大数据媒体转型和舆情生态的深层变局。社交媒体的平台化空前扩展了个体之间的连接性,但信息过载和虚假信息泛滥极易触碰用户隐私和引起伦理失范,"三色地带"(红色、灰色、黑色)的舆情平台割裂加剧了结构性失衡的群体网民的极化对立,算法偏见和"娱乐至上"的传播导向放大了受情感和利益驱动的网络舆情情绪性批判和非理性表达。建立开放和理性的主流舆情沟通机制成为大数据时代网络舆情引导的新要求。面对互联网和全球化的双重压力,需要变革传统舆情引导策略,超越单一性思维模式,运用理性思辨的观念,强化复杂性认知框架。本书用专章研讨舆情危机早期识别的预警模型及其初级指标体系的分级分类演化原理,通过采集"3.21"东航飞行事故的相关舆情指标,筛选出一级、二级舆情预警指标体系,并将不同时间片事件分为轻微级、警示级和严重级三个预警级别,利用 OLDA 模型分析不同等级的网络舆情事件的主题变化情况,最后利用 BP 神经网络对测试预警结果进行检验,为网络舆情发展动向的实时评估和预警分析提供数字化技术支撑手段。

第三章聚焦高校网络舆情引导机制的研究。首先是对高校网络舆情的现状进行实证研究,结合问卷和访谈,对浙江省高校网络舆情引导的内外部环境、师生意见领袖的人才队伍、大数据应用平台建设等情况展开深入调研。其次,从高校网络舆情传播视角出发,结合美国、欧洲、日本、韩国等国家和地区的媒体融合范例,提出了"六位一体"高校网络舆情的引导模式和"五制联动"的实现机制。再次,为了实现高校舆情的有效疏导和正确引领,在大数据共享基础上需要实现高校、媒体、师生意见领袖、高校大学生、校园组织的多元主体联动机制;根据舆情生命周期,需要准确研判舆情动向,抢占舆情先机,对舆情进行分期、分类引导治理,构建舆情萌芽期、扩散期、爆发期、消退期、沉淀期的引导机制运行架构。最后,从内外环境优化、师生舆情引导队伍建设、提升平台技术优化等环节切实优化高校网络舆情的引导机制。

第四章和第五章针对大数据时代高校网络舆情话语模式进行研究,结合全媒体时代的相关背景,展现大数据时代高校舆情引导机制的功能性影响。本书以泛娱乐化思潮为例,考察高校大学生对主流意识形态的认同程度及相关提升路径。

本书的研究主题将思想政治教育、新闻传播学、管理学、社会心理学、语言学等人文社科领域的知识相结合,同时涉及大数据与人工智能、情报学等自然科学的建模技术分析,具有显著的跨学科属性。本书通过大数据时代高校网络舆情引导机制的研究,希望可以对高校主流意识形态建设提供场景应用的技术支持和功能性影响。未来,我们需要进一步关注数字化时代背景下,新型信息传播平台、大学生群体(数字青年)、智慧媒体技术、大学治理模式、国际环境等要素的变化对高校舆情的现实场域和话语权环境的深刻影响,进一步强化学科交叉研究,深化实证案例研究,探讨高校网络舆情预警机制及其引导机制面临的新变化和新挑战,对相关制度原理和制度运行机制进行修正和优化。期待相关研究从跨文化比较的视角,融入国外高校网络舆情管理的经验与教训,为全球化背景下的高校管理提供更广阔的视野,从而为大数据时代高校网络舆情引导的理论研究提供新思路、新方法和新路径。

目　录

上篇　大数据时代高校网络舆情引导机制研究

下篇　大数据时代高校网络舆情话语模式研究

上篇 大数据时代高校网络舆情引导机制研究

第一章　大数据时代网络舆情引导工作的新形势

　　在大数据时代,舆情生态发生了翻天覆地的变化。一方面,媒体形态和格局发生根本性改变,传统媒体日渐式微,"社交媒体的平台化空前扩展了个体之间的连接性,将新闻流通、信息传播、民意表达卷入到一个充满变化的新生态当中①"。媒体格局的转型,导致传统的舆情引导方式面临着话语争夺、效果减弱的局面。另一方面,社交媒体、新闻网站、论坛等平台上产生的数据量大幅增加,舆情信息的形式更加多样化,传播速度大大加快,社交媒体和即时通信工具使得事件可以在短时间内迅速发酵,并在广泛的受众群体中传播。在此背景下,基于数据挖掘和数据分析的引导模式已成为管理和应对网络舆情的重要手段。大数据对网络舆情生态的影响是深远且多层次的,它改变了舆情的监测、传播、引导和管理方式,使得舆情生态更加复杂、多元和动态。大数据技术的应用使得舆情引导更加科学、精准和高效,通过利用大数据技术,实时监测社交媒体、新闻网站等平台上的舆情动态,通过关键词搜索、情感分析等手段,及时发现和捕捉舆情热点;通过数据挖掘、语义分析、情感分析等技术,分析舆情的发展趋势、受众情绪和传播路径,为舆情引导提供科学依据。然而,大数据算法可能存在偏见,导致某些观点或群体被过度放大或忽视,一些组织可能利用大数据技术进行信息操控,通过制造假新闻、操纵社交媒体讨论等手段误导公众。此外,大数据在舆情分析中的广泛应用也带来了隐私保护的挑战,可能会导致数据泄露或滥用,侵害用户权益。2024 年 7 月 18 日中国共产党第二十届中央委员会第三次全体会议通过的《中共中央关于进一步全面深化改革　推进中国式现代化的决定》强调:"构建适应全媒体生产传播工作机制和评价体系,推进主流媒体系统性变

---

① 姬德强,应志慧.重思"舆情":平台化时代的舆论[J].现代传播(中国传媒大学学报),2020(2):49－54.

革。完善舆论引导机制和舆情应对协同机制。"①为此,本章通过分析大数据时代主流媒体系统性变革的影响,探讨网络舆情引导面临的新挑战、新要求,提出网络舆情引导机制转型的新思路。

第一节　大数据时代网络舆情引导面临的新挑战

舆情作为大多数人对社会议题相对一致的看法,从形成过程来看主要有三个要素:意见表达者、平台开放性、观点集中度。理论上,如果具有公共参与精神的公众能够针对公共事务充分表达不同的意见,社会又能为这种表达提供足够开放、包容和理性的话语平台和公共空间,而不同的观点在碰撞和互动过程中又能形成充分的社会共识,那么,舆情就能相对真实地生成、呈现并发挥其促进社会善治的积极功能。

要让舆情发挥理性、积极的作用,就需要政府、媒体进行一定的舆情引导。学界主要有两种舆情引导观点:新闻传播学认为舆情引导的主体是传媒,强调舆情引导的信息传播手段以及强化或改变意见的传播效果;社会管理学认为舆情引导的主体是政府,强调舆情引导以通过管理和调控实现引导者目标、实现政府行政目标。运用系统论的观点重新界定舆情引导,可以宏观把握舆情引导作为动态平衡的开放系统的运行特征,即不同的舆情在相互碰撞融合中彼此转化、有序包容,用制度与过程的引导替代内容与效果的引导以促进舆情的整体涌现性的发挥。无论是政府主导或传媒主导,从舆情形成过程的三个要素看,大数据时代的舆情引导主要面临以下4个方面的新挑战。

一、信息传播模式的变化以及公众需求的多样化

在大数据时代,网络舆情引导面临许多新的挑战。

首先,信息过载与虚假信息的泛滥。大数据时代信息的生成和传播速度极快,海量信息使得舆情管理者面临筛选和处理的巨大压力。网络平台的普及使得虚假信息和谣言的传播变得更加容易和迅速。这些信息可能误导公众,甚至

---

① 中共中央关于进一步全面深化改革　推进中国式现代化的决定[M].北京:人民出版社,2024:33.

引发恐慌,给舆情引导工作带来巨大的困难。如何从大量信息中快速识别出关键的舆情信息并及时作出回应,是一大挑战。

其次,舆情的复杂性与多样性。网络舆情表现出极强的多样性,不同群体由于背景、教育、文化等因素持有不同的价值观和立场,这使得舆情引导工作变得复杂。在尊重多元声音的同时,引导舆情向积极健康的方向发展,是一个巨大的挑战。信息传播的碎片化导致舆情难以形成统一的声音,社会的极化现象加剧,网络舆情往往表现为两极化的激烈对立,这给舆情引导增加了难度。

最后,大数据隐私与伦理问题。大数据时代的舆情引导需要收集和分析大量的用户数据,这涉及用户的隐私保护问题。如果数据收集和使用不当,可能导致隐私泄露,损害公众利益,甚至引发法律问题。大数据分析依赖于算法,而算法的设计和应用可能带有偏见,导致某些群体或观点被放大或忽视。这种算法偏见可能影响舆情引导的公正性,进而损害公众的信任。

二、表达者的群体失衡和复杂诉求

理性舆情、主流舆情形成的前提是公众的积极表达和理性表达,并形成持续的公共对话,而当前的舆情场存在的问题是社会公众表达能力、机会和结构的失衡。其中作为网民的部分公众可以进行网络表达,而非网民的表达渠道不够顺畅;而且现有网民中活跃表达人群的占比不高,其中一部分网民在针对特定议题或特定情感结构的驱动下进行的是非理性表达。

从表达主体的数量、规模和人口比例看,当前的网络舆情体现的只是一部分活跃网民的声音,能够反映部分网民的观点和利益诉求,但并不具备足够的代表性。不过,尽管有其群体结构的局限,但互联网时代的网络舆情与传统媒体主导下的旧语境相比仍然鲜活得多,至少在一定程度上比较真实地反映了民心、民情和民意,因此需要被充分尊重和倾听。

三、平台的割裂与传播的偏向

习近平总书记对宣传思想阵地有"三个地带"的论述:"思想舆论领域大致有三个地带。第一个是红色地带,主要是主流媒体和网上正面力量构成的,这是我们的主阵地,一定要守住,决不能丢了。第二个是黑色地带,主要是网上和社会上一些负面言论构成的,还包括各种敌对势力制造的舆论,这不是主流,但其影响不可低估。第三个是灰色地带,处于红色地带和黑色地带之间。"①当下中国舆情场的"三个地带"呈现出碎片、分化、割裂的基本格局:人民日报、中央电视台、各级党报等传统媒体平台,是"红色地带",始终坚持正面宣传为主、注重积极的舆情引导;在新浪微博、腾讯微信、网络论坛上,既有主流媒体发出的正面声音,也有普通网友、网络"大V"的负面批评,是"灰色地带";还有少数网络社区平台中存在敏感信息和激烈批判,是"黑色地带"。这"三个地带"有互动、有转化,但总体上是相对独立、割裂、分化的。

另一个值得关注的现象是移动网络和社交媒体的技术趋向、平台导向和传播偏向。社交媒体的碎片化、爆炸式传播效能,以及网络平台的开放性和把关责任缺失,都容易导致网络舆情"娱乐至上"、观点表达的情绪偏向、公共对话中吵架谩骂等现象盛行。这些由技术平台的传播偏向所放大的舆情负面效应,亟待引起重视、反思和治理。有学者指出:"以话题标签作为公共意见的出口,以热搜榜单为生态位体系的平台模式,正在深刻影响着多元意见的和谐共存与生态健康。"②

四、观点的分化和共识的缺乏

从理想的角度看,公众的公共表达最好是基于知识、价值和理性立场的言说,同时在对话交流中可以达成基本的共识。观点的共识度越高,主流舆情的形成越有可能。然而,当下公众的文化教育水平不一,私利诉求和对公义信奉、坚守的程度不同,社会价值观和社会心态的差异极大,在公共表达过程中很难做到足够理性、负责、一致。这方面最直接的体现就是微博舆情的失衡、冲突、非理性和群体激化,尤其在新媒体事件迅速点燃网民情绪时,情感动员往往多于理性对话,观点对撞通常多于理念共识,情绪性批判不时会超越建设性谏言,由此形成一种恶劣的舆论环境。有学者指出,在这种环境中,"个体只与自身观点相似的个体进行交互,而排斥接纳新的观点,导致网络中难以形成统一的观点"③。

纵观互联网时代的舆情场生态,表达群体如何扩大、对话渠道如何畅通、观

---

① 中共中央党史和文献研究院.习近平关于网络强国论述摘编[M].北京:中央文献出版社,2021:52.
② 黄文森,杨惠涵.生态、圈层、可见性:社交网络舆情空间结构与平台逻辑[J].中国出版,2024(6):21-27.
③ 刘继,郭一凡.基于耦合网络的舆情观点演化机制分析[J].情报杂志,2025(2):126-143,182.

点共识如何形成等问题,将是政府和传媒在进行舆情引导过程中所必须面临的长期挑战。单纯从新闻传播学视角或者从社会管理的视角来看待舆情引导,恐怕都很难真正厘清背后的逻辑,也无法完全建立开放理性的对话和沟通机制。

第二节　大数据时代网络舆情引导的新要求

新闻舆论是思想文化传播的重要渠道,巩固壮大积极健康向上的主流舆论是社会主义文化建设的重要任务。

其中,"新闻舆论"和"主流舆论"这两个概念涉及舆情形成的两个要素——新闻舆论依托的"平台权威性"和主流舆论要求的"观点集中度"。据此,网络舆情引导的基本要求包括以下三个方面。

一是信息选择和内容把关。新闻舆论工作要以正面宣传为主:"展示昂扬向上的社会主流、反映光明进步的社会本质,是新闻舆论工作围绕中心、服务大局的必然要求。""坚持马克思主义新闻观,牢牢把握正确导向"[1]。要不断提高宣传质量,"改进文风,创新方式,做好形势宣传、成就宣传、典型宣传、主题宣传"[2]。要在网络媒体上同样强调正面信息的传播:"改进创新网上宣传,发展健康向上的网络文化,形成网上正面舆情强势。"[3]总体上看,主要是把握两个要求:一方面是设置的议题必须是主流的、积极的;另一方面是报道的内容必须是正面的、向上的,从信息、议题、内容选择和观点表达上要始终坚持"正面宣传"。

二是策略实施和引导方式。在舆情引导策略的实施上,要"把握好舆论引导的时、度、效,引导广大群众多看主流,不受支流支配;多看光明面,不受阴暗点影响;多看本质,不受表面现象迷惑","要敢抓敢管,敢于亮剑,着眼于团结和争取大多数,对错误思想观点进行有力批驳"[4]。

三是平台融合和有效管理。针对传统媒体的衰落,融合转型的主要策略应大力推进传统媒体和新兴媒体融合发展,增强主流媒体的传播公信力、影响力和

① 中共中央宣传部.习近平总书记系列重要讲话读本[M].北京:学习出版社,人民出版社,2014:97.
② 同上。
③ 中共中央宣传部.习近平总书记系列重要讲话读本[M].北京:学习出版社,人民出版社,2014:98-99.
④ 中共中央宣传部.习近平总书记系列重要讲话读本[M].北京:学习出版社,人民出版社,2014:99.

舆情引导能力;针对网络新闻媒体和社交媒体的兴起,要"加强网络社会管理,加强网络新技术新应用的管理,推进网络有序规范运行,确保互联网可管可控,使我们的网络空间清朗起来"。总体要求是增强阵地意识、加强阵地管理,不给错误思想提供传播渠道。传统媒体的重点是通过融合转型来巩固其影响力、保持其公信力;网络媒体的重点是加强管理、强化导向。两者各有侧重,但标准和尺度要逐步实现统一、保持价值一致。

在上述三个要求中,信息选择和内容把关侧重"说什么",策略实施和引导方式侧重"怎么说",平台融合和有效管理侧重"在哪说"。三者结合,在确保舆情导向正确、主流和积极的同时,也对互联网时代的舆情引导提出了新要求。

党的宣传理念和模式主要发端于早期新民主主义革命、成形于延安整风运动和1942年《解放日报》改版,在"救国"的革命语境中探索出典型报道、正面宣传、舆情斗争等典型模式,其核心功能是服务于作为革命党的共产党在特殊历史条件下顺利夺取政权。

中华人民共和国成立以后,党的主要目标和任务是发展经济、建设国家,在"兴国"的语境中除原先已经成熟的典型模式外,突出运用了主题宣传、典型报道和经验报道等模式。改革开放以来,在"强国"的语境下,除继续坚持正面报道、典型报道外,党的宣传也在不断发展舆情引导的思想。1994年,时任中共中央总书记江泽民在全国宣传思想工作会议上首次提出并阐述了"以正确的舆论引导人"的提法。2008年,时任中共中央总书记胡锦涛在人民日报社考察时又针对新形势下如何提高舆论引导能力做了系统阐述。

当下,中国的舆情生态面临两个重大挑战:一是全球化的压力,西方发达国家的舆论宣传对我国舆情场的压力明显增加;二是互联网的压力,经由网络平台激发的汹涌舆情给政府治理带来极大挑战。

面对复杂的舆情环境,尤其是新媒体时代的舆情生态,宣传管理和舆情引导模式需要加快转型,从注重短期的总体信息调控转向长期的社会心态调适,追求舆情引导的科学化、规律化、长效化。实际上,这种转型已经开始,但尚未充分完成,需要加快推进。一些观念变革和实践措施亟待开展,主要包括以下三个方面。

第一,把握社会话题单,设置稳定的公共议题。积极向上、健康主流的舆情场首先要围绕关乎公共利益和社会发展的重大话题来进行公共表达、凝聚社会共识,而当下网络舆情场从公共议题的角度看存在"事件驱动"和"娱乐至上"两个比较严重的问题。

"事件驱动"指网络舆情往往围绕热点事件展开,不同类型的事件接连不断发生,却难以形成稳定的社会话题。于是,网民针对事件的评论多为情绪化、碎片化的,很难基于事件类型形成对事件背后的社会话题的深度反思和理性对话。"娱乐至上"指微博或微信等网络平台上,与明星绯闻、隐私侵犯、伦理缺失、风俗破坏等相关的娱乐话题往往占据头条位置,网民围绕这些明星八卦、娱乐趣闻的讨论和观点往往质量不高,以简单的追捧或愤怒等直觉情绪为主。

因此,不管是权威的官方媒体,还是商业化运作的新闻网站或移动媒体,从舆情引导的基础条件出发,都应该建立和强化议程设置的意识,即肩负起设置稳定的公共议题的社会责任。主流媒体一方面要超越网络事件的浮躁、聚焦重大的社会话题,另一方面也要实现媒介议程、公共议程和社会议程的有效对接。

把握重大的社会问题,通过专业、理性的报道持久地设置公共议题,主动把网民关注议题转换为舆情引导议题,围绕公共议题进行持续对话、凝聚共识,是互联网时代的舆情引导对主流媒体提出的新要求。对大众传媒来说,具体体现在两个方面:其一,要求主流媒体具有"微观真实"和"宏观真实"的平衡意识,懂得在关注具体小问题的同时,也能持续聚焦社会大问题;其二,要求主流媒体把握一系列在国家治理、地方治理过程中的焦点和难点问题,比如重大项目建设、垃圾焚烧厂项目、核电项目、房地产、股市等,能够在某个时期集中进行议程设置,通过持续、深入的报道来强化公众认知、提高社会认同,从而服务于社会经济的良性发展。

第二,鼓励负责任表达,形成理性的观点互动。当前,微博、微信等社交媒体已经成为主导网络舆情场的支柱性平台。比较而言,微博等相对开放的舆情场在热点事件传播、公共观点表达、促发形成舆情方面,具有更强的信息传播和社会动员效果;微信等半封闭、半公开的舆情场是传播范围相对有限的群体传播,微信群是面向特定群体且相对隐蔽的群体传播,而微信公众号如果粉丝规模大则也能构成具有快速传播效果的大众传播。总体上看,在网络舆情场中,开放舆情场的观点汇聚、社会动员功能更强,半开放舆情场的即时传播、信息扩散功能更强。

微博等开放平台的管理运营已经对注册用户采取实名制,即"后台实名、前台匿名",用户注册必须要提供真实的身份信息,但使用的 ID 可以是匿名的,用户可以用同一个身份信息注册多个不同的 ID。基于网民情绪宣泄、网络身份隐匿、个人抗争维权、社会激愤批判等多种情况,开放平台舆情中的谩骂侮辱、人格伤害、隐私侵犯、话语暴力等现象始终层出不穷、屡禁不绝。

为了倡导更加负责、理性的网络表达,有学者提出应建立网络舆情网格化治理机制,即包含网格化监测技术平台、网格化舆情监测、预警研判、引导处置等在内的一整套机制。① 强化网络实名制,在确保网民数据信息安全的前提下,限制每个网民注册 ID 的数量,倡导真正的实名制表达,保持线下行为和线上行为的"言行一致"。而且,网络实名制可以遏制部分网民利用不同的 ID 进行网络谩骂、网络诽谤等非理性表达,也可以更好地保护大多数网民的隐私和人格权,减少不负责任的谩骂和攻击。

此外,为了促进网络上理性、公开、负责任的对话,还需要公众更积极地承担网络平台相关责任。应该鼓励更多的知识分子、社会精英、意见领袖等群体进行活跃的公共表达和理性的公共对话,给予他们更加宽松、自由的话语空间。此外,一些商业网站经常以"平台"角色来自我定位,根据数据抓取、数据分析,筛选出网民最感兴趣、讨论最热烈的话题。但是,其中一些话题也许折射出错误的价值观或者存在极不理性的言论。因此,商业网站应该承担信息把关的责任,对类似话题做必要的筛选、过滤和处理。

第三,强化复杂性认知框架,运用多元的公共话语。在舆情引导过程中,应超越单一性思维,强化复杂性认知框架。

所谓复杂性认知,就是能够超越正面或反面的立场去审视问题,能够超越简单的道德判断去看待问题,能够采用理性思辨的观念去全面深刻地剖析问题,归根结底在于认识社会现实的复杂性。众所周知,社会现实是复杂多样的,采用不同的视角去审视,往往能够客观分析事物的多面性,所表达的观点也往往更加具有说服力。

倡导舆情引导过程中的复杂性认知框架,主要基于三个原因:其一,传统宣传方式的效果面临挑战。过去,我们的舆情引导多采用正面宣传为主的策略。

---

① 曹军辉,王瑛.涉腐网络舆情的网格化治理机制研究[J].重庆大学学报(社会科学版),2020,26(6):211-221.

但是,这种传统的舆情引导,通过选择性、重复性、突出性等手法进行典型报道、经验报道和正面报道,其传播效果具有不确定性,难以充分验证。其二,网民的自主意识不断增强。随着教育程度的提高和网络素养的增强,越来越多的网民具有比过去更加批判的思维、更加自主的立场、更加独立的态度。面对自主意识日益强化的网民,如果单纯采取正面宣传的方式,其说服力相对有限。其三,社会问题的日益复杂。伴随改革开放进入深水区,越来越多的社会问题背后包含错综复杂的原因,其解决的方法也涉及多重因素的协同。面对这些复杂社会问题的舆情引导,采用复杂性认知框架才能比较准确、贴切、真实地说明问题。

此外,要在舆情引导的过程中探索更加多元、有效的公共话语,以增强公众的政治认同、政党认同和体制认同,比如:"历史选择"的话语,主要从具体的历史情境、特定的历史阶段来说明中国革命是如何选择中国共产党、中国共产党又是如何引领中国革命的;"发展绩效"的话语主要从中华人民共和国成立后的"兴国"和改革开放以来的"强国"业绩来强调党执政的合法性;"失败警戒"的话语主要运用东欧剧变、苏联解体的历史事实来强调,失去党的领导,我们实现中华民族伟大复兴的使命就很难确保完成;"民族主义"的话语主要从全球国家之间的意识形态冲突、经济发展竞赛和国家利益博弈等角度来强调严峻的生存环境,从而激发公众对中国特色社会主义道路的认同和自信。在具体的网络舆情引导中,不应该讲大话、讲空话,而要运用这些多元的公共话语,以事实来说服人、以理性来引导人。

综上所述,在当前新媒体快速发展的全新媒介语境和社会语境中,加快舆论引导模式转型,将更加有利于提升党和国家舆情引导能力,进而推动执政能力与治理水平的现代化。

第三节　大数据时代网络舆情引导机制转型思考

近年来,随着新媒体、大数据和互联网技术的兴起,国内舆情引导现状发生了很大变化。一方面,网络热点事件以及网络舆情危机频繁出现;另一方面,传统的舆情引导方式经常显得滞后,也逐步出现效果减弱的状况。究其原因,主要有两方面:一是传统的舆情引导主要采取信息调控的方式,总体构建"负面声音减弱,正面声音放大"的舆情生态,能够针对受众解决信息控制基础上的"入眼"问题,却无法从根本上解决价值认同基础上的"入脑"或"入心"的问题。二是传统舆情引导方式大体遵循"事件导向"的引导模式,即主要是在网络事件发生后或出现舆情危机时才实施舆情引导,缺乏足够的预警和长期规划;公众在舆情引导中更多只是建立其对具体事件的认知观念,而很难基于这些碎片化的事件形成对社会公共议题的整体性共识。互联网为网民的观念表达、情绪发泄、利益诉求、政治参与等提供前所未有的便利,成为当前舆情引导的主要场所。同时,网络舆情场越来越从虚拟空间中的民意表达转化为现实利益的真实呈现乃至线下行动的促发因素。随着越来越多的线上与线下事件结合在一起,舆情场的发展也日益真实地折射出社会心态的变迁。

本节试图引入社会心态的概念,将其置于舆情引导的理论和实践语境中,作为规范性理论探讨的价值坐标,在此基础上提出关于舆情引导机制转型的思考。围绕社会心态和舆情引导,本节重点从以下三个方面加以探讨:第一,把社会心态作为舆情引导的实效指标,分析舆情引导会发生哪些效果转变。第二,把网络社会负面心态视为有效引导的关键挑战,梳理当前主要的网民负面心态特征,探讨它们如何增加舆情引导的难度。第三,把心态调适当成科学引导的主要路径,并提出具体的引导策略。

一、社会心态：舆情引导的实效指标

一种舆情能够生成并且起到引导作用,必须具有必要的构成要素,比如主体、客体、中介、议题(话题)、场域(空间)、反馈。一般来说,舆情引导的主体主要是政府和媒介组织。对于政府而言,舆情引导是对社会行为规范的约束和监督;对于媒介组织而言,舆情引导是根据法律法规进行的一项业务活动。对舆情引导主体的能力进行评价,不能依据主观感受或臆测做出判断和评定,归根结底要看被引导者即受众接受和认可的程度。可见,在传统的舆情引导观念中,更多强调的是对舆情主体的研究和把控。

社会心态是指社会群体在特定历史时期内形成的一种普遍的心理状态或情感态度。这种心态不仅仅是个人的心理反应,更是集体层面的一种表现,通常与社会环境、历史背景、文化传统以及社会变迁等因素密切相关。社会心态包括人们对社会制度、政策、经济状况、人际关系等方面的总体看法和感受,它反映了一个社会中的主流情绪和价值观,可能表现为乐观、悲观、焦虑、自信等多种内容。社会心态不仅影响着个人的行为和决策,也在一定程度上塑造着社会的整体氛围和未来发展方向。

随着互联网的普及,网民的社会心态受到越来越多的关注。网民社会心态大体包括价值观、社会认知感受、行为意向等测量维度,它是一定时期内社会问题的折射。通过研究社会心态,我们可以知道社会各阶层的所思所想,了解社会议题和社会情绪等。而当前相对活跃的网民以青年群体为主,因此网民社会心态更多反映了青年群体的社会心态。网民社会心态是影响人们网络行为的重要因素,不仅影响网民在网络上的舆情表达,还影响网民对于舆情引导方式的接受程度。对于舆情引导工作来说,社会心态很大程度上是检验舆情引导的效果的重要依据。因此,想要推动科学、长效的舆情引导,则可以将社会心态作为舆情引导的实效指标。

传统的舆情引导效果研究将焦点置于舆情主体即政府和媒介组织上,对舆情引导效果的考察也主要围绕焦点事件展开,具体措施主要是政府部门直接采取信息控制、媒介组织实现表面舆情的直接调控等手段。从短期来看,传统的舆情引导方式确实可以有效管控舆情危机,可以防止突发性事件的进一步发酵。然而,在互联网环境中,传统的舆情引导方式存在不足。对其反思可总结为以下三个方面。

其一,由传统媒体设置的正面议题跟网民自发讨论和关注的议题并非完全一致。"坚持正面宣传为主的方针"为中国特色社会主义新闻事业的舆情引导功能明确设定了基本的传播模式。虽然,这一模式在不同历史时期的舆情引导中有不同的内涵,但"正面宣传"始终是我国官方媒体坚守的职业目标之一。然而在网络上,网民的舆情议题并非总是跟着传统媒体的舆情导向进行,网络议题更多集中在民生热点、突发事件中。由此,就生出了"官方"和"民间"两个舆情场,这两者各自占据不同的传播渠道,无论是在内容还是形式上都差异极大。

其二,传统的舆情引导比较注重短时间内的负面信息控制,导致公众无法在一定程度上释放情绪,反倒不利于不同群体之间的对话和针对性的舆情引导。当负面、敏感事件发生时,过度的限制表达和舆情管制容易让部分网民选择沉默,由此遮蔽了部分真实舆情。传统媒体的信息管制可以控制敏感消息的扩散,但是由事件引发的公众情绪却在持续发酵,这使得舆情的"压强"变大,如果处理不当,可能使事态进一步扩大。

其三,传统舆情引导的强势做法无法完全适应互联网天然具有的自由、开放、平等文化,因而在网络舆情引导中并不能取得令人满意的效果。在网络平台上我们可以看到,采用比较单一的话语方式或欠缺说服力的表达,既无法真实地形成观点交锋、促进共识凝聚,也很少能真正吸引网民去关注、点击和互动。

此外,社会心态还可以被看成是一种社会资源,可以为群体提供社会支持。在突发事件中,社会心态可能影响到政府处理突发事件的成败。从社会心理学角度来看,舆情是社会心态的表达和表现,也是社会心态的构成部分。运用社会心态作为舆情引导的长效和实效指标,可适当跳出"事件导向",围绕事件背后的公共议题,追求长期效果,从改变公众的社会心态出发,深层次地改变"社会舆情场"。具体来看,可推动舆情引导从以下三个方面实现改变。

其一,从短期效果转向长期效果。随着互联网技术的发展,新媒体、自媒体、社交媒体的迭代更新,线上网络舆情事件层出不穷,网民发表意见更加方便,被动应对或管制信息只能"治标不治本",甚至根本起不到引导舆情的作用,反而会加剧事件的发酵。因此,在新媒体的环境下,舆情引导要"风物长宜放眼量",有必要培育网民正面、积极的社会心态,减少他们在网络上非理性和情绪化的舆情表达,逐步减少网络舆情事件的爆发,进而实现舆情引导的长期效果。

其二,从信息调控到心态调适。传统的舆情引导普遍采用的是信息调控式的舆情引导做法,主要是从舆情主体出发,一方面遵循政府的行政要求,另一方面通过媒体组织业务进行,从信息角度进行调控,控制住源头和渠道。但是,在互联网的环境下,新媒体的信息调控却很难彻底进行。如果继续采取传统的舆情引导手段,就很难获得效果。另外,这种引导方式能在多大程度上影响网民、是否会改变他们的态度和增强他们的社会认同,这些都无法测量。更有甚者,有些信息调控的做法引起网民的不快和反感,导致他们调侃或抱怨这种舆情引导行为,一些网络段子和热词就是这样产生的。而基于心态调适视角的舆情引导,其议题要与公众讨论的议题相匹配,围绕网民最为关心的话题进行持续、深入的讨论,吸引他们主动参与对话和沟通,使他们在交流中达成更多共识。这种舆情引导虽不强势却有实效,注重在交流和对话中凝聚共识、进行引导,也更容易被普通网民所接受。

其三,从新闻舆情场到社会舆情场。传统舆情引导的主要阵地是新闻舆情场,主要以传统媒体、网站、论坛、微博、微信等作为新闻平台进行舆情引导。而从网民社会心态出发的舆情引导,它的主要阵地则不局限于此。网民社会心态往往反映出深厚的民生情结,有关收入、分配、住房、医疗、教育、就业、社保、治安、环保等民计民生问题都容易拨动整个社会的情绪神经,影响着社会情绪走向。这些民生问题会出现在网络中的任何一个板块或栏目中,除了新闻之外,还可能是娱乐、服务、政务、信息等栏目。因此,凡是跟民众生活相关的领域都是需要我们关注的,对舆情的引导应该放眼整个社会舆情场。通过围绕事件背后的公共议题进行针对性引导,帮助公众正确认知社会,祛除偏见和刻板印象,进而促进他们的舆情表达,净化整个社会舆情场。反过来,社会舆情场的提升也将推动新闻舆情场的改善。

二、网络社会负面心态：有效引导的挑战

不断发生的社会性事件可能导致社会情绪的耐受性和控制点降低,因此我们应关注社会生活中出现的负面情绪。当前网络空间存在结构性怨恨、低信任感、冷漠和浮云等复杂多样的负面社会心态,不仅严重影响网络舆情场的生态,也严重制约着舆情引导的效果,已成为网络舆情有效引导的重大挑战。以下分别展开阐述。

(一) 结构性怨恨

结构性怨恨的社会心态通常存在于社会发展效能较低的社会群体中,主要表现为对社会和体制的批判和不满。在网络社会中,他们常常把对社会的不满情绪宣泄在网上,背后其实掺杂着众多复杂心态。

结构性怨恨是一种深层次的社会情绪,它不仅影响个人的心理状态,还可能通过集体行动、社会运动或政治选举等方式对社会产生广泛的影响。有效的社会治理需要认识和处理这种怨恨,以缓解社会矛盾,促进社会的公平与正义。正视这种结构性怨恨心态的形成过程及其真正原因,也能帮助管理部门更好地改善治理机制和执政绩效,因此,就需要理性看待结构性怨恨。

(二) 低信任感

政府的信任危机是较为典型的一种社会信任危机,事实上,它源自民众对政

府认知与公共期待之间的落差。对政府的不信任并非新媒体环境下特有的社会心态,早在古罗马时代对此就有描述。西方政治学将其称为"塔西佗陷阱"(Tacitus Trap),它描述了一个政府或领导者在公众信任丧失后,无论说什么或做什么,都会被认为是虚伪、不可信或别有用心的。如果网民对政府、对权威等缺乏足够的信任,在热点事件中,有时候即便政府持续发布真实信息,网民依然抱有质疑和怀疑的态度。在这种相对缺乏信任的社会心态中,权威信息在新闻发布过程中也难以取得预期的良性效果。

对于这种心态,舆情引导将很难实施。比如曾经发生的一些反映基层社会治理矛盾的事件,其原因除了政府发布相关信息不够透明外,也与一部分地方政府的公信力不高、公众对其监管机制缺乏足够信任有关。网民的低信任感使得"塔西佗陷阱"逐渐成为舆情引导过程中最大的棘手问题,这也是传统舆情导向模式不得不进行转型的动因。

(三) 冷漠和浮云

冷漠和浮云这两种社会心态揭示在面对社会环境、生活压力和人际关系时两种不同的态度和行为模式。

冷漠心态指的是一种对周围的人、事物和社会事件缺乏关心或兴趣的态度。这种心态在现代社会中日益普遍,特别是在大城市高压的生活环境中,表现为对他人或公共事务的漠不关心。在快节奏的现代社会中,很多人将精力集中在自身的生存和发展上,无暇顾及他人或公共事务。在我国的城市化进程中,社区关系逐渐变得松散,邻里关系疏远,人们对陌生人保持距离,社会疏离感增强。部分人更加关注个人利益和自由,而对集体责任和社会义务的关注减少,导致冷漠心态的形成。冷漠心态会削弱社会成员之间的纽带,使得社会凝聚力和集体认同感下降,社会信任水平下降,进而影响到社会整体的稳定与和谐。

浮云心态是一种对待生活、社会和未来的无所谓或消极态度,通常表现为缺乏理想和目标,认为现实中的一切都是短暂和无意义的,以及对人生、事业或者社会事务的淡漠态度。有些人在现实生活中屡次碰壁,理想无法实现,导致他们对未来失去信心,认为一切努力都如浮云般短暂和虚幻。当下,随着社会环境越来越充满竞争和不确定,部分人面对巨大的压力感到焦虑和无力感,进而产生对生活和社会的不认同感,认为一切努力都是徒劳。此外,网络文化中"佛系"

"丧"等观念的流行,也推动了浮云心态的扩散,尤其在年轻人中更为显著。浮云心态可能导致个人对生活和职业缺乏动力,放弃努力和进取,进而影响个人的成长和社会贡献,削弱社会的创新精神和竞争力,阻碍社会的进步和发展。

为了应对冷漠和浮云的社会心态,社会和个人层面都需要进行调整和努力。通过社区活动和社会组织,增进人际关系和社会互动,增强社会凝聚力。通过教育和宣传,强调个人对社会的责任与义务,激发公众参与社会事务的积极性,培养社会责任感。提供心理健康支持,帮助那些因压力和焦虑导致浮云心态的人,重新找到生活的目标和动力。通过媒体和文化作品传播积极向上的价值观,鼓励理想和奋斗精神,减少消极影响。冷漠和浮云心态都是对社会发展中的反映,需要从制度、文化和个人心理层面共同努力,才能更好地应对和调整。

三、心态调适:科学引导的主要策略

舆情引导如果要做到科学和长效,就不能单纯沿袭传统信息调控为主的做法,更不能以此过度约束负面观点的表达和负面情绪的宣泄。因此,可以从社会心态的调适作为切入点,探讨科学引导的新机制、新理念和新做法。社会心态的调适,一方面需要科学研究和预判网民社会心态,另一方面需要着眼于长远,建立基于心态调适的舆情引导机制。具体可从以下三个方面展开。

其一,把握公共议题,从"问题单"的角度进行引导。对舆情引导的议题选择,需要了解网民最为关注的社会话题,抓住网民最为关心的"问题单"。以此作为舆情引导的方向,网民才会感兴趣,才会主动交流,并围绕一些"公共议题"进行持续的对话,以便进行更深入的沟通。这有助于弥补当前舆情场"事件主导"的结构性缺陷,逐步转向"问题主导"的舆情场生态。

精准把握网民的认知偏见和情绪痛点。比如,针对一些地区存在的有争议的垃圾焚烧厂项目选址中,主流媒体应该长期设置专题报道栏目,持续进行报道。具体而言,首先,主流媒体要引发公众对此问题的持续关注,在关注中介绍发达国家的做法、传播垃圾焚烧的知识,通过现场报道、科学报道等方式,逐步建立"垃圾可烧"的共识;其次,探讨如何烧、在哪烧等问题,选择相对合适的地点征求民意,甚至让公众参与地点的选择;再次,持续对垃圾焚烧厂的建设进展、环保标准、监督机制等持续进行报道,并引入更多的第三方社会组织、公民开展监督等。针对重大突发事件的舆情,主流媒体应在某个关键时期,围绕这些重大的

公共议题,持续进行报道,并在报道中进行舆情引导。官媒、政府以及舆情监管部门可以通过适当的主题选择,向意见领袖推荐多样化的主题信息,并引入其他类别的舆情话题,避免用户过于关注某一特定舆情信息,从而导致信息过载和群体极化,造成信息倦怠并产生负面影响,引发次生舆情事件。①

其二,改变公共话语,以"对话感"的语态来进行传播。舆情引导不能"自说自话"。在一些新闻发布会上,部分政府官员的"官话"和"套话"常引起公众反感。为此,有必要通过网民接受的话语方式与他们进行交流。

在这方面,人民日报关于农民工的微博报道就值得各网络平台学习和借鉴。它以农民工作为主体,发布了一系列内容,如:发布组图微博展现农民工的艰辛生活,文后加上关心农民工群体的话语;发布"微倡议",号召网友参与"若支持,请转发"等帮助性话题,提倡在订票、让座等日常生活中也积极帮助农民工群体;还给农民工提供发声平台。这些话语起到了良好的舆情引导效果。

可以看出,"对话感"方式的传播更加依赖于新媒体的舆情导向功能,传统媒体在"对话感"的体现上有着天然不足。因此,要多借鉴社交媒体、自媒体的话语形态,用符合网络传播规律的方式增强舆情引导的效果。

其三,强化资源协同,实现"联动性"效应。着眼于社会心态调适的舆情引导还要整合线下、线上多种渠道和平台资源,进行协同引导。对于线上的网络平台来说,一方面需要了解网民最喜欢在哪种网络平台上进行舆情表达,以及在哪个网络平台上表现最为活跃;另一方面还需要充分利用各类新媒体平台,结合这些平台的传播属性进行针对性的舆情引导。

比如,微博是相对开放的社交平台,适合快速传播信息、澄清谣言,也适合设置议题、引发舆情;微信是相对封闭的,适合向网民提供精准服务、实现密切互动,另外它还可以承载一定的深度,对观念引导具有积极作用;而微信群受众更窄,适合社会关系网相对密切的群体进行深度沟通或密切交流。

在针对大学生等网民群体的舆情引导时,还要整合线下的平台资源。比如,线下的名师课堂,对学生来说具有很强的权威性和说服力;青年人喜欢的沙龙空间有利于学生在彼此交流中增进理解和强化认知。对这些平台要研究其传播规

---

① 王晞巍,李聪聪,孙哲等.重大突发事件下网络舆情传播中社会群体主题演化图谱构建研究[J].图书与情报,2024(2):80-91.

律,加以组合有效运用,进行协同引导。

此外,值得一提的是,官方机构的新媒体平台对受众来说,难免有过于权威、严肃的刻板印象,加上当前社会存在的低信任感,权威信息的传播很难取得预期效果。因此,还有必要培育、建设和发展网络中的"新媒体代表人士"或网络意见领袖,让他们发挥重要的理性表达和社会参与的示范作用,形成积极的引导态势。

把握网民社会心态、实现长效舆情引导并非易事。政府部门需要对传统的舆情引导方式进行反思和改进,进行有效对话,逐步凝聚共识。同时,应该熟悉互联网传播的规律,传统的舆情引导主要从内容生产的源头把关,但是内容在传播的过程中由于长尾效应,会有不同的解读和阐释,未必能达到预期的舆情引导目的。可以说,未来的舆情引导仍面临一系列的挑战和隐忧。

就挑战而言,传统的舆情引导主体熟悉传统媒体,在渠道和内容上很容易进行把控;但在新媒体的环境中,传播渠道的复杂性和内容的不可控性使得信息管控变得更加困难。舆情引导主体不熟悉互联网文化和网络传播的规律,面对的网民已经成为互联网的"原住民",他们的社会心态也呈现出持续变化和日益分化的动态变迁。因此,对于舆情引导主体而言,要尽快改变传统的以"管控"为主的舆情引导观念,逐步转向以"调适"为主的舆情引导观念,顺应互联网时代的潮流,融入互联网文化,在平等对话和开放互动中凝聚社会共识、放大主流舆情。

就隐忧而言,网络舆情不等于网络民意,如何超越负面舆情的表象,让网络成为真实民意汇聚的平台,还有待观念上和机制上的多重突破。如果公众察觉到舆情引导是出于控制或操控信息,而不是为了真实沟通和解决问题,可能会导致信任危机。公众可能会对官方信息产生抵触情绪,反而更倾向于相信未经证实的谣言或虚假信息。在舆情引导过程中,如果信息透明度不够,公众可能会怀疑信息的真实性,甚至认为政府或机构有隐瞒或误导的意图。舆情引导如果处理不当,甚至可能引发更大的舆情反弹。舆情引导如果涉及对特定言论的压制或删除,可能会引发对言论自由的担忧。这种担忧可能会激化公众与政府之间的矛盾,特别是在涉及敏感话题时。这也就意味着,舆情环境将更加复杂化,许多真实的网络民意被隐藏在"众声喧哗"中,甚至理性思考者被迫在网络中消音,由"水军"、极端态度人群所建构的舆情在网络中蔓延。对舆情引导而言,呈现不了真实民意则难以准确把握社会心态,看不清舆情背后的社会真相则无法进行有效的引导。

因此,需要进一步反思社会心态和舆情引导的关系。首先,网络社会的管理是一个系统性工程,需要把短期的舆情引导和长期的心态调适加以组合;其次,心态调适的前提是对网民社会心态进行科学的研究与预判,所以在研究社会心态上,不能只靠网络数据分析,还要做到整体把握;最后,针对低信任感、群体性怨恨心态等复杂和不良心态的调适,关键不是靠网络舆情引导,而是推动社会状况的改变。舆情引导不是为了单纯控制负面信息或遮蔽社会现实,而是为了实现公众评价和社会现实的一致性,形成一个更加健康、积极、向上的社会环境。

第二章　网络舆情预警模型建构研究

当下,网络舆情正日益成为影响互联网和社会稳定的重要因素,特别是近年来网络舆情危机发生愈发频繁。与传统的舆情危机相比,网络舆情危机具有更高的爆发概率,更大的扩散风险,更高的管控难度。对此,提高网络舆情预警能力最有效的方法是在发生网络舆情危机的早期对其进行识别,并实施相应的管控措施。

本部分研究的核心内容是建立网络舆情预警模型:首先,根据指标体系构建原则,结合网络舆情的特征和演化规律,构建了网络舆情预警初级指标体系;接着,从新浪微博和百度采集了与"3·21"东航飞行事故相关的舆情指标数据并进行预处理,利用相关性分析和主成分分析法最终筛选出包括4个一级指标、10个二级指标的网络舆情预警指标体系;其次,利用灰色关联分析法和 K-Means 聚类算法进行网络舆情预警等级分级,将不同时间段的事件分为轻微级、警示级和严重级 3 个等级;然后,利用在线隐狄利克雷分布(On-Line Latent Dirichlet Allocation, OLDA)模型建立舆情主题演化模型,分析不同预警等级的网络舆情事件的主题变化情况;最后,运用 BP 神经网络建立网络舆情预警模型,通过对测试样本预警结果的检验得出该模型的预警准确率达到 90.91%,因此在实际预警应用中可以利用 BP 神经网络对网络舆情事件进行预警的结论。

第一节　网络舆情预警模型的理论基础

一、大数据时代网络舆情的特征与影响因素

随着互联网与传播技术的发展,每出现一种新兴媒体,如微信、微博、头条等新媒体,都给网民群众发表观点和言论提供了全新的途径,提升了网民群众发表

看法的自由度。并且随着自媒体的飞速发展,人们能够在任何时间、任何地点发表自己的意见,因此信息在互联网的传播具有了高效性和分散性。传统媒体具有单向的信息传递,而互联网媒体则具有双向的信息传递,主要表现为网民与网民、网民与网络媒体、网民与政府之间的交互性。由于当前互联网已成为广大网友表达自己观点的主要渠道,网络舆情传播的效率势必会加快。

(一) 大数据时代网络舆情的特征

由于网络的开放性、即时性和虚拟性,网络舆情具有以下几个特征。

一是直接性。在网络上,网民或者媒体通过复制粘贴,就可以推动信息传播。与传统舆情相比,网络舆情具有更大的传播潜力。

二是随意性。网民可以在网上发言,受到限制较少。传统媒体对发布的内容有"审核人",而在互联网上却缺乏类似的审查机制,任何人都可以在没有审查的情况下直接发布消息。

三是突发性。网络上的舆情信息一旦被激活,它的力量就会立刻被激发出来,并具有强大的传播能力。这种传播能力有时能够让一个网络舆情事件在短短几小时内传遍全球。

四是隐蔽性。网民在互联网上浏览、发布、传播信息时的身份是模糊的,既可能明确,也可能不明确,而且网民之间几乎是不认识的。这就导致了网络上的人对法律法规和道德准则约束的感知被削弱了,因此有很多网民借机在网络上肆意宣泄自己的情绪,发表负面的观点。

五是偏差性。偏差性与隐蔽性有着不可分割的联系。许多网民在网上随心所欲地表达自己的观点,丝毫没有任何顾虑,与在现实中的生活产生极大的反差。实际上,他们并不会在现实生活中说出在网络上所发表的观点言论,更别提去做了,这就导致了网络舆情与真实民意的偏差。

(二) 大数据时代网络舆情的影响因素

基于上述特点,网络舆情的影响因素可从网民和互联网两方面分析。

在网民方面,第一个影响因素是认知能力。网民的认知能力直接影响他们对信息的接收和理解能力。具备较高认知水平和信息素养的网民,通常能够辨别信息的真伪,更容易识别虚假新闻、误导性信息或有偏见的报道,而低认知水平的网民则可能更容易被误导。在网络舆论场中，认知水平较低的网民更容易形成群体极化现象，而且他们往往依赖意见领袖来帮助自己理解复杂的社会问题，进而逐步失去自我意识。在这种情况下，网民的行动会被新闻媒体及其他网民所左右，进而丧失独立判断的能力。因此，在舆情事件面前，他们常常会被别人的意见和行动所影响，并在主流舆情中占据一员。随着舆情的持续发展，更多网民加入并重演这个过程，使得舆情趋向单一，从而导致了网络舆情。

第二个影响因素是道德观念。互联网的自由、实时、虚拟、开放、隐蔽等特性，构成了一个与现实世界不同的网络世界，改变了广大网友的世界观和价值观。一些网民觉得网络是一个与现实世界脱离的虚拟世界，没有任何约束，也不需负任何责任，从而放纵自己的行为，尽情发泄自己的不满与愤懑。

第三个影响因素是信息传播行为。这是指网民通过互联网接收、传播并评论网络舆情事件。其对网络舆情产生和发展有巨大影响，使网络舆情存在偏颇。同时，网民身份的隐匿性特征对其产生了深刻的影响：在匿名情况下，网民的信息传播行为可能更加随意。

在互联网方面，第一个影响因素是互联网管理。由于网络传播的广泛性和载体的无形性，网上传播的各类信息和观点在一定程度上造成了网络舆情的生成。其管理包括硬性和柔性两类。硬性管理能够在很短的时间内解决网络舆情所产生的问题，但也会使网民产生抵触情绪，难以真正化解网民的质疑，甚至可能影响政府的公信力。柔性管理是通过制度与民主的相互促进，大力发展多元化的网络平台，让广大网友畅所欲言的同时，增强网民的法律意识和道德水平，推进互联网法治化建设。不论是硬性管理还是柔性管理，都可以对网络舆情的形成与发展产生显著的影响。

第二个影响因素是网络媒体的影响力。不同的网络媒体在网络舆情中具有不同的影响力，其影响程度也不同。网络舆情通常是大型网络媒体对社会热点新闻进行跟踪和报道而产生的，大部分的热点事件在经过网络媒体的报道、转载后，往往会引发网民的大量关注，网络舆情便形成了。网络媒体对社会热点事件的演化具有一定的推动作用，因此其影响力也是影响网络舆情产生的主要原因。

二、网络舆情危机的相关研究理论

随着互联网的快速发展，网民群众数量激增，网络舆情数据呈现指数级的增长速度。网民群众对于民生、八卦等话题极其关注,且对于自己感兴趣的新闻热点事件乐于分享、发表并扩散自己的观点。一些网民传播虚假、负面的观点,借引发网民的同理心引起广泛的愤慨情绪,进而引发网络舆情危机。

网络舆情危机是指在互联网平台上,由于某个事件、某种言论或行为引发的大规模的负面舆论,且舆论迅速传播并发酵,对个人、企业、组织或政府造成了严重的不良影响和声誉损害的局面。这种危机通常具有以下 4 个特点:① 意外性。爆发网络舆情危机的具体时间、规模和程度是无法预测的。② 广泛性。进入网络媒体快速发展的信息时代,危机的信息传播速度已经超越了危机的发展速度。网络媒体对危机传播的推动效应十分显著。③ 破坏性。危机往往突如其来,令人措手不及,不论何种形式或大小,都必然对互联网和社会环境产生一定的损害,并引起人们的情绪波动。④ 紧迫性。危机只要发生,便会以极快的速度扩散。若未能得到及时的遏制,危机将会迅速加剧,影响范围也会加大,很可能对公众的信任造成更大的伤害,并且对政府的声誉和信誉造成重大损害。

(一) 网络舆情预警模型介绍

网络舆情预警指的是在舆情发生、发展并产生实际效果前采取对策,或是在舆情发生、发展并产生实际效果时,评估和分析舆情发展的动向以及由此带来的一系列影响,并采取切实的措施,主要有舆情跟踪、原因分析、阶段评估、舆情引导、现实干预等环节。网络舆情预警对管理网络舆情发挥着重要的作用。科学的网络舆情预警可以为相关单位及时应对并化解舆情危机提供合理的参考。

网络舆情预警的内容一般包括以下三个方面。

一是增强对网络舆情及时发现和收集的力量,及时掌握网络舆情动向,实现重大舆情的自动预警。运用现代化的检索技术和大数据技术,在庞大的网络和社交媒体上,及时对异常舆情进行准确捕获与追踪,利用科学的网络舆情预警模型对舆情的发展做出客观的判断,并对其产生的社会效应进行分析,为下一步的舆情应对与介入工作做好准备。在通常情况下,对网络舆情的处理应该在事件产生后的 4~6 个小时内进行。舆情发酵越久,瞬间爆发的力量越大;传播越广,对整个社会的消极影响越大。

二是构建一套科学的网络舆情控制系统,实现多部门协同、分工合作。运用现代信息技术,构建多部门协作机制,共同预防和应对网络舆情。各部门实时了解网络舆情的动向,并在统一的指挥下进行有效协调、精准执行,有效地解决网络舆情的风险,保障网络安全与社会安定。

三是建立网络舆情预警的主要负责人责任制。各有关单位要建立专业的舆情监督管理部门,配备专业的舆情处理工作领导小组,切实加强对互联网舆情的监测,守好网络舆情发现这一道关。

网络舆情预警的重要作用是及时发现舆情危机的苗头,及早正确地预测网络舆情危机的发展趋势和范围,并帮助有关单位防范网络舆情危机,尽可能减少可能造成的损失。网络舆情预警的关键在于防范和化解不稳定因素。因此,网络舆情预警模型不但要求准确率高,而且要有很强的实用价值。目前关于网络舆情预警模型的研究较多,本研究选取了 5 种建立网络舆情预警模型的算法分别为模糊综合评价法、Logistic 回归模型算法、SVM 模型算法、BP 神经网络算法和熵值法,并对其进行了对比(见表 2.1)。

表 2.1　五种网络舆情预警模型算法

算法名称	算法介绍	优缺点
模糊综合评价法	应用模糊关系合成的原理,将一些边界不明确、难以定量的因素进行定量化和综合评价,推断其归属的等级状况	优点:对模糊、不确定的网络舆情信息进行模糊判断和计算; 缺点:主观性较强,判断结果准确性可能不高
Logistic 回归模型算法	应用研究对象的条件概率,对网络舆情进行等级判断	优点:假设条件简单; 缺点:需要大样本且变量间的多重共线性会使结果误差变大
SVM 模型算法	基于结果风险极小化原理的二类分类模型,基本模型是定义在特征空间上的间隔最大的线性分类器	优点:不需要大样本; 缺点:面对数据缺失时敏感,难以选取参数
BP 神经网络算法	通过输入层、输出层和隐藏层,对网络舆情等级进行判断	优点:不需要严格假设,能解决非线性问题,学习能力强,预测准确率较高; 缺点:需要输入先验结果
熵值法	利用熵值法的思想确定组合预测模型的权重值	优点:客观性较强,排除了受主观性影响的成分; 缺点:计算较为复杂

通过对以上 5 种不同的网络舆情预警模型的比较,本研究选择 BP 神经网络算法来构建网络舆情预警模型,理由主要基于这一算法的以下 4 个特点。

一是强大的非线性处理能力。BP 神经网络能够在一定程度上完成输入和输出之间的映射,并且能够对非线性连续函数进行精确近似,同时能够解决内部机制相对比较复杂的难题,确保网络舆情预警的客观和精确度。

二是强大的自组织和自学习能力。由于网络舆情的出现是随机的、不确定的,而 BP 神经网络可以根据已经学习的先验结果自动提取相对合理的问题解决方法,并且能够记忆学习内容,从海量的、错综复杂的网络舆情信息中找出隐藏的规律,为网络舆情预警结果的准确性提供较为理想的方法。

三是强大的泛化能力。由于网络舆情事件发展的不确定性,任何一种风险因素都有可能发展成为严重的舆情危机,而 BP 神经网络能够将学习成果总结、推广并应用于新的知识,由此为网络舆情提供准确的预警。

四是较高的容错能力。在 BP 神经网络中,即便系统受到损坏,整个系统仍能继续工作。

(二) BP 神经网络模型理论

1. BP 神经网络概述

BP 神经网络基于适当的采样数据,利用其核心算法,可以自发地进行自身训练,推断数据集的内部规则,并在输入变量和输出变量中确定相关关系,从而能使用同一批数据中的其他输入变量进行输出变量的预测。其核心算法是 BP 算法,其基本思路是梯度下降法,采用梯度搜索技术,使得网络的真实输出与预期输出之间的偏差最少。

BP 神经网络的结构有 3 层,分别为输入层(Ⅰ)、输出层(O)和隐含层(H)。如图 2.1 所示,输入层即为信息输入的第一层神经元,输出层为经过训练后最终输出目标值的一层神经元,而隐含层是位于输出层与输入层之间的一层或多层神经元,每一层可以有一个或多个神经元。隐含层中的神经元不会直接与外界联系或作用,但隐含层可以通过连接输入量与输出量来改变他们的关系。隐含层内相邻层之间的神经元相互连接,并与输入层和输出层最终形成一个完整的 BP 神经网络。正向信息和反向误差就在这个网络中传递,不断训练,不断迭代,生成我们所需的模型。

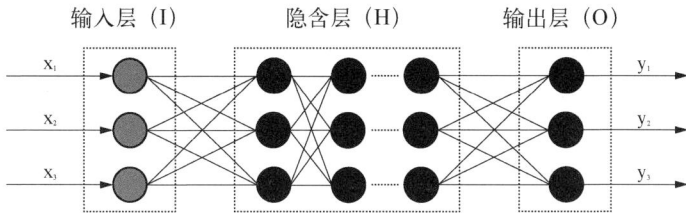

图 2.1　BP 神经网络结构示意图

2. BP 神经网络算法流程

BP 神经网络的主要算法有两部分,即信息正向传递和误差反向传递。其中,信息正向传递指的是输入的数据经过输入层到隐含层,再经过隐含层的加权和非线性变换,最终将其输出到输出层;再利用目标函数来运算,若输出的实际数值与预期不符,那么就会进行误差反向传播的过程。误差反向传播就是从输出层开始传递输出误差,通过隐含层将误差分配给各层神经元,根据各层神经元的误差信息比重来调整各神经元在正向信息传递中所占比重。通过多次进行信息正向传递与误差反向传递,不断调整参数使目标函数达到可接受的要求。计算流程如图 2.2 所示。

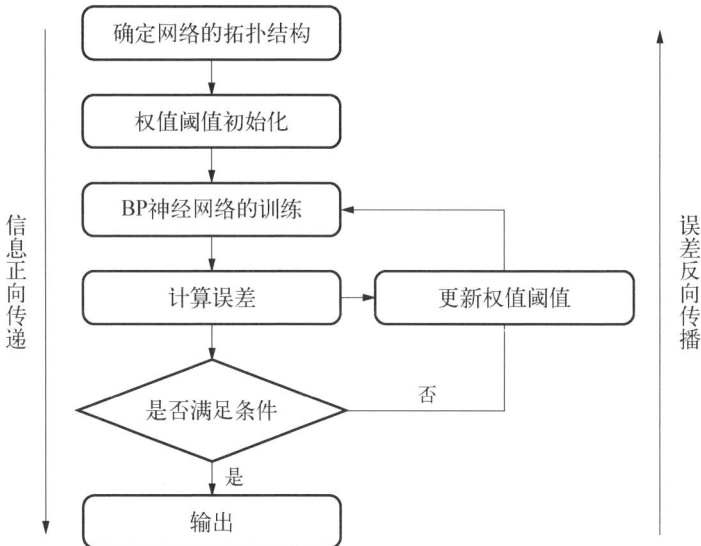

图 2.2　BP 神经网络运算流程

基于 BP 神经网络的预警模型的构建,主要包括以下几个步骤:

(1) 初始化网络连接权值和神经元阈值

输入样本 x 和期望输出 y,输入层与隐含层神经元之间的连接权值为 v_{ih},隐含层与输出层神经元之间的连接权值为 w_{hj},隐含层神经元的阈值为 γ_h,输出层神经元的阈值为 θ_j,其中下角标 i、h、j 分别表示输入层的第 i 个神经元、隐含层的第 h 个神经元和输出层的第 j 个神经元。

(2) 计算隐含层输出

$$m_h = f\left(\sum_{i=1}^{d} v_{ih} x_i + \gamma_h \right), \ h = 1, 2, \cdots, q \tag{2.1}$$

其中,f 为隐含层传递函数。

(3) 计算输出层输出

$$y_j = f\left(\sum_{h=1}^{q} w_{hj} m_h + \theta_j \right), \ j = 1, 2, \cdots, l \tag{2.2}$$

其中,f 为输出层传递函数。

(4) 计算误差

1) 实际输出各节点的误差:

$$e_j = (Y_j - y_j) \cdot y_j \cdot (1 - y_j), \ j = 1, 2, \cdots, l \tag{2.3}$$

2) 隐含层各节点的误差:

$$\delta_h = \left(\sum_{j}^{l} e_j \cdot w_{hj} \right) \cdot m_h \cdot (1 - m_h), \ h = 1, 2, \cdots, q \tag{2.4}$$

若误差满足所设定的精度,则回到第(1)步对接下来的样本展开学习,直到每一个样本都学习完成。如果误差不能达到设置的准确率,而且未达到训练的次数,那么需要对网络连接权值和神经元阈值进行再更新。

(5) 更新网络连接权值

1) 更新输出层网络连接权值:

$$w_{hj}(N+1) = w_{hj} \cdot N + \alpha \cdot e_j \cdot m_h, \ h = 1, 2, \cdots, q \tag{2.5}$$

2) 更新隐含层网络的连接权值:

$$v_{ih}(N+1) = v_{ih} \cdot N + \beta \cdot \delta_h \cdot x_i, \ h = 1, 2, \cdots, q \tag{2.6}$$

其中，N 为迭代次数，α、β 为修正系数，且 $0 < \alpha < 1$，$0 < \beta < 1$。

（6）更新神经元阈值

1）更新输出层神经元阈值：

$$\theta_j(N+1) = \theta_j \cdot N + \alpha \cdot e_j,\ j = 1, 2, \cdots, l \tag{2.7}$$

2）更新隐含层神经元阈值：

$$\gamma_h(N+1) = \gamma_h \cdot N + \beta \cdot \delta_h,\ h = 1, 2, \cdots, q \tag{2.8}$$

（7）返回训练

将第（5）步和第（6）步中更新的网络连接权值和神经元阈值返回至第（2）步继续训练，直到误差满足所设定的精度或循环次数足够大。

（三）OLDA 主题模型理论

OLDA 主题模型（On-line LDA）由传统的 LDA 主题模型与文本在线建模分析结合改进得到。该改进模型首先将时间信息离散化，并把语料库文本依据时间顺序切割成一个个连续的时间片，分别对每个时间片内的语料库文本进行建模分析，即可把时间信息引入到 LDA 模型中。OLDA 主题模型最重要的特性是主题遗传，它可以让历史时间片中的文本主题信息影响后面时间片中的主题信息，旨在将历史时间片内的模型特征"遗传"到下一时间片内。OLDA 主题模型将前一时间片内主题模型生成的"主题-单词"分布当作下一时间片内主题模型的主题先验分布。主题内容演化矩阵存放这些历史时间片中的信息，并根据不同历史时间片的主题信息对目前这一时间片的作用程度，为各个历史时间片设置不同的权重，这就使 OLDA 主题模型具备了在线处理连续到达的文本数据的能力。

图 2.3 展示了 OLDA 主题模型的主题演化过程，式（2.9）为先验参数 β_k^t 的构造公式。其中，B_k^t 为主题内容演化矩阵，ω^δ 是在各个时间片上的权重，用于测量各时期的主题信息对目前时间片的作用程度，则 t 时刻主题 k 的先验参数为

$$\beta_k^t = B_k^{t-1}\omega^\delta \tag{2.9}$$

OLDA 主题模型算法的伪代码如表 2.2 所示。其中，$\kappa \in (0.5, 1]$，是控制旧信息遗忘的速度；n_{tw} 是单词计数，即单词 w 在文档 t 中出现的次数；α 和 η 是

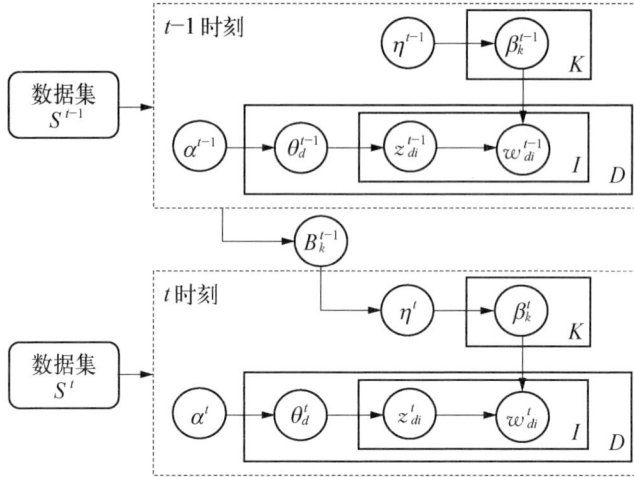

图 2.3　OLDA 主题模型的演化过程

给定的。变分贝叶斯方法的关键在于最大化证据下界(ELBO),利用坐标上升对变分参数 ϕ、γ、λ 进行优化更新,使更新保证收敛到证据下界的一个平稳点。与 EM 算法类似,可以将这些更新分成一个"E 步"和一个"M 步","E 步"是在 λ 不变时迭代更新 ϕ 和 γ,"M 步"是在给定 ϕ 时更新 λ。

表 2.2　OLDA 主题模型算法

算法 1　OLDA 主题模型算法

Define $\rho_t \triangleq (\tau_0 + t)^{-\kappa}$
Initialize λ randomly.
for $t = 0$ to ∞ **do**
　E $step$:
　Initialize $\gamma_{tk} = 1$.
　repeat
　　Set $\phi_{twk} \propto \exp\{\mathbb{E}_q[\log\theta_{tk}] + \mathbb{E}_q[\log\beta_{kw}]\}$
　　Set $\gamma_{tk} = \alpha + \sum_w \phi_{twk} n_{tw}$
　until $\dfrac{1}{K}\sum_k |$ change in $\gamma_{tk}| < 0.00001$
　M $step$:
　Compute $\tilde{\lambda}_{kw} = \eta + D n_{tw}\phi_{twk}$
　Set $\lambda = (1 - \rho_t)\lambda + \rho_t \tilde{\lambda}$.
end for

除了第一个时间片的初始 λ 是随机生成的,第 t 时间片的"主题" λ 直接使用第 $t-1$ 时间片更新后的"主题" λ,这就使之前时间片内的模型特征"遗传"到下一个时间片内,且不用重新遍历之前时间片内的文本数据,更加的快捷、精准。

综上所述,本节主要介绍了网络舆情、网络舆情危机、网络舆情预警、BP 神经网络与 OLDA 主题模型的相关理论,并对比总结了不同网络舆情预警模型的建立方法,最终选用 BP 神经网络来建立网络舆情预警模型,为下文讨论网络舆情预警指标体系的构建、网络舆情预警等级的分级与分析、网络舆情预警模型的建立奠定基础。

第二节　网络舆情预警模型的指标体系

一、网络舆情预警初级指标体系的构建

(一) 指标体系的构建原则

针对网络舆情直接性、随意性、突发性、隐蔽性、偏差性的特征,为构建科学、合理、有效的指标体系,研究影响网络舆情预警等级的指标应遵循以下 5 个原则。

一是科学性原则。指标体系的科学性直接关系到网络舆情预警模型的科学性。科学的指标体系要求每个指标都具有真正科学的理论、明确的含义且符合现实情况,并且能够按照某种标准对其进行赋值,且必须保证指标能够正确合理地反映网络舆情的特点,为相关部门在舆情危机中的应对给出参考。

二是系统性原则。指标体系是一个有机的整体,需要从不同角度说明网络舆情的主要特征和状况,能够全面系统地反映网络舆情的主要内容,因此需要将评价目标与评价指标有机结合,构建合理、严密、系统的网络舆情预警指标体系。

三是适应性原则。指标体系应具备大多数网络舆情事件都能够参考的普适性,且应有针对性,必须能够反映网络舆情的特征。

四是可行性原则。网络舆情预警指标体系应便于理解和使用。由于构建网络舆情预警指标体系的终极目的在于实现预警,因此指标体系的建立在符合科学的同时,又要兼顾方便采集与处理指标数据。

五是定量性原则。指标的选择必须遵循定量为主和定性为辅相结合的基本准则。指标数据应能定量地衡量各种指标的特征,可以清晰地反映出网络舆情的特征。

(二)初级指标的选取

建立网络舆情预警指标体系,既能反映当前的网络舆情形势,又能对突发的网络舆情进行及时的预警。为根据网络舆情特征、构成要素及发展传播规律,并在遵循科学性、系统性、适应性、可行性、定量性原则的基础上初步建立起网络舆情预警初级指标体系,本研究将网络舆情预警初级指标体系划分为舆情热度 B_1、舆情强度 B_2、舆情倾度 B_3、舆情主体 B_4 共 4 个一级指标,并在一级指标的基础上构建了更为详细的 23 个二级指标(见表 2.3)。以下分别展开阐述。

表 2.3　网络舆情预警初级指标体系

目　标　层	一　级　指　标	二　级　指　标
网络舆情预警 A	舆情热度 B_1	图片数量 C_1
		视频数量 C_2
		网络搜索量 C_3
		网络讨论量 C_4
		媒体报道量 C_5
		舆情内容直观度 C_6
	舆情强度 B_2	微博数量 C_7
		原创微博发布量 C_8
		微博转发量 C_9
		微博评论量 C_{10}
		微博点赞量 C_{11}
		舆情场占比 C_{12}
		意见领袖参与度 C_{13}
	舆情倾度 B_3	网络搜索量变化率 C_{14}
		网络讨论量变化率 C_{15}
		原创微博发布量变化率 C_{16}
		微博转发量变化率 C_{17}
		微博评论量变化率 C_{18}
		微博点赞量变化率 C_{19}

目　标　层	一　级　指　标	二　级　指　标
网络舆情预警 A	舆情主体 B_4	博主身份 C_{20} 微博认证量 C_{21} 粉丝数 C_{22} 博主影响度 C_{23}

1. 舆情热度

舆情热度由图片数量、视频数量、网络搜索量、网络讨论量、媒体报道量和舆情内容直观度 6 个指标构成,主要体现了网民及媒体对于网络舆情事件的关注程度。

1) 图片数量:一定时期内网民对于某舆情事件发表微博所带的图片数量。

2) 视频数量:一定时期内网民对于某舆情事件发表微博所带的视频数量。

3) 网络搜索量:一定时期内网民在搜索引擎中对某舆情事件搜索的数量。这一指标以百度用户的搜索量为依据,以关键词为主要特征,通过对百度搜索引擎中各个关键词的加权进行分析与计算。

4) 网络讨论量:一定时期内网民参与某舆情事件的讨论量。

5) 媒体报道量:一定时期内与某舆情事件相关的网络媒体报道数量总和。

根据《2021 中国网络媒体发展报告》的综合统计,2010 年国内综合表现最强的 10 个网络媒体分别是人民网、新华网、腾讯网、央视网、澎湃、中国网、光明网、今日头条、凤凰网、新浪网。这些网络媒体可以在很大程度上反映某舆情事件受到大众和媒体的关注程度。因此,媒体报道量指标通过统计舆情事件在这10 个网络媒体上的报道量总和得到。

6) 舆情内容直观度:网民对某一特定舆情新闻事件的具体情况和发展情况的直接了解,可以用带有照片或视频的微博数量所占微博总量的百分比来表示。

2. 舆情强度

舆情强度由微博数量、原创微博发布量、微博转发量、微博评论量、微博点赞量、舆情场占比和意见领袖参与度 7 个指标构成,主要体现了网络舆情事件的影响程度与爆发程度。

1) 微博数量:一定时期内网民发表的有关某舆情事件的微博数量。

2) 原创微博发布量:一定时期内网民发表的有关某舆情事件的原创微博数量。

3) 微博转发量：一定时期内网民发表的有关某舆情事件微博的转发量。

4) 微博评论量：一定时期内网民发表的有关某舆情事件微博的评论量。

5) 微博点赞量：一定时期内网民发表的有关某舆情事件微博的点赞量。

6) 舆情场占比：一定时期内某舆情事件热度在所有舆情事件热度中所占的比重。

7) 意见领袖参与度：一定时期内具有高影响力的用户对某舆情事件的参与程度。以网民的个人认证（即"大 V"认证）及微博粉丝数为基础，有个人认证、微博粉丝人数在 10 000 以上的微博用户可以成为舆情传播的意见领袖。该指标通过计算意见领袖在所有参与某舆情事件的用户中的比例得到。

3. 舆情倾度

舆情倾度由网络搜索量变化率、网络讨论量变化率、原创微博发布量变化率、微博转发量变化率、微博评论量变化率和微博点赞量变化率 6 个指标构成，主要体现了舆情热度的变化情况。

1) 网络搜索量变化率：一定时期内某舆情事件网络搜索量的变化率。N_t 表示某段时间内网络搜索量的总和，N_{t-1} 表示上一段时间内网络搜索量的总和，T 为统计期间内的间隔小时数，则网络搜索量变化率 $R = (N_t - N_{t-1})/T$。

2) 网络讨论量变化率：一定时期内某舆情事件网络讨论量的变化率。N_t 表示某段时间内网络讨论量的总和，N_{t-1} 表示上一段时间内网络讨论量的总和，T 为统计期间内的间隔小时数，则网络讨论量变化率 $R = (N_t - N_{t-1})/T$。

3) 原创微博发布量变化率：一定时期内某舆情事件原创微博发布量的变化率。N_t 表示某段时间内原创微博发布量的总和，N_{t-1} 表示上一段时间内原创微博发布量的总和，T 为统计期间内的间隔小时数，则原创微博发布量变化率 $R = (N_t - N_{t-1})/T$。

4) 微博转发量变化率：一定时期内某舆情事件微博转发量的变化率。N_t 表示某段时间内微博转发量的总和，N_{t-1} 表示上一段时间内微博转发量的总和，T 为统计期间内的间隔小时数，则微博转发量变化率 $R = (N_t - N_{t-1})/T$。

5) 微博评论量变化率：一定时期内某舆情事件微博评论量的变化率。N_t 表示某段时间内微博评论量的总和，N_{t-1} 表示上一段时间内微博评论量的总和，T 为统计期间内的间隔小时数，则微博评论量变化率 $R = (N_t - N_{t-1})/T$。

6) 微博点赞量变化率：一定时期内某舆情事件微博点赞量的变化率。N_t

表示某段时间内微博点赞量的总和,N_{t-1} 表示上一段时间内微博点赞量的总和,T 为统计期间内的间隔小时数,则微博点赞量变化率 $R = (N_t - N_{t-1})/T$。

4. 舆情主体

舆情主体由博主身份、微博认证量、粉丝数和博主影响度 4 个指标构成,主要体现了参与舆情事件的网民的影响程度。

1)博主身份:参与某舆情事件的网民的身份,包括普通用户、政府企业官博、新闻媒体官博等。

2)微博认证量:一定时期内参与某舆情事件的网民拥有个人认证(即"大V"认证)的数量。

3)粉丝数:一定时期内参与某舆情事件的网民的粉丝数量。

4)博主影响度:一定时期内参与了某一网络舆情事件的网民在该舆情事件传播过程中的作用。不同身份的网民在舆情事件传播过程中的作用程度是不同的。根据帕累托二八定律,能够得到该指标的计算式,即博主影响度=0.2×普通用户数量+0.8×意见领袖数量。

二、基于相关性分析和主成分分析的指标筛选

(一)网络舆情事件的数据选取

2022 年 3 月 21 日 14 时 38 分,东方航空波音 737－800 客机 MU5735 在广西壮族自治区梧州市藤县埌南镇莫埌村神塘表附近山林坠毁。2022 年 3 月 21 日 16 时,民航局发文已确认该飞机坠毁,机上人员共 132 人,其中旅客 123 人、机组 9 人。"3·21"东航飞行事故事发突然,伤亡损失惨重,一时间引发了广大网民和社会各界对于救援工作和事故原因的相关评论与争论。

该事件为突发空难事件,舆情热度高,受到广大网民的高度关注和广泛的传播,极具代表性,所以本文选取这次突发事件来作为样本收集的案例。表 2.4 展示了该事件的具体发展进程。

表 2.4 "3·21"东航飞行事故发展进程

日　　期	具　体　进　展
2022 年 3 月 21 日	民航局确认东航一架飞机坠毁,机型为波音 737－800,机上人员共 132 人。民航局应急机制启动,展开救援。

日　期	具　体　进　展
2022 年 3 月 22 日	国家应急处置指挥部召开新闻发布会,东航开通应急援助电话,事故现场散落部分飞机及遇难者残骸。
2022 年 3 月 23 日	国家应急处置指挥部召开发布会,坠毁地卫星遥感影像公布。救援人员搜寻到第一个黑匣子并连夜发往北京。
2022 年 3 月 24 日	飞机碎片散落区域面积约 2 600 平方米,搜寻核心区 255 米外发现碎片。救援人员展开“拉手式”搜寻。
2022 年 3 月 25 日	搜索范围扩大到近 20 万平方米,全面开展遇难者 DNA 检测比对工作,预计 30 天内向国际民航组织递交中英文初步调查报告。
2022 年 3 月 26 日	搜救显示,事故现场未发现普通有机爆炸物成分。国家应急处置指挥部确认,132 名机上人员已全部遇难。
2022 年 3 月 27 日	东航集团正式启动理赔工作。第二个黑匣子被找到并送往北京。现场核心区消杀累计约 2.3 万平方米。
2022 年 3 月 28 日	132 名遇难者 DNA 比对工作完成。累计搜索面积约 37 万平方米,累计接待遇难者家属 626 人。黑匣子译码工作逐步开展。
2022 年 3 月 29 日	更多飞机残骸和事故视频被收集。
2022 年 3 月 30 日	东航遇难者家属目前已获赔 1 485 万。4 万多件飞机残骸开展清理摆位工作。
2022 年 3 月 31 日	国家应急处置指挥部通报主要搜寻任务已经基本完成。
2022 年 4 月 2 日	美国国家运输安全委员会派出由授权代表及技术顾问一行 7 人组成的工作小组抵达中国,参与由中国民航组织的事故调查。
2022 年 4 月 8 日	载有黑匣子数据的包机航班从华盛顿飞抵北京。
2022 年 4 月 11 日	民航局辟谣东航坠机与副驾有关。
2022 年 4 月 20 日	《关于“3·21”东航 MU5735 航空器飞行事故调查初步报告的情况通报》发布。

本研究数据采集于新浪微博和百度两个网络媒体平台,这两个平台在我国是拥有较大流量的网络媒体。新浪微博是一个基于个人与个人之间的联系的社会化媒体:它可以通过 PC 和移动电话等多种终端,通过文字、图片、视频等多媒体方式进行共享,发表个人观点和评论;其他的使用者也会将有关感兴趣的微博信息进行转发、评论或点赞,实现即时分享、传播并互动。基于开放式平台架构的微博,提供了一种前所未有的简单便捷的方式,让用户可以在公众平台即时发

布消息,并通过裂变的传播方式,让用户和其他人的关系更加密切。百度作为国内最流行的搜索引擎,可以让用户快速获得所需要的信息和资料,同时也成为主要的新闻传播平台之一。

本研究以时间序列形式从新浪微博和百度两个平台上抓取了"3·21"东航飞行事故事件不同时间点的数据作为研究样本。通过表 2.4 和图 2.4 可以看出,该事件到 2022 年 4 月 22 日基本平息,因此本文选取该事件 2022 年 3 月 18 日至 2022 年 4 月 22 日的数据进行实证分析。

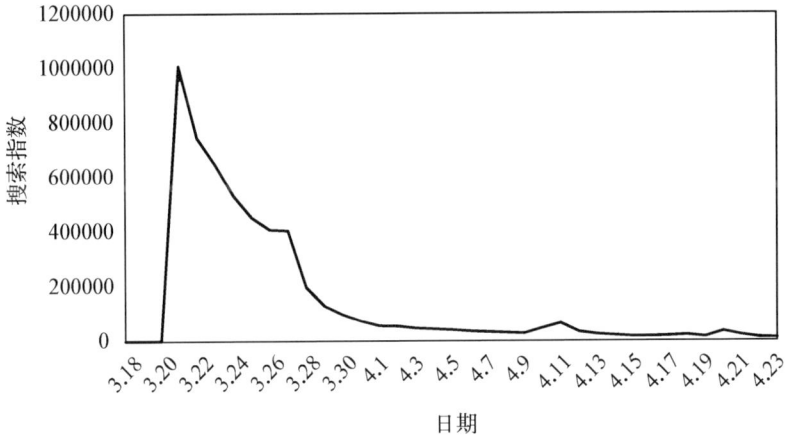

图 2.4   2022 年"东航"百度搜索指数走势图

通过表 2.4 和图 2.4 可得,"3·21"东航飞行事故自 3 月 21 日突然爆发后,该事件的传播热度即时达到峰值,引爆网络舆情,全网的关注热度强势上升。客机失事的信息被确认之后,后续搜救工作成了全网关注的焦点。现场基本情况被披露,撞击地点以及飞机残骸等搜救情况深受网民关注。除了援救情况之外,网民们对于此次空难事故的猜想分析,如发生原因、可能出现的结局等内容也在网络中不断生成。这些信息的传播推动舆情热度始终保持在较高的态势,热度值体量巨大。舆情热度表现为各种形态的波动,舆情传播周期较长。3 月 31 日,国家应急处置指挥部举行第十场新闻发布会,通报指挥部的主要搜寻任务已经基本完成,指导建立专班工作机制,开展"一对一"对接遇难者家庭善后处置工作。3 月 31 日之后,舆情热度呈现平稳的状态。除了在 4 月 11 日民航局辟谣东航坠机与副驾有关与 4 月 20 日《关于"3·21"东航 MU5735 航空器飞行事故调查初步报告的情况通报》发布,引起了舆情热度小幅度的涨动,总体上相较于之前热度值处于较低的状态。

(二)数据的预处理

本文选取"3·21"东航飞行事故 2022 年 3 月 18 日至 2022 年 4 月 22 日共 36 天的数据,以"天"为单位划分时间片,共 36 个时间片,并将这 36 个时间片的样本进行划分,分别用于构建模型的训练组和检验所构建模型预测准确率的测试组;其中前 25 个时间片的样本数据作为训练组,其余 11 个时间片的样本数据作为测试组。

上文所述的 23 个二级指标中,由于网络讨论量 C_4、舆情场占比 C_{12}、网络讨论量变化率 C_{15}、博主身份 C_{20} 这 4 个指标获取困难,所以在本文中先暂时忽略这些获取困难的指标,最终共有 19 个二级指标参与分析。

接着使用 python 爬虫程序爬取有关"3·21"东航飞行事故 19 个二级指标的数据。为了防止指标量化后原始数据的量纲、变量本身的变异性等因素对筛选指标产生不利影响,需要规范化处理原始数据。本文采用 Z-Score 标准化方法,设 z 为样本标准化后的值,x 为样本原始数值,μ 为样本的均值,σ 为样本的标准差,根据式(2.10)进行标准化处理:

$$z = \frac{x - \mu}{\sigma} \qquad (2.10)$$

各数据在通过标准化处理后都成为无量纲数据。

(三)相关性分析

为求各个指标间的相关性系数,降低指标体系的冗余度,本研究首先对通过标准化处理后的数据进行相关性分析。通过计算各指标之间 Pearson 相关系数,得到各指标间的相关性程度,如式(2.11)所示:

$$r_{ab} = \frac{s_{ab}^2}{s_a s_b} = \frac{\sum_{i=1}^{n} (a_i - \bar{a})(b_i - \bar{b})}{\sqrt{\sum_{i=1}^{n} (a_i - \bar{a})^2 \sum_{i=1}^{n} (b_i - \bar{b})^2}} \qquad (2.11)$$

其中,r_{ab} 为指标 a 和指标 b 之间的相关系数,a_i 为指标 a 的第 i 个值,b_i 为指标 b 的第 i 个值,$\bar{a}$ 为指标 a 的平均值,$\bar{b}$ 为指标 b 的平均值,n 为样本容量。

比较各个指标之间的相关系数与设置显著相关的阈值 M，若 $\mid r_{ab} \mid \geqslant M$，则说明这两个指标之间的相关关系十分显著，可删除其中一个指标；若 $\mid r_{ab} \mid < M$，则说明这两个指标之间的相关关系不显著，可同时保留这两个指标。本研究设置 $M = 0.85$。

分别计算预处理后的舆情热度 B_1、舆情强度 B_2、舆情倾度 B_3、舆情主体 B_4 这 4 个一级指标下的二级指标之间的相关系数，结果由表 2.5、表 2.6、表 2.7、表 2.8 所示。

表 2.5　舆情热度指标相关性分析结果

	图片数量 C_1	视频数量 C_2	网络搜索量 C_3	媒体报道量 C_5	舆情内容直观度 C_6
图片数量 C_1	1	—	—	—	—
视频数量 C_2	0.89*	1	—	—	—
网络搜索量 C_3	0.81*	0.79*	1	—	—
媒体报道量 C_5	0.83*	0.95*	0.80*	1	—
舆情内容直观度 C_6	0.61*	0.75*	0.57*	0.71*	1

注：*表示在 0.01 水平（双侧）上显著相关。

根据表 2.5 可得，在舆情热度方面，视频数量与图片数量、媒体报道量之间的相关性较高，而其他指标之间的相关性都不高，所以删除视频数量指标，保留图片数量、网络搜索量、媒体报道量和舆情内容直观度指标。

表 2.6　舆情强度指标相关性分析结果

	微博数量 C_7	原创微博发布量 C_8	微博转发量 C_9	微博评论量 C_{10}	微博点赞量 C_{11}	意见领袖参与度 C_{13}
微博数量 C_7	1	—	—	—	—	—
原创微博发布量 C_8	0.99*	1	—	—	—	—
微博转发量 C_9	0.86*	0.87*	1	—	—	—
微博评论量 C_{10}	0.84*	0.80*	0.98*	1	—	—
微博点赞量 C_{11}	0.83*	0.84*	0.98*	0.97*	1	—
意见领袖参与度 C_{13}	0.69*	0.73*	0.54*	0.55*	0.53*	1

注：*表示在 0.01 水平（双侧）上显著相关。

根据表 2.6 可得,在舆情强度方面,微博数量与原创微博发布量、微博转发量之间的相关性较高,微博评论量与微博转发量、微博点赞量之间的相关性也较高,而意见领袖参与度与其他指标的相关性都不高,所以删除原创微博发布量、微博转发量和微博点赞量指标,保留微博数量、微博评论量和意见领袖参与度指标。

表 2.7　舆情倾度指标相关性分析结果

	网络搜索量变化率 C_{14}	原创微博发布量变化率 C_{16}	微博转发量变化率 C_{17}	微博评论量变化率 C_{18}	微博点赞量变化率 C_{19}
网络搜索量变化率 C_{14}	1	—	—	—	—
原创微博发布量变化率 C_{16}	0.33*	1	—	—	—
微博转发量变化率 C_{17}	0.60*	0.73*	1	—	—
微博评论量变化率 C_{18}	0.43*	0.78*	0.93*	1	—
微博点赞量变化率 C_{19}	0.34*	0.68*	0.93*	0.92*	1

注:*表示在 0.01 水平(双侧)上显著相关。

根据表 2.7 可得,在舆情倾度方面,微博评论量变化率与微博转发量变化率、微博点赞量变化率之间的相关性较高,而网络搜索量变化率、原创微博发布量变化率与其他指标的相关性都不高,所以删除微博转发量变化率和微博点赞量变化率,保留网络搜索量变化率、原创微博发布量变化率和微博评论量变化率指标。

表 2.8　舆情主体指标相关性分析结果

	微博认证量 C_{21}	粉丝数 C_{22}	博主影响度 C_{23}
微博认证量 C_{21}	1	—	—
粉丝数 C_{22}	0.97*	1	—
博主影响度 C_{23}	0.99*	0.97*	1

注:*表示在 0.01 水平(双侧)上显著相关。

根据表 2.8 可得,在舆情主体方面,由于博主影响度是根据微博认证量和粉丝数计算得到,所以其与两指标的相关系数都较大,因此删除微博认证量和粉丝数指标,保留博主影响度指标。

经过相关性分析后筛选出的指标体系如表2.9所示,共4个一级指标、11个二级指标。

表 2.9　相关性分析后的指标体系

目　标　层	一　级　指　标	二　级　指　标
网络舆情预警 A	舆情热度 B_1	图片数量 C_1 网络搜索量 C_3 媒体报道量 C_5 舆情内容直观度 C_6
	舆情强度 B_2	微博数量 C_7 微博评论量 C_{10} 意见领袖参与度 C_{13}
	舆情倾度 B_3	网络搜索量变化率 C_{14} 原创微博发布量变化率 C_{16} 微博评论量变化率 C_{18}
	舆情主体 B_4	博主影响度 C_{23}

(四) 主成分分析

经过相关性分析后,指标还是可能存在冗余情况,因此本研究采用主成分分析来进行其余指标的选择,通过降维处理删除因子负载贡献小的指标,保留最佳指标,精简指标体系。由于一级指标舆情主体 B_4 经过相关性分析筛选后,只剩下博主影响度 C_{23} 这一个二级指标,所以该一级指标不再进行主成分分析,直接进行保留。

主成分分析的首要目标是在保证信息损失最低的原则下,对变量进行降维处理,其模型如式(2.12)所示:

$$F_j = a_{i1}X_1 + a_{i2}X_3 + \cdots + a_{im}X_m, \ i, j = 1, 2, \cdots, k \qquad (2.12)$$

其中, X_i 为指标, F_j 为主成分, a_{im} 为第 i 个特征向量的第 m 个分量, m 为指标的个数。

本文设定将累计方差贡献率大于 80% 的主成分中因子负载绝对数大于 0.8 的指标进行保留，其余的删除。表 2.10、表 2.11 分别展示了网络舆情预警指标体系的方差贡献率、主成分因子负载系数。

表 2.10　网络舆情预警指标体系的方差贡献率

一级指标	第一主成分方差贡献率	累计方差贡献率
舆情热度 B_1	0.82	0.82
舆情强度 B_2	0.81	0.81
舆情倾度 B_3	0.81	0.81

表 2.11　网络舆情预警指标体系的主成分因子负载系数

一级指标	二级指标	第一主成分	筛选结果
舆情热度 B_1	图片数量 C_1	0.93	保留
	网络搜索量 C_3	0.92	保留
	媒体报道量 C_5	0.98	保留
	舆情内容直观度 C_6	0.81	保留
舆情强度 B_2	微博数量 C_7	0.95	保留
	微博评论量 C_{10}	0.90	保留
	意见领袖参与度 C_{13}	0.83	保留
舆情倾度 B_3	网络搜索量变化率 C_{14}	0.66	删除
	原创微博发布量变化率 C_{16}	0.88	保留
	微博评论量变化率 C_{18}	0.92	保留

（五）网络舆情预警指标体系的合理性与推广性检验

1. 合理性检验

指标体系的合理性检验标准可以用信息贡献率来衡量，信息贡献率所表示的指标信息量用指标数据的标准差来反映，比较最终指标数据与原始指标数据的标准差，就能够得到最终指标体系所反映的信息量。如果所筛选出的指标可以表达到 90% 的初始指标的信息，则可以得出指标体系的合理性。

信息贡献率的计算公式如式(2.13)所示:

$$IN = \frac{1}{s} \sum_{i=1}^{s} \frac{\sigma_i}{\frac{1}{p} \sum_{j=1}^{p} \sigma_j} \tag{2.13}$$

其中,σ_i 为筛选后的指标数据的标准差,σ_j 为筛选前的初选指标数据的标准差,s 为筛选后的指标个数,p 为筛选前的初选指标个数。

经计算,本研究的信息贡献率 $IN = 98.9\%$,说明经过相关性分析和主成分分析筛选后的指标体系能够表征98.9%的信息,最终的10个二级指标能够代表大部分指标,由此说明本研究构建的网络舆情指标体系是合理有效的。

2. 推广性检验

为检验本研究建立的网络舆情预警指标体系是否具有推广性与适应性,本研究另选取网络舆情事件利用相关性分析和主成分分析进行指标体系的构建。以发生于2022年8月的"重庆山火"事件为例,选取2022年8月17日至2022年9月6日的数据作为检验数据集进行实证分析。

通过对原始数据的标准化处理,接着通过相关性分析,得到如表2.12所示的相关性分析结果。从表中可知,检验数据集的相关性分析结果与上文的相关性分析结果一致,都删除了视频数量 C_2、原创微博发布量 C_8、微博转发量 C_9、微博点赞量 C_{11}、微博转发量变化率 C_{17}、微博点赞量变化率 C_{19}、微博认证量 C_{21}、粉丝数 C_{22} 共8个二级指标,保留了4个一级指标、11个二级指标。

表 2.12   网络舆情预警指标相关性分析结果

一级指标	保留的指标	删除的指标	相关系数
舆情热度 B_1	图片数量 C_1	视频数量 C_2	0.91*
	网络搜索量 C_3	—	—
	媒体报道量 C_5	—	—
	舆情内容直观度 C_6	—	—
舆情强度 B_2	微博数量 C_7	原创微博发布量 C_8	0.97*
	微博评论量 C_{10}	微博转发量 C_9	0.98*
		微博点赞量 C_{11}	0.95*
	意见领袖参与度 C_{13}	—	—

続　表

一级指标	保留的指标	删除的指标	相关系数
舆情倾度 B_3	网络搜索量变化率 C_{14}	—	—
	原创微博发布量变化率 C_{16}	—	—
	微博评论量变化率 C_{18}	微博转发量变化率 C_{17}	0.98*
		微博点赞量变化率 C_{19}	0.94*
舆情主体 B_4	博主影响度 C_{23}	微博认证量 C_{21}	0.97*
		粉丝数 C_{22}	0.91*

注：*表示在 0.01 水平（双侧）上显著相关。

接着通过主成分分析，得到表 2.13 和表 2.14 所示的指标筛选结果。

表 2.13　网络舆情预警指标体系的主成分特征值和贡献率

一级指标	第一主成分方差贡献率	累计方差贡献率
舆情热度 B_1	0.85	0.85
舆情强度 B_2	0.86	0.86
舆情倾度 B_3	0.81	0.81

表 2.14　网络舆情预警指标体系的主成分因子负载系数

一级指标	二级指标	第一主成分	筛选结果
舆情热度 B_1	图片数量 C_1	0.88	保留
	网络搜索量 C_3	0.87	保留
	媒体报道量 C_5	0.85	保留
	舆情内容直观度 C_6	0.81	保留
舆情强度 B_2	微博数量 C_7	0.89	保留
	微博评论量 C_{10}	0.81	保留
	意见领袖参与度 C_{13}	0.81	保留
舆情倾度 B_3	网络搜索量变化率 C_{14}	0.73	删除
	原创微博发布量变化率 C_{16}	0.83	保留
	微博评论量变化率 C_{18}	0.79	删除

经过主成分分析后,删除了网络搜索量变化率 C_{14}、微博评论量变化率 C_{18} 这 2 个二级指标,而上文的主成分分析只删除了网络搜索量变化率 C_{14},存在差异。但是由于微博评论量变化率 C_{18} 的因子负载系数很接近 0.80,所以将此指标保留。

通过构建检验数据集指标体系,得到与上文一致的网络舆情预警指标体系,证实了本研究构建的网络舆情预警指标体系具有推广性与适应性,能够广泛应用于网络舆情预警。

第三节   网络舆情预警等级的分级与分析

一、灰色关联分析的基本理论

灰色关联分析(grey relation analysis,GRA)是一种基于灰色理论的多因素统计分析方法,一般被用来研究事物之间相互联系、相互影响的复杂因素的影响程度,从而明确影响事物的本质要素,使各种影响因素之间的"灰色"关系更加明确。灰色关联分析的研究对象通常为不确定性系统,通过确定参考数据序列曲线与比较数据序列曲线的相似性来判定它们之间的联系是否密切;两者序列曲线越相似,则关联程度越高。

灰色关联分析法可以对不同因素的影响程度进行分析,该方法还能用于处理不同时期的综合评价类问题。它的核心是根据特定的规律建立一个以时间变量为基准的参考序列,并将评价对象根据时间的变化当作各个比较序列,并计算各个比较序列和参考序列的关联性,由此得到结果。

基于网络舆情不确定性和突发性的特点,利用灰色关联分析可以对其影响度进行分级。先选择网络舆情预警指标中的最大值作为参考序列,并将各时段的数据作为比较序列;再通过对每个时间点比较序列和参考序列的关联因子和关联度的计算,从而对每个时间点舆情事件的预警级别进行分析。具体计算过程如下。

(1)采用式(2.14)和式(2.15)确定网络舆情事件风险等级评估的参考序列和比较序列

$$X_0 = (x_0(1),\ x_0(2),\ \cdots,\ x_0(n)) \tag{2.14}$$

$$X_1 = (x_1(1),\ x_1(2),\ \cdots,\ x_1(n))$$

$$\vdots$$

$$X_m = (x_m(1),\ x_m(2),\ \cdots,\ x_m(n)) \tag{2.15}$$

（2）标准化参考序列和比较序列

各个指标的单位存在不同,所以不能进行直接比较,在利用灰色关联分析法进行比较之前,需要对各个指标进行标准化处理。

（3）采用式(2.16)计算参考序列与比较序列之间各指标的关联因子

比较序列 $X_i(i = 1,\ 2,\ \cdots,\ m)$ 与参考序列 X_0 之间的关联因子 $\eta_i(k)$ 定义为

$$\eta_i(k) = \frac{\min\limits_{i} \min\limits_{k} \mid X_0(k) - X_i(k) \mid + \rho \max\limits_{i} \max\limits_{k} \mid X_0(k) - X_i(k) \mid}{\mid X_0(k) - X_i(k) \mid + \rho \max\limits_{i} \max\limits_{k} \mid X_0(k) - X_i(k) \mid}$$

$$\tag{2.16}$$

其中, $\rho \in (0,\ 1)$ 为分辨率, ρ 越小,分辨力越大,一般 ρ 取 0.5。

（4）采用式(2.17)计算参考序列与比较序列之间的关联度

由于关联因子 $\eta_i(k)$ 是参考序列与比较序列在各分量的关联因子值,数据量大时不易进行对比,因此需要将各个时刻子舆情事件各指标的关联因子综合到一个数值上,并称该综合值为关联度。比较序列 $X_i(i = 1,\ 2,\ \cdots,\ m)$ 与参考序列 X_0 之间的关联度 γ_i 定义为

$$\gamma_i = \frac{1}{n} \sum_{k=1}^{n} \eta_i(k) \tag{2.17}$$

（5）关联度排序

将关联度按大小进行排列,即组成了关联序,记作 $\{X\}$。关联值越大,其综合评分就越高。即 $\gamma_i > \gamma_j$,则称 $\{X_i\}$ 对于同一母舆情事件 $\{X_0\}$ 优于 $\{X_j\}$,记为 $\{X_i\} > \{X_j\}$。

二、K-Means 聚类算法的基本理论

K-Means 聚类算法的核心思想:首先,给定聚类类别数 k 和 k 个任意选取的初始聚类中心,通过欧氏距离(Euclidean Distance)计算每个点(即样本)到离其

最近的聚类中心的距离,将每个点划分到最近的类别中;其次,基于每个类别内部的所有点,对每类的聚类中心进行再评估(取平均值);接着,再持续迭代进行分配点和更新聚类中心,直至所有类别的聚类中心都保持不变或者达到指定的迭代次数为止;最后,为每一个样本确定类别以及每一类的聚类中心。

运用 K-Means 聚类算法实现网络舆情预警等级的分级,并将各个时段的子舆情事件与母舆情事件的关联度作为划分类别的依据,由此进行预警级别的划分。假设给定舆情事件数据样本 X,其中包含了 n 个 m 维特征指标值的对象 $X = \{X_1, X_2, X_3, \cdots, X_n\}$,K-Means 聚类算法的目的是将 n 个对象按其相似性聚集到特定的 k 个类中,每个对象只属于其中一个类。

K-Means 聚类算法的主要步骤如下。

(1)初始化聚类中心

初始化 k 个聚类中心 $\{C_1, C_2, C_3, \cdots, C_k\}$,$1 < k \leqslant n$。

(2)采用式(2.18)计算距离

通过欧氏距离计算每个对象到 k 个聚类中心的距离:

$$dis(X_i, C_j) = \sqrt{\sum_{t=1}^{m} (X_{it} - C_{jt})^2} \qquad (2.18)$$

其中,X_i 表示第 i 个对象,$1 \leqslant i \leqslant n$;$C_j$ 表示第 j 个聚类中心,$1 \leqslant j \leqslant k$;$X_{it}$ 表示第 i 个对象的第 t 个特征指标值;C_{jt} 表示第 j 个聚类中心的第 t 个特征指标值,$1 \leqslant t \leqslant m$。

(3)聚类

分别计算每个对象到每个聚类中心的距离,并将其划分到距离最近的聚类中心,得到 k 个类 $\{S_1, S_2, S_3, \cdots, S_k\}$。

(4)采用式(2.19)计算均值

计算每一类中所有对象的均值,并将其更新为新的聚类中心:

$$C_l = \frac{\sum_{X_i \in S_l} X_i}{|S_l|} \qquad (2.19)$$

其中,C_l 表示第 l 个聚类中心,$1 \leqslant l \leqslant k$;$|S_l|$ 表示第 l 个类中对象的个数;X_i 表示第 l 个类中第 i 个对象,$1 \leqslant i \leqslant |S_l|$。

（5）迭代更新

持续迭代进行分配对象和更新聚类中心，直到所有类别的聚类中心都没有变化，或是到达一个特定迭代次数，聚类结束，否则回到第（2）步。

三、网络舆情事件预警等级分级过程

（一）计算关联因子和关联度

根据前述的最终网络舆情预警指标体系，可得如表 2.15 所示的经过标准化处理后的指标体系的无量纲样本数据，由于篇幅所制，只展示部分。

表 2.15　无量纲样本数据（部分）

日期	C_1	C_3	C_5	C_6	C_7
3.18	-0.699 8	-0.607 5	-0.625 1	-0.169 7	-0.758 4
3.19	-0.705 7	-0.609 1	-0.634 0	-0.440 4	-0.759 6
3.20	-0.695 4	-0.609 4	-0.611 7	-0.024 6	-0.760 1
3.21	0.684 3	3.506 8	1.575 8	0.581 9	0.660 6
3.22	3.022 9	2.433 8	2.499 8	0.972 2	2.769 0
3.23	2.160 1	2.028 5	1.901 6	1.336 1	2.037 4

日期	C_{10}	C_{13}	C_{16}	C_{18}	C_{23}
3.18	-0.500 8	-0.650 2	-0.023 3	0.020 6	-0.728 2
3.19	-0.522 1	-0.433 5	-0.010 3	-0.025 9	-0.728 4
3.20	-0.522 3	-0.853 1	-0.003 1	-0.000 3	-0.729 9
3.21	1.866 2	0.894 3	2.210 2	2.923 2	0.635 2
3.22	4.456 4	0.974 6	3.558 2	3.170 1	2.707 8
3.23	1.859 8	1.063 2	-1.089 3	-3.177 8	2.042 8

接着设置参考序列，根据每个指标中的最大值，可得参考序列 $X_0 = (3.022\ 9,\ 3.506\ 8,\ 2.499\ 8,\ 2.362\ 0,\ 2.769\ 0,\ 4.456\ 4,\ 1.995\ 1,\ 3.558\ 2,\ 3.170\ 1,\ 2.707\ 8)$。将每一时间的指标数据作为比较序列，共 36 个比较序列，利用灰色关联分析得到表 2.16 和表 2.17 所示的比较序列与参考序列之间的关联因子及关联度。

表 2.16　样本数据关联因子

日期	C_1	C_3	C_5	C_6	C_7
3.18	0.460 2	0.435 5	0.503 9	0.556 3	0.473 6
3.19	0.459 8	0.435 4	0.503 2	0.531 1	0.473 5
3.20	0.460 5	0.435 4	0.504 9	0.570 8	0.473 5
3.21	0.575 8	1.000 0	0.774 5	0.640 7	0.600 9
3.22	1.000 0	0.747 4	1.000 0	0.695 5	1.000 0
3.23	0.786 3	0.682 2	0.841 4	0.755 7	0.812 7
3.24	0.718 2	0.620 6	0.902 3	0.833 2	0.749 2
3.25	0.619 6	0.583 0	0.881 0	1.000 0	0.710 8
3.26	0.565 5	0.564 1	0.718 2	0.686 7	0.686 9
3.27	0.875 7	0.562 8	0.806 1	0.657 1	0.900 4
3.28	0.593 4	0.489 1	0.655 9	0.742 8	0.627 2
3.29	0.501 4	0.468 9	0.559 8	0.608 5	0.528 3
3.30	0.594 1	0.460 0	0.529 0	0.537 2	0.556 7
3.31	0.525 7	0.453 7	0.601 0	0.738 6	0.565 5
4.1	0.492 3	0.449 1	0.524 3	0.481 8	0.523 4
4.2	0.477 7	0.448 7	0.518 6	0.617 6	0.493 7
4.3	0.474 2	0.446 8	0.505 3	0.608 5	0.487 7
4.4	0.471 5	0.446 0	0.505 3	0.594 2	0.480 2
4.5	0.473 0	0.445 2	0.504 2	0.552 9	0.484 7
4.6	0.466 8	0.443 8	0.505 7	0.505 8	0.480 2
4.7	0.467 0	0.443 3	0.506 8	0.465 9	0.484 6
4.8	0.465 2	0.442 5	0.504 6	0.483 6	0.478 7
4.9	0.464 0	0.441 9	0.503 1	0.511 1	0.476 5
4.10	0.466 1	0.446 9	0.508 2	0.451 0	0.478 1
4.11	0.503 6	0.451 6	0.532 1	0.607 2	0.556 0
4.12	0.480 0	0.443 4	0.523 2	0.535 3	0.501 8
4.13	0.471 3	0.441 2	0.506 8	0.541 6	0.478 9
4.14	0.463 9	0.440 0	0.504 6	0.874 5	0.485 9
4.15	0.463 1	0.439 0	0.504 6	0.535 3	0.478 6
4.16	0.463 7	0.439 0	0.503 9	0.534 4	0.475 4
4.17	0.472 5	0.439 5	0.503 9	0.481 5	0.498 4

日期	C_1	C_3	C_5	C_6	C_7
4.18	0.468 8	0.440 3	0.506 4	0.517 7	0.486 8
4.19	0.461 5	0.438 7	0.503 2	0.463 0	0.477 3
4.20	0.490 0	0.443 7	0.515 6	0.484 0	0.533 1
4.21	0.478 2	0.440 4	0.515 2	0.575 4	0.498 5
4.22	0.461 7	0.438 0	0.505 7	0.446 1	0.477 9

日期	C_{10}	C_{13}	C_{16}	C_{18}	C_{23}
3.18	0.390 3	0.545 4	0.469 8	0.501 9	0.480 2
3.19	0.389 3	0.566 5	0.470 7	0.498 3	0.480 2
3.20	0.389 3	0.527 1	0.471 2	0.500 3	0.480 1
3.21	0.550 6	0.742 5	0.701 9	0.927 8	0.605 0
3.22	1.000 0	0.756 7	1.000 0	1.000 0	1.000 0
3.23	0.550 0	0.773 0	0.405 8	0.333 3	0.826 8
3.24	0.461 6	0.816 1	0.435 6	0.412 3	0.780 7
3.25	0.458 7	1.000 0	0.458 0	0.496 3	0.793 5
3.26	0.478 6	0.899 7	0.442 4	0.529 6	0.734 8
3.27	0.448 8	0.642 1	0.560 6	0.461 1	0.800 9
3.28	0.428 3	0.719 2	0.367 0	0.469 7	0.625 2
3.29	0.394 7	0.577 4	0.381 7	0.446 0	0.520 0
3.30	0.429 2	0.725 9	0.510 4	0.571 6	0.560 2
3.31	0.398 9	0.881 0	0.493 2	0.451 5	0.585 2
4.1	0.391 1	0.589 2	0.414 3	0.485 4	0.517 7
4.2	0.398 3	0.619 2	0.435 9	0.514 9	0.496 6
4.3	0.391 4	0.636 5	0.463 6	0.487 1	0.492 2
4.4	0.389 9	0.534 8	0.460 4	0.497 4	0.484 5
4.5	0.391 4	0.518 2	0.476 1	0.503 3	0.487 0
4.6	0.390 0	0.525 4	0.466 8	0.497 4	0.484 3
4.7	0.390 8	0.509 8	0.474 1	0.502 1	0.486 7
4.8	0.390 7	0.522 5	0.466 3	0.499 9	0.483 3
4.9	0.391 6	0.485 8	0.467 9	0.502 1	0.481 6
4.10	0.393 0	0.504 1	0.474 2	0.503 2	0.482 7

日期	C_{10}	C_{13}	C_{16}	C_{18}	C_{23}
4.11	0.423 5	0.863 5	0.620 1	0.563 4	0.572 8
4.12	0.391 5	0.699 0	0.405 1	0.447 5	0.506 7
4.13	0.389 5	0.545 1	0.439 6	0.496 3	0.483 8
4.14	0.390 1	0.486 8	0.471 2	0.501 4	0.486 7
4.15	0.389 8	0.499 2	0.468 8	0.499 7	0.482 9
4.16	0.389 8	0.488 7	0.467 3	0.500 4	0.481 0
4.17	0.401 2	0.757 6	0.510 6	0.523 6	0.505 4
4.18	0.390 6	0.656 6	0.455 7	0.480 5	0.491 9
4.19	0.389 4	0.554 6	0.455 9	0.497 8	0.482 8
4.20	0.417 6	0.715 8	0.578 1	0.559 8	0.536 9
4.21	0.390 7	0.630 1	0.420 4	0.454 3	0.501 0
4.22	0.389 5	0.504 7	0.443 4	0.497 9	0.482 6

表 2.17　样本数据关联度

日期	关联度	日期	关联度	日期	关联度	日期	关联度
3.18	0.481 7	3.27	0.671 6	4.5	0.483 6	4.14	0.510 5
3.19	0.480 8	3.28	0.571 8	4.6	0.476 6	4.15	0.476 1
3.20	0.481 3	3.29	0.498 7	4.7	0.473 1	4.16	0.474 4
3.21	0.712 0	3.30	0.547 4	4.8	0.473 7	4.17	0.509 4
3.22	0.920 0	3.31	0.569 4	4.9	0.472 6	4.18	0.489 5
3.23	0.676 7	4.1	0.486 9	4.10	0.470 8	4.19	0.472 4
3.24	0.672 9	4.2	0.502 1	4.11	0.569 4	4.20	0.527 4
3.25	0.700 1	4.3	0.499 3	4.12	0.493 3	4.21	0.490 4
3.26	0.630 6	4.4	0.486 4	4.13	0.479 4	4.22	0.464 8

　　由表 2.16 和表 2.17 可知,3 月 21 日的关联度突然增大,3 月 22 日的关联度达到最大值,说明"3·21"东航飞行事故的发生受到了网民群众极大的关注,而且当时的网络舆情传播速度快,应及时关注并引导。

（二）K-Means 聚类分析

网络舆情预警等级的级别没有统一的标准，现阶段大多数学者将网络舆情预警等级分为 3 个（轻微级、警示级、严重级）或 4 个（稳定级、正常级、警戒级和危重级）等级，而本研究认为稳定级和正常级可以合并为轻微级，即处于正常状态，因此将网络舆情预警等级划分为轻微级、警示级、严重级三类。

利用 K-Means 聚类算法确定舆情事件的预警等级分级阈值，将计算得到的 36 个关联度通过 K-Means 聚类算法进行聚类，得到该舆情事件的最终聚类中心，如表 2.18 所示。

表 2.18　舆情事件最终聚类中心

聚类类别	I	II	III
聚类中心	0.484 5	0.569 3	0.725 6

将各时间段关于"3·21"东航飞行事故的预警等级按照关联度的数值大小，通过 K-Means 聚类算法分为轻微级、警示级、严重级三类。同时在通过 K-Means 聚类算法得到了三个聚类中心后，利用该舆情事件各个时间段的个案到聚类中心的距离得出轻微级、警示级、严重级这三类预警等级的取值范围。其中，轻微级的关联度取值范围为［0.00，0.52］，警示级的关联度取值范围为［0.52，0.64］，严重级的关联度取值范围为［0.64，1.00］。本研究对该舆情事件各个时间段预警等级进行区分，并采用不同的颜色来表示。第一个等级为轻微级，用黄色来表示，相关部门可以保持观察；第二个等级是警示级，用橙色来表示，相关部门需要对此高度关注，对此舆情事件进行严密监测；第三个等级为严重级，用红色来表示，相关部门应该对舆情快速做出反应，把网络舆情控制在一定程度内。表 2.19 和图 2.5 展示了该事件的关联度聚类结果及预警等级。

表 2.19　"3·21"东航飞行事故的关联度聚类结果及预警等级

日期	关 联 度	距　离	类　别	预 警 等 级
3.18	0.481 7	0.002 8	I	轻微级（黄色）
3.19	0.480 8	0.003 7	I	轻微级（黄色）
3.20	0.481 3	0.003 2	I	轻微级（黄色）

日　期	关　联　度	距　离	类　别	预　警　等　级
3.21	0.712 0	0.013 6	Ⅲ	严重级（红色）
3.22	0.920 0	0.194 5	Ⅲ	严重级（红色）
3.23	0.676 7	0.048 9	Ⅲ	严重级（红色）
3.24	0.672 9	0.052 7	Ⅲ	严重级（红色）
3.25	0.700 1	0.025 5	Ⅲ	严重级（红色）
3.26	0.630 6	0.061 3	Ⅱ	警示级（橙色）
3.27	0.671 6	0.054 0	Ⅲ	严重级（红色）
3.28	0.571 8	0.002 5	Ⅱ	警示级（橙色）
3.29	0.498 7	0.014 2	Ⅰ	轻微级（黄色）
3.30	0.547 4	0.021 9	Ⅱ	警示级（橙色）
3.31	0.569 4	0.000 1	Ⅱ	警示级（橙色）
4.1	0.486 9	0.002 4	Ⅰ	轻微级（黄色）
4.2	0.502 1	0.017 6	Ⅰ	轻微级（黄色）
4.3	0.499 3	0.014 8	Ⅰ	轻微级（黄色）
4.4	0.486 4	0.001 9	Ⅰ	轻微级（黄色）
4.5	0.483 6	0.000 9	Ⅰ	轻微级（黄色）
4.6	0.476 6	0.007 9	Ⅰ	轻微级（黄色）
4.7	0.473 1	0.011 4	Ⅰ	轻微级（黄色）
4.8	0.473 7	0.010 8	Ⅰ	轻微级（黄色）
4.9	0.472 6	0.011 9	Ⅰ	轻微级（黄色）
4.10	0.470 8	0.013 7	Ⅰ	轻微级（黄色）
4.11	0.569 4	0.000 1	Ⅱ	警示级（橙色）
4.12	0.493 3	0.008 8	Ⅰ	轻微级（黄色）
4.13	0.479 4	0.005 1	Ⅰ	轻微级（黄色）
4.14	0.510 5	0.026 0	Ⅰ	轻微级（黄色）
4.15	0.476 1	0.008 4	Ⅰ	轻微级（黄色）
4.16	0.474 4	0.010 1	Ⅰ	轻微级（黄色）
4.17	0.509 4	0.024 9	Ⅰ	轻微级（黄色）
4.18	0.489 5	0.005 0	Ⅰ	轻微级（黄色）
4.19	0.472 4	0.012 1	Ⅰ	轻微级（黄色）
4.20	0.527 4	0.041 9	Ⅱ	警示级（橙色）
4.21	0.490 4	0.005 9	Ⅰ	轻微级（黄色）
4.22	0.464 8	0.019 7	Ⅰ	轻微级（黄色）

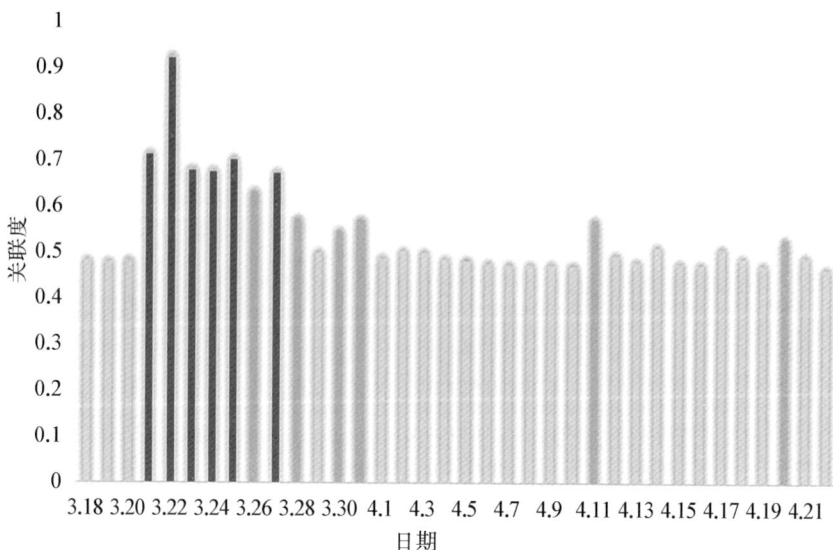

图 2.5 "3·21"东航飞行事故预警等级

根据表 2.19 和图 2.5 中的预警等级结果能够得出以下结论:该事件为突发性重大事件,发生后不到 24 小时就引起了很高的关注程度,使舆情预警等级达到了严重级级别,且舆情扩散速度快、热度保持时间长。从 3 月 21 日至 3 月 27 日,除了 3 月 26 日是警示级级别,其余时间一直处于严重级的高位态势,政府相关部门应对该事件快速做出表态,尽可能减少社会公众的猜测和误解。直至 3 月 28 日,预警等级才有所下降,且在 4 月 1 日之后,舆情预警等级也呈现出平稳的状态,处于轻微级级别,除了在 4 月 11 日民航局辟谣东航坠机与副驾有关与 4 月 20 日《关于"3·21"东航 MU5735 航空器飞行事故调查初步报告的情况通报》发布,引起了舆情预警等级上升至警示级级别。各相关部门应对这两个时期给予足够的关注,并严密监测此事件的发展趋势,总体上相较于之前,舆情热度处于较低的状态。

四、基于 OLDA 主题模型的网络舆情演化分析

针对"3·21"东航飞行事故在各个时间段不同预警等级下的舆情演变过程,本研究通过基于 OLDA 主题模型分别对该舆情事件各个时间片内的主题信息进行提取,分析舆情事件各个时间段内舆情主题演变情况,同时结合实际情况做出判断。

本研究将 3 月 18 日至 3 月 20 日设置为 1 个时间片;3 月 21 日至 3 月 31 日期间以"天"为单位划分时间片,即有 11 个时间片;4 月 1 日至 4 月 10 日为 1 个时间片;4 月 11 日为单独的 1 个时间片;4 月 12 日至 4 月 19 日为 1 个时间片;4 月 20 日为单独的 1 个时间片;4 月 21 日、4 月 22 日为 1 个时间片。共有 17 个时间片。

本文通过 python 爬虫程序收集了新浪微博上从 2022 年 3 月 18 日 0 时到 2022 年 4 月 22 日 24 时发布的关键词为"东航"的微博共 112 165 条。进行数据清洗后的微博条数共有 101 791 条。各个时间片内微博的条数信息如表 2.20 和图 2.6 所示。

表 2.20 "3·21"东航飞行事故各时间片内微博条数

时间片	日 期	预 警 等 级	微博条数
1	3.18—3.20	轻微级(黄色)	171
2	3.21	严重级(红色)	5 432
3	3.22	严重级(红色)	12 297
4	3.23	严重级(红色)	9 569
5	3.24	严重级(红色)	9 327
6	3.25	严重级(红色)	8 619
7	3.26	警示级(橙色)	8 194
8	3.27	严重级(红色)	11 348
9	3.28	警示级(橙色)	6 037
10	3.29	轻微级(黄色)	2 332
11	3.30	警示级(橙色)	3 798
12	3.31	警示级(橙色)	4 216
13	4.1—4.10	轻微级(黄色)	7 028
14	4.11	警示级(橙色)	3 697
15	4.12—4.19	轻微级(黄色)	5 416
16	4.20	警示级(橙色)	2 841
17	4.21—4.22	轻微级(黄色)	1 469

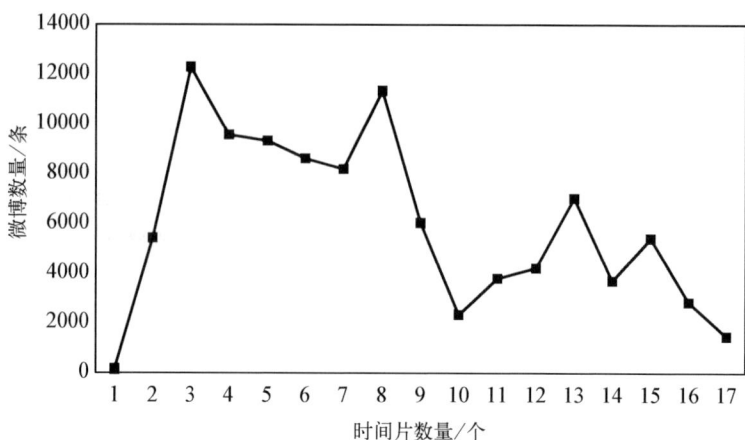

图 2.6 "3·21"东航飞行事故各时间片内的微博数量

由上述可知,该事件在预警等级为严重级时,微博条数也是最多的。

利用 OLDA 主题模型对该舆情事件各个时间片内的主题信息进行提取,得到如表 2.21 所示的各个时间片内的主题词(取前 10 个)。

表 2.21 基于 OLDA 主题模型"3·21"东航飞行事故的主题词

时间片	日　期	预 警 等 级·	主　　题　　词
1	3.18—3.20	轻微级(黄色)	航班　机票　天价　疫情　加航　股份　集团　个股　科技　控股
2	3.21	严重级(红色)	坠毁　意外　航班　垂直　奇迹　祈祷　波音　梧州　坠机　火灾
3	3.22	严重级(红色)	祈福　空难　坠机　救援　坠毁　失联　残骸　援助　意外　悲伤
4	3.23	严重级(红色)	飞机　失事　援助　找到　黑匣子　搜寻　现场　调查　记录器　处置
5	3.24	严重级(红色)	坠毁　遇难者　默哀　空难　驾驶舱　黑匣子　语音　原因　事故　波音
6	3.25	严重级(红色)	蜡烛　悼念　残骸　事故　遗物　撞击　核心区　紧急　代码　默哀
7	3.26	警示级(橙色)	蜡烛　安息　逝者　飞行　事故　家属　创伤　心理　遇难者　生命

时间片	日　期	预警等级	主　题　词
8	3.27	严重级(红色)	黑匣子　第二个　确认　头七祭　寄托　活动　祈愿　默哀　坚强　缅怀
9	3.28	警示级(橙色)	家属　安排　善后　理赔　调查　波音　鸣笛　总书记　会议　致哀
10	3.29	轻微级(黄色)	珍惜　希望　无常　黑匣子　调查　专家　最新　发布会　处置　哀悼
11	3.30	警示级(橙色)	家属　遇难者　理赔　服务　保监会　缅怀　害怕　敬畏　财险　赔款
12	3.31	警示级(橙色)	事故　飞行　东航　航空器　发布会　初步　工作　调查　黑匣子　解码
13	4.1—4.10	轻微级(黄色)	真相　最新消息　公布　原因　黑匣子　美国　数据　情况汇报　部署
14	4.11	警示级(橙色)	信息　网络　谣言　辟谣　传言　副驾驶　民航局　违法　涉嫌　严惩
15	4.12—4.19	轻微级(黄色)	心理　空勤人员　应激　阴影　理解　事故　东航　运营　复飞　平安
16	4.20	警示级(橙色)	事故　飞机　调查　飞行　报告　航空器　初步　希望　真相　发布
17	4.21—4.22	轻微级(黄色)	东航　事故　调查　报告　情况通报　希望　数据　公布　原因　信息

从表 2.21 中可以得出以下结论。

（1）在该事件发生之前,即在第 1 个时间片内,网民群众主要讨论有关东航航班、价格、股份等信息。

（2）在该事件发生之后,网民群众的关注点聚焦于救援,各方援救力量紧急启动,进行彻夜搜救。3 月 22 日,相关媒体进入事故发生地进行直播报道,现场基本情况被披露,撞击地点以及飞机残骸等搜救情况深受网民群众关注,祈愿救援人员能够搜救到幸存者。3 月 23 日,第一个黑匣子被找到后,网民群众聚焦关注于黑匣子的破译和飞机坠毁的真实原因,这时有大量关于网民群众对于此次空难事故的猜想分析,如发生原因、可能出现的结局等内容也在网络中不断生成;这些信息的传播助推舆情热度不断蔓延,极易传播不实消息与谣言,因此政府机关等相关单位应及时安抚网民群众情绪,召开新闻发布会,对搜救结果、事故原因、黑匣子搜寻等问题进行回应,引导网民群众相信权威发布而非小道谣言消息。3月24日之后,随着在搜救现场被发现的残骸碎片越来越多,网民群众自发开始悼念遇难者;在负面情绪较多时,相关部门应强化对舆情的正向引导,纠正舆情偏差,匡正舆情价值观;3月27日,第二个黑匣子被找到,同时这天也为事故发生的第七天,网民群众在关注黑匣子数据的同时聚焦于为遇难者祈愿的活动;3月28日之后,舆情热度有所下降,网民群众主要关注遇难者家属的理赔问题与遇难者家属的心理健康问题;此时由于网民群众拥有强烈的同理心,难免会发表带有个人感情色彩的言论,因此相关部门应及时发布相关理赔条款文件与流程,防止谣言蔓延。

（3）在第13至第17个时间片,是该事件发生之后舆情热度有所回落且趋于稳定的阶段。4月1日之后,由于搜寻任务已经基本完成,舆情热度也开始下降,舆情预警处于轻微级级别,网民群众主要聚焦于坠机事故原因的真相以及黑匣子的破解情况;而在4月11日,一则关于坠机事故与副驾有关的谣言出现,导致舆情热度有所上升,舆情预警达到了警示级;这时相关部门应及时制止谣言的传播,惩戒散布谣言者;4月12日之后,东航复飞波音737-800机型客机,网民群众开始关注空勤人员的心理状态;4月20日之后,事故发生后一个月,《关于"3·21"东航MU5735航空器飞行事故调查初步报告的情况通报》发布,这又引起了舆情热度小范围的提升,网民群众集中关注报告内容,对于坠机事故真相的公布更加期盼。

第四节 基于 BP 神经网络的舆情预警模型

一、BP 神经网络模型的结构

BP 神经网络模型的结构主要包括以下 3 个方面。

第一,输入层节点。本研究建立的网络舆情预警指标体系中共有 10 个预警指标,故输入节点设置为 10。

第二,隐含层节点。由于 BP 神经网络算法具有大量的并行分布结构和非线性动态特性,目前尚无设置隐含层节点数目的特定公式。通过查阅相关文献与资料,本研究采用式(2.20)来确定隐含层节点的个数:

$$N = \sqrt{m + n} + a \qquad (2.20)$$

其中,m 为输入层节点个数,n 为输出层节点个数,a 为 1~10 之间的任意常数。本文共尝试了隐含层节点个数分别为 5、6、7、8、9、10 的 6 种情况,得出在隐含层节点数目为 6 的情况下,该算法具有良好的准确率。

第三,输出层节点。本研究将网络舆情预警等级分为轻微级、警示级、严重级共 3 个等级,分别用黄色、橙色、红色表示,因此设置输出层节点个数为 3。

BP 神经网络是具有代表性的三层式模型,即"输入层-隐含层-输出层"。在网络舆情预警模型中,输入层输入的是真实的样本值,并输出预期得到的预警结果,即 3 种预警等级。在隐含层的处理过程中,BP 神经网络就相当于一个"黑匣子",当输入节点个数为 10 个,输出节点个数为 3 时,BP 神经网络的模型示意图如图 2.7 所示。

图 2.7　BP 神经网络模型示意图

二、BP 神经网络预警模型的建立

(一)配置训练参数

本文采用的训练参数如表 2.22 所示。

表 2.22　BP 神经网络训练参数

训 练 参 数	参数值
输入层-隐含层传递函数	tansig
隐含层-输出层传递函数	purelin
训练函数	trainlm

训　练　参　数	参数值
训练次数	1 000
学习速率	0.01
训练目标最小误差	0.000 01

（二）输入数据

首先把原始数据的每一个时间片设置为一个时间节点,由于有 36 个时间片,所以共设置了 36 个时间节点,并且把前 25 个时间节点作为训练组,剩余的 11 个时间节点作为测试组。对数据进行标准化后,利用 MATLAB 进行实验。分别以矩阵的形式输入训练组的数据样本与测试组的数据样本,期望输出变量根据预警等级来设置,轻微级设置为 1,警示级设置为 2,严重级设置为 3。表 2.23 和表 2.24 分别展示了训练组样本与测试组样本的期望输出。

表 2.23　训练组样本期望输出

时间节点	预　警　等　级	期望输出
3.18	轻微级(黄色)	1
3.19	轻微级(黄色)	1
3.20	轻微级(黄色)	1
3.21	严重级(红色)	3
3.22	严重级(红色)	3
3.23	严重级(红色)	3
3.24	严重级(红色)	3
3.25	严重级(红色)	3
3.26	警示级(橙色)	2
3.27	严重级(红色)	3
3.28	警示级(橙色)	2
3.29	轻微级(黄色)	1
3.30	警示级(橙色)	2
3.31	警示级(橙色)	2

时间节点	预　警　等　级	期望输出
4.1	轻微级（黄色）	1
4.2	轻微级（黄色）	1
4.3	轻微级（黄色）	1
4.4	轻微级（黄色）	1
4.5	轻微级（黄色）	1
4.6	轻微级（黄色）	1
4.7	轻微级（黄色）	1
4.8	轻微级（黄色）	1
4.9	轻微级（黄色）	1
4.10	轻微级（黄色）	1
4.11	警示级（橙色）	2

表 2.24　测试组样本期望输出

时间节点	预　警　等　级	期望输出
4.12	轻微级（黄色）	1
4.13	轻微级（黄色）	1
4.14	轻微级（黄色）	1
4.15	轻微级（黄色）	1
4.16	轻微级（黄色）	1
4.17	轻微级（黄色）	1
4.18	轻微级（黄色）	1
4.19	轻微级（黄色）	1
4.20	警示级（橙色）	2
4.21	轻微级（黄色）	1
4.22	轻微级（黄色）	1

（三）BP 神经网络的训练与生成

通过对模型的训练，当误差率为 $1.735\,2\times10^{-6}$ 时，达到目标范围，运行结果如表 2.25 所示，训练误差曲线变化图如图 2.8 所示。

表 2.25　BP 神经网络运行结果

训练进度 （Progress）	训练次数 （Epoch）	性能 （Performance）	梯度 （Gradient）	泛化能力检查 （Validation Checks）
数　值	6	$1.735\,2\times10^{-6}$	3.21×10^{-6}	0

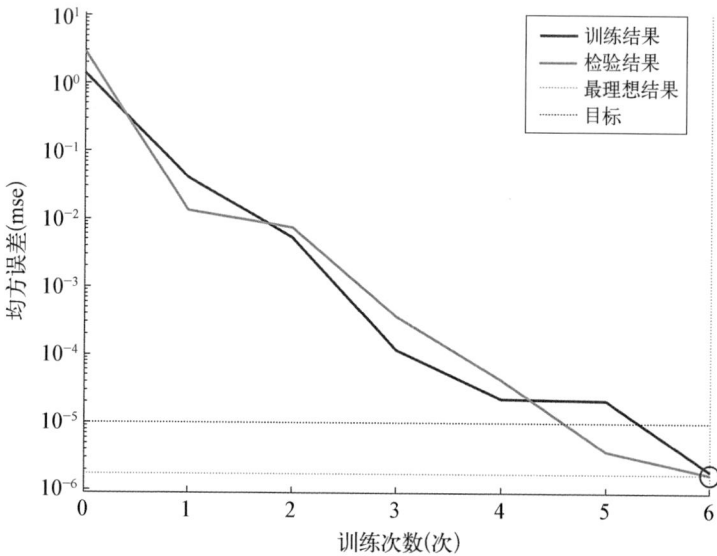

图 2.8　BP 神经网络训练误差曲线变化图

三、BP 神经网络舆情预警结果分析

通过输入标准化测试组样本，并通过舆情预警模型对不同样本预警等级的划分，判断 BP 神经网络预警模型的预警准确率，表 2.26 展示了测试组样本数据。

表 2.26　测试组样本数据

时间 节点	C_1	C_3	C_5	C_6	C_7	C_{10}	C_{13}	C_{16}	C_{18}	C_{23}
4.12	−0.84	−0.94	−0.85	−0.43	−0.79	−0.98	0.19	−0.70	−0.23	−0.80
4.13	−0.91	−0.95	−0.97	−0.39	−0.96	−1.00	−0.58	−0.48	−0.01	−0.97
4.14	−0.97	−0.96	−0.99	0.76	−0.90	−0.99	−0.99	−0.30	0.01	−0.95
4.15	−0.97	−0.97	−0.99	−0.43	−0.96	−1.00	−0.90	−0.31	0.00	−0.98

时间节点	C_1	C_3	C_5	C_6	C_7	C_{10}	C_{13}	C_{16}	C_{18}	C_{23}
4.16	−0.97	−0.97	−0.99	−0.43	−0.98	−1.00	−0.98	−0.32	0.00	−0.99
4.17	−0.90	−0.97	−0.99	−0.77	−0.81	−0.90	0.40	−0.11	0.09	−0.81
4.18	−0.93	−0.96	−0.97	−0.53	−0.90	−0.99	0.01	−0.38	−0.08	−0.91
4.19	−0.99	−0.97	−1.00	−0.91	−0.97	−1.00	−0.52	−0.38	−0.01	−0.98
4.20	−0.77	−0.93	−0.90	−0.75	−0.58	−0.78	0.25	0.15	0.21	−0.59
4.21	−0.86	−0.96	−0.91	−0.21	−0.81	−0.99	−0.11	−0.60	−0.20	−0.84
4.22	−0.99	−0.98	−0.98	−1.04	−0.97	−1.00	−0.85	−0.46	−0.01	−0.98

测试组样本的预测值与期望值对比结果如图 2.9 所示。

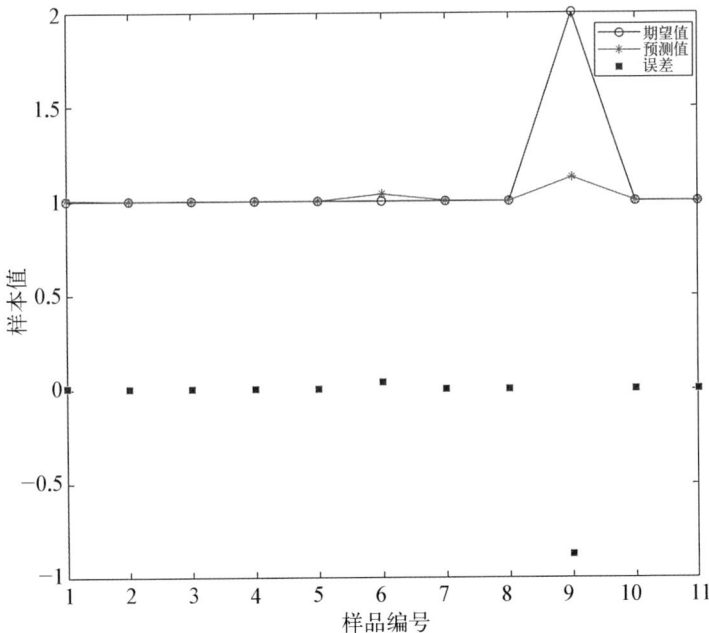

图 2.9　BP 神经网络测试组样本的预测值与期望值对比

从图 2.9 可见,只有一个样本的预测值与期望值的误差很大,接着将得到的测试组样本的预测结果 Y_i 按照式(2.21)转换预警等级:

$$Y = \begin{cases} 1, & Y_i \leqslant 1.5 \\ 2, & 1.5 < Y_i \leqslant 2.5 \quad i = 26, 27, \cdots, 36 \\ 3, & Y_i > 2.5 \end{cases} \quad (2.21)$$

测试组样本的预测结果如表 2.27 所示。

表 2.27　测试组样本预测结果

时间节点	预测值	期望值	预测预警等级	结　果
4.12	1	1	轻微级(黄色)	一致
4.13	1	1	轻微级(黄色)	一致
4.14	1	1	轻微级(黄色)	一致
4.15	1	1	轻微级(黄色)	一致
4.16	1	1	轻微级(黄色)	一致
4.17	1	1	轻微级(黄色)	一致
4.18	1	1	轻微级(黄色)	一致
4.19	1	1	轻微级(黄色)	一致
4.20	1	2	轻微级(黄色)	不一致
4.21	1	1	轻微级(黄色)	一致
4.22	1	1	轻微级(黄色)	一致

由表 2.27 可知,11 个测试组样本中仅有 1 个样本的预测与期望有差别,其他样本的预测结果都是对的。由此可以得到以 BP 神经网络为基础的网络舆情预警模型,其预警准确率达 90.91%,所以运用 BP 神经网络对网络舆情进行预警是行之有效的。

第五节　结论与建议

一、结论

本研究对网络舆情演化与预警模型的研究可以得到如下结论。

第一,网络舆情的发展过程可以分为 5 个阶段,分别为潜伏期、发展期、成熟期、回落期、衰退期。在不同的阶段,网络舆情的预警等级也是不同的:在潜伏期与发展期这两个阶段中,网络舆情的流行处于一个增长的时期,而成熟期则是它的转折点,直至回落期和衰退期这两个阶段,网络舆情才会逐渐衰落。

网络舆情预警等级分为 3 个等级。本研究将其划分为轻微级(黄色)、警示级(橙色)、严重级(红色),并在实证分析中通过灰色关联分析与 K-Means 聚类算法进行舆情预警等级分级发现:在潜伏期和衰退期阶段,预警等级一般为轻微级(黄色);在发展期与回落期阶段,预警等级一般为警示级(橙色);在成熟期阶段,预警等级一般为严重级(红色)。

第二,网络舆情主题与网络舆情预警等级息息相关。通过使用 OLDA 主题模型对舆情事件的主题词演化分析可以发现:舆情预警等级越高即舆情热度越高时,网民群众的关注点越聚焦,讨论的话题越集中。

第三,BP 神经网络在应用于网络舆情预警模型中取得了良好的结果。利用测试组样本数据对所构建的网络舆情预警模型进行了检验,结果表明,利用 BP 神经网络对网络舆情预警模型的预警准确率为 90.91%,明显具有较好的效果。

二、建议

我国正处于互联网信息爆炸的时代,互联网上的信息传播高效且分散,不但蔓延速度快,而且蔓延范围广。网络舆情的直接性、随意性、突发性、隐蔽性和偏差性导致网络舆情已成为危害社会安定的重要因素。基于上述结论,本研究建议如下。

第一,针对网络舆情的应对举措要有针对性。通过对网络舆情预警模型中的相关指标数据进行实时监控,及时采集相应的指标数据来判定其预警等级,并依据其预警等级采取相应的对策。在潜伏期阶段,预警等级一般为轻微级;此时,相关部门可以对舆情信息进行分析、分类,从而确定舆情的情绪取向,如果是过度消极的情绪,要立即加以遏制和排除,以免传播引发风险。在发展期阶段,预警等级一般为警示级;这时相关部门应引起重视,严格监控该舆情事件的走势,及时介入控制,以防舆情进一步蔓延。在成熟期阶段,预警等级一般为严重级,这时相关部门应建立相应的解决办法,在需要的时候有关方面要对网上的信息进行解释和导向,避免造成更大的网络舆情。在回落期阶段,预警等级一般为警示级;这时政府机关等相关单位应继续对舆情事件进行监测,以免舆情热度重新回升。在衰退期阶段,预警等级一般为轻微级;这时舆情事件热度基本已临近消失,政府机关等相关单位需加强跟进。

对处于不同阶段、不同预警等级的舆情事件应采取不同的措施,因此政府机关等相关单位应制定相应的方案来应对舆情事件产生的影响,保证各相关部门在发出舆情预警等级后有清晰的应对措施,及时进行舆情控制和指导。

第二,密切关注网络舆情主题,强化舆情导向工作。因为网络舆情主题对网络舆情预警等级有很大的影响,所以相关部门应该及时对主题进行分析,及时了解网民群众关注与集中讨论的话题,判断网络舆情的性质、情感方向及敏感度。如果网络舆情主题中包含了一些具有消极情绪的内容,那么,相关部门要密切注意舆情的动向,及时控制和引导舆情方向,通过调查将正式的调查结论公布给公众,防止有谣言造假的情况发生。与此同时,相关部门也要掌握媒体的新闻报道主题、内容和影响情况。一旦发生网络舆情事件,相关单位应当及时核实新闻媒体所提供的信息,坚决查处并及时公布有关谣言的权威性报道,保证公众的知情权,并有效地抑制谣言的扩散。

由于政府、媒体及相关部门在引导网络舆情发展过程中所处的独特位置,加强政府、媒体及相关部门的舆情导向力,是维护网络和社会环境安全稳定、和谐有序的重要途径。

第三,提升网络舆情预警的数字化治理能力。网络舆情数字化技术主要包括数据挖掘、文本分析、舆情预警等。其中,数据挖掘技术和文本分析技术可以帮助相关部门掌握当前的网络舆情动态与网民的观点取向。舆情预警技术是指建立网络舆情预警模型,对影响社会稳定的舆情事件进行预测并提出解决方案。通过对 OLDA 主题模型和 BP 神经网络在网络舆情预警中的应用进行研究,验证了其可操作性及准确性。所以,利用 OLDA 主题模型和 BP 神经网络对网络舆情预警等级进行预测是有效的。

在数字化时代背景下,利用大数据、人工智能、云计算等技术对网络舆情数据进行自动采集、分析与整理,可以使网络舆情信息的获取更为快捷、精确,弥补了传统信息搜集困难与处理方式落后的缺陷,从而有效改善了网络舆情的工作效果。

第四,充分利用微博、百度等媒体平台的自我约束功能。为了保证网络空间的稳定与秩序,各大网站可以自行制定相关的规则条例,对新闻媒体及网民发布的信息进行约束限制；与此同时，设立网络信息管理团队，对媒体平台上的信息进行监管，在保证网络空间自由表达的同时也保障其规范性。尤其是在某些有影响的网络媒体平台，比如新浪微博、百度、微信、百度贴吧等，加强互联网平台自身管理是必须的。在面对网络舆情的危机时，相关部门应引导舆情走向，避免其任意扩散，并通过发表权威信息引导舆情发展方向，防止网络舆情的消极内容对社会的安定产生不利的影响。

第三章 高校网络舆情引导机制建设

第一节 高校网络舆情引导的现实分析

高校是社会思想文化的汇聚地,学生群体的思想活跃且表达欲望强烈,因此高校的网络舆情具有一定的复杂性和敏感性。本节通过问卷调查和访谈调查展现浙江省高校网络舆情引导情况,结合 H 大学舆情事件的典型案例分析我国高校网络舆情引导机制存在的问题,为优化大数据时代高校网络舆情引导机制提供科学依据。

一、关于浙江省高校舆情引导机制建设情况的问卷调查

为深入了解浙江省高校在大数据时代对网络舆情进行引导的现状,笔者针对浙江省内的部分高校进行了问卷调查,并就具体问题进行了小范围的访谈调查。本次调查全部采用纸质问卷填写的形式,通过线下派送和邮寄的方式将调查问卷送至各受调查高校,并委托各个受调查高校的团委发放回收调查问卷。其中,问卷共发放 450 份,回收 448 份,剔除当中的无效问卷 16 份,有效问卷回收率达 96%,样本数据量较为充分,样本分布较为均衡。同时,为了科学准确地反映浙江省高校网络舆情引导的现状和现实困境,笔者在线下派送问卷的同时实地走访部分高校,辅以访谈调查的方法,与部分调查对象就高校网络舆情引导的部分具体问题展开深入交流讨论。

本次问卷调查的目标涵盖 18 所浙江省高校,院校类型覆盖较为全面。本次问卷调查的调查对象为各高校党委宣传部教师、学工部教师、研工部教师、团委教师、思政课教师、高校辅导员和网络中心教师多个教师群体,且行政职务为中层及以上的教师占比达到 29.2%。本次问卷调查样本构成如表 3.1 所示。

表 3.1　问卷调查样本构成

分　类　标　准		人　数	占　比
教师群体	党委宣传部教师	51	11.8%
	学工部教师	52	12%
	研工部教师	47	10.9%
	团委教师	63	14.6%
	思政课教师	89	20.6%
	高校辅导员	93	21.5%
	网络中心教师	37	8.6%
行政职务	中层及以上	126	29.2%
	中层以下	306	70.8%

通过对受调查样本的本职工作与高校网络舆情相关性程度的调查,得出本次受调查的高校教师中绝大部分所从事的岗位和本职工作均与高校网络舆情引导的相关工作有一定的关联性。

为确保本次问卷调查所得数据的可信度,本研究采用克朗巴哈系数(cronbach's alpha)进行分析。本研究运用 SPSS20.0 软件计算系数值,在这一标准里如果系数值在 0.7 以上,则被认为有较高的信度。本次问卷调查对受调查对象与高校网络舆情工作相关程度和受调查对象对高校网络舆情引导起到重要作用拟定了 9 项测量指标,其可靠性统计数据如表 3.2 所示。

表 3.2　可靠性统计

克朗巴哈系数	基于标准化项的克朗巴哈系数	项　数
0.926	9	9

可以看出,9 项测量指标的克朗巴哈系数为 0.926(>0.90),说明了本次问卷调查的可信度较高。

此外,本次调查大数据时代高校网络舆情引导现状的问卷是基于前期系统的文献梳理和预调查的结果,并经过多位专家提议修改后而成,在内容效度上具有较高的吻合度。

基于上述条件,本调查研究对浙江省高校舆情引导机制建设的基本情况展开分析。

首先分析内外环境建设情况。高校组织开展网络舆情引导培训、建立专门的网络舆情管理机构以及培育学生组织或校园媒体进行网络舆情引导都是高校网络舆情引导内部环境建设的重要一环。根据调查结果,在参加调查的18所浙江省高校的432名教师中,只有一部分教师对学校内部的网络舆情建设有所了解并参与。

高校开展网络文化活动是高校网络舆情引导外部环境建设的重要内容。根据调查结果(见表3.3),在参加调查的18所浙江省高校的432名教师中,在335名表示知道本校开展过网络文化活动的受调查教师中,10.4%的受调查教师表示本校的网络文化活动开展频次为每月至少一次,57.6%的受调查教师表示本校每个学期至少开展一次网络文化活动;7.5%的受调查教师表示本校每学年至少开展一次网络文化活动;而有24.5%的受调查教师虽然指导本校开展网络文化活动,但是对于多久开展一次、开展的内容及形式并不知情和关注。

表3.3　高校网络舆情引导外部环境建设情况调查结果

题　　项	选　项	人　数	占　比
贵校是否开展高校网络文化活动	是	335	77.6%
	否	39	9.0%
	不清楚	58	13.4%

其次分析舆情引导人才队伍建设情况。高校网络舆情的引导离不开师生意见领袖的引领作用,师生意见领袖由高校官方新闻发言人、校内外知名专家学者等群体组成。根据调查结果(见表3.4),在参加调查的18所浙江省高校的432名教师中,大部分受调查教师对高校的师生意见领袖与新闻发言人有一定了解。在参加调查的18所浙江省高校的432名教师中,有324名教师表示知道本校有官方新闻发言人,而其中高达67.7%的教师对于2020年以来本校官方新闻发言人的发言次数表示不知情。从调查可知官方新闻发言人的发言次数有限,作用甚微。

表 3.4　高校网络舆情引导人才队伍建设情况调查结果

题　　项	选　项	人　数	占　比
贵校是否有官方的新闻发言人	是	324	75.0%
	否	2	0.5%
	不清楚	106	24.5%

最后分析大数据应用平台建设情况。随着大数据时代的到来,在高校网络舆情的引导中大数据技术发挥的作用越来越显著。根据调查结果(见表3.5),在参加调查的 18 所浙江省高校的 432 名教师中,有 245 名受访教师确认本校已建立舆情预警监测系统。学校舆情预警监测系统一般由学校自建、服务购买和部分自建部分购买 3 种形式构成,但是其中超 66.9% 的受访教师表示对于本校的系统具体是如何搭建的并不知情。

表 3.5　高校舆情预警监测系统建立情况调查结果

题　　项	选　项	人　数	占　比
贵校是否建立舆情预警监测系统	是	245	56.7%
	否	8	1.9%
	不清楚	179	41.4%

在以上分析的基础上,为了进一步确保本次问卷调查的科学性和准确性,更加全面系统地分析当前浙江省高校网络舆情引导的基本情况,笔者借助在线下发放回收问卷的机会,深入部分高校,同舆情引导相关的各个岗位的主要负责人开展了深入的访谈和研讨,获取更多相关数据和信息。本研究通过对问卷调查的结果进行分析梳理,并结合访谈研讨的相关内容,更进一步地分析了当前高校网络舆情引导现状和亟待解决的问题。

第一,内外环境建设情况。近年来,浙江省绝大部分高校越来越重视网络舆情引导内外环境的建设,绝大多数高校都设有专门的网络舆情管理机构。这些机构大都由高校党委宣传部组织牵头,学工部、团委、二级学院等配合负责具体工作。团委一般牵头开展各类校园网络文化活动,通过丰富多彩的活动形式,让学生群体主动了解网络,知网、懂网、遵守网络的规章制度。二级学院一般负责对高校大学生的社交媒体账号进行摸排整理,以便准确高效地确认分校内舆情的来源。总体来说,各个高校在舆情引导的内外环境上具体分工不尽相同、略有差异,但是整体的思路都是通过网络舆情引导环境的内外联动建设,在领导机制、组织架构、网络文化渲染以及意识形态领域积极完善,通过潜移默化的方式,逐渐让学生群体知道网络并非法外之地,网络世界也需要文明秩序。但是,在相应的宣传及覆盖面上,受调查的高校仍存在短板和不足。比如,仍有近半数的教师并不清楚和不关心本校开展的专业的网络舆情培训,且绝大部分的教师并未参加过相关的培训,调查结果显示相关校园网络文化活动的开展仍处于起步阶段;在开展的频率上,大部分高校仅保持每学期至少一次的频率,因此各高校仍需创新活动形式和内容,提高开展的频率,使活动的覆盖面更广、成效更强。

第二,意见领袖队伍建设情况。从问卷调查的数据中也可以看出,意见领袖的作用得到了运用,但是这一群体的内在潜力还未得到进一步的激发和激活。部分受访谈者表示,虽然官方新闻发言人的制度在各高校都有建立,但是其真正发挥作用的次数甚少,在校内并未起到很强的引导作用,有雷声大雨点小之嫌。

第三,大数据应用平台建设情况。近年来,由于社交媒体平台的种类繁复,通过人工进行舆情监测和预警的方式已经逐渐跟不上网络世界发展的速度,面对大量数据信息靠人工筛选、判断已经很吃力,因此部分浙江省高校越来越青睐于通过技术手段加强对网络舆情的监测预警。通过大数据技术手段的加持,建立舆情预警监测系统,让网络舆情预警监测越发科学、准确,更具针对性和指向性,这种做法对于网络舆情引导起到了重要的技术保障作用。但是,大部分受访谈者也表示,由于该项技术仍处于创新发展阶段,大部分高校在网络舆情预警监测系统的建立上还处于起步状态,覆盖面和保有量都很有限;受制于本校技术水平和人才缺失,自主研发对于大多数高校来说仍是困难重重,大多数高校还是要通过购买服务的方式建设舆情预警监测系统。

二、关于高校网络舆情事件发展的案例分析

2018 年 9 月 14 日下午,知乎上出现一个问答帖,名为"关于如何评价 H 大学成教学生入住下沙生活区"。帖子一经发布便引起了广泛的关注,24 小时内浏览量达到了 30 万人次,跟帖回答 300 多条。据悉 H 大学为浙江省杭州市下沙

高教园区的一所高校,当时学校共有继续教育、其他培训学生 6 038 人,全部在下沙校区上课,全部可以在校内用餐。6 038 名学生中,住宿在校内的 1 544 人,由于这部分成教学生穿着打扮、言行举止、行为习惯等与本科生有较大差异,存在一些不文明现象;同时,这些学生在一定程度上使用了学校的教学和生活资源,引起本科生的不满,这些意见自 2018 年 4 月起在 QQ 空间、百度贴吧、新浪微博等平台上就开始零星出现。

该事件真正形成网络舆情热点始于 9 月 14 日下午知乎上的问答帖。9 月 15—17 日该帖子通过微信小程序和朋友圈的转发,吸引了更多的关注,不少 H 大学校友、学生家长也纷纷关注此事,甚至在知乎跟帖,舆情的热度持续增加。该网络舆情的焦点最初集中在成教学生入住下沙给 H 大学本部学生造成了很多不便,但经持续发酵之后,不少帖子进而开始吐槽 H 大学其他方面工作。舆情讨论的焦点逐渐分化转移,讨论的内容逐渐扩散增多,甚至出现通过网络发帖、跟帖表达自己个人的不满和负面情绪,由此引发"沉默螺旋"效应,引起更多对 H 大学有怨言的师生的跟进发言;甚至有部分帖子开始攻击 H 大学领导班子乃至主要学校领导。

根据 H 大学舆情预警监测系统提供的数据和发展趋势(见图 3.1),以及结合舆情管理部门人工梳理结果,笔者对本次舆情作出如下划分和判断。一是舆情萌芽期:本次舆情事件最先是从 8 月 24 日起,H 大学学生就 H 大学成教学生入住下沙生活区陆续在微博、百度贴吧、QQ 表白墙、知乎等社交媒体平台上发帖质疑,但评论或跟帖少,没有形成热点;9 月 2 日,H 大学学生通过"校长信箱",以全体学生的名义向校长反馈意见。这一时期,只有零星的舆情信息,且潜伏时间较长,并未引起 H 大学舆情管理机构的重视。二是舆情扩散期:9 月 14 日下午近 4 点,知乎上出现引发舆情的问答帖,该舆情事件开始在知乎平台引起关注并扩散至其他社交媒体平台;9 月 15 日,互动回答迅速上升,形成热点并开始在微信朋友圈传播,吸引了部分 H 大学学生、校友、家长等群体开始在微信中转发,舆情急剧扩散;9 月 16—18 日,知乎舆情继续保持一定的热度,在微博和朋友圈继续发酵,但呈现一定的下降趋势。这一时期,舆情事件在各类社交媒体平台得到快速地扩散,每日的各项数据指标均有较大的提高;由于 H 大学积极介入舆情事件,舆情发展趋势有一定波动。三是舆情爆发期:9 月 19 日,舆情针对 18 日 H 大学召开的座谈会有一波小爆发,相关数据反弹,舆情事件再次引起热议;9 月 20—23 日,舆情爆发期进入尾声,呈逐步下降趋势,逐步趋于平淡。这一时期,舆情由于各类社交媒体平台的讨论迎来又一波的爆发,但在 H 大学的积极介入和处理下,整体趋势向下并趋于平稳。四是舆情消退期:9 月 24—27 日,知乎有关词条舆情的各项数据几乎没有明显变化,其他社交媒体平台数据也没有明显变化,个别数据有负增长(删帖等原因),此次 H 大学舆情事件暂时阶段性平复。

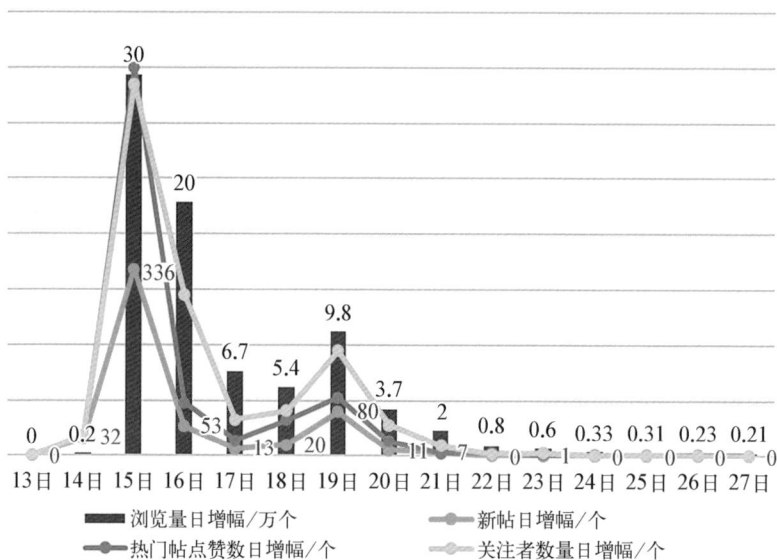

图 3.1 H 大学舆情事件热度走势图

基于上述事实情况,笔者分析该舆情事件具有以下几个特点。

一是舆情潜伏期长。H 大学学生反映的成教学生在下沙校区入住的问题早在 2018 年上半年就有不同程度反映。自 8 月 24 日暑期开始,在微博、百度贴吧中开始较多出现此类帖子,但很快删除或得不到响应,未形成舆情热点。9 月 2日学生通过信访途径向 H 大学反映此问题后,9 月 14 日开始在网络上形成热点并在 9 月 15 日迅速发酵扩散,可见舆情的潜伏期长。

二是舆情震荡期长。此次 H 大学的舆情事件从 9 月 14 日下午一直持续到9 月 23 日基本趋于平淡,前后经历 10 天震荡期,超过一般舆情约 7 天的周期,且中间舆情有所反复,故并不排除舆情再次反复的可能。

三是舆情传播平台非主流性。此次 H 大学的舆情事件没有在微博、百度贴吧或论坛等主流网络平台酝酿爆发,而是在知乎这样一个较为小众的网络平台上爆发。主要原因是知乎平台其问答形式的特点,以及平台允许用户以匿名的形式进行发布和回答且该平台在学生群体中有一定影响力,所以此次舆情事件在该平台得到较大的爆发。

四是舆情事件滚雪球效应明显。此次舆情事件发端于 H 大学成教学生在下沙校区学习生活的事实,引起对此不满师生的关注,进而延伸至学校其他方面工作存在的问题或瑕疵,引起部分对此有积怨师生的呼应;以此引发 H 大学校友、家长对学校声誉、校风、学风的关注热议;最终进一步波及学校领导班子乃至主要学校领导。

五是舆情事件扩散面广。此次 H 大学舆情伴随着滚雪球效应,涉及面也迅速扩大,从 H 大学在校师生向校友、家长迅速扩展,且大部分参与的主体与 H 大学关系密切,故人人以舆情事件的当事者而非旁观者自居,与以往网络舆情事件以社会公众、媒体等"旁观者"炒作发酵有很大的区别。

H 大学在舆情事件的引导过程的不同阶段中采取了不同做法,既有成效,也有不足,并由此带来一些启示。

首先,在舆情萌芽期应给予足够重视。本次 H 大学舆情事件的萌芽由来已久,H 大学的舆情管理机构早有察觉,但并未对零星舆情所反馈的具体问题进行及时处理,将其扼杀在摇篮里,即便有学生通过信访途径向 H 大学反映此问题,学校也未真正重视。故在此次舆情最初的研判上 H 大学的舆情管理机构存在一定的误判,错误估计了该舆情事件的后续影响力。直至 9 月 14 日下午监控到网络热点问题后,H 大学舆情管理机构研判并认定上升为舆情的可能性很大时,当晚向分管领导报告,向相关责任部门反馈,发出舆情预警,但此时已经错过了引导、控制舆情的最佳时期。

在舆情萌芽期,H 大学官方新闻发言人和校园媒体组织获取的信息较少,没有足够的信息和数据进行正面回复和发声,加之学生群体本身对于该问题产生的负面影响积怨已久,多元主体之间在这一时期未能形成有效配合,故舆情迅速扩散,舆情引导的难度也随之增加。

其次,在舆情扩散期应有所行动。H 大学开始重视此次舆情所带来的影响后,迅速发挥组织协调作用,召集党委宣传部、学工部、团委、各二级学院和网络信息中心等相关部门组织的负责人以及与此次舆情事件直接相关的后勤和继续教育学院的负责人,联席会商并针对这一事件展开讨论,商讨解决方案。同时,充分发挥大数据舆情预警监测系统"中青华云"技术监控平台和红色家园社团师生人工监控的作用,对舆情的发展进行 24 小时监控,搜集舆情敏感信息并向分管领导发送当日舆情研判报告、撰写舆情简报。在收集舆情信息和商讨引导策略的同时,9 月 15 日 H 大学邀请校内外知名专家学者共同针对事件撰写正面文章、起草学校公开答复信函,为学校官方新闻发言人有效准确传递学校声音做好充分准备,并利用网络平台规则集中投诉违规问答。

在舆情扩散期,虽然该舆情事件在社交媒体平台上的各项数据在 9 月 15 日都到达了高峰值,在校内外引起了广泛的关注,但是得益于 H 大学高效的舆情风险管理措施和各主体间联合引导的默契配合,9 月 16 日起网络舆情发展态势得到了初步的控制,但并不能排除舆情再次扩散的可能性,各部门主体间仍需要高度警惕,利用舆情预警监测系统严密监控舆情发展态势。

再者,在舆情爆发期应主动引导。在对本次舆情事件的来龙去脉和主要矛盾问题有了全面了解和把控后,9 月 18 日 H 大学召开了以学工部、团委、后勤管理部门、继续教学学院等部门主要负责人和本次舆情事件利益直接相关的学生代表为主的座谈会,学校党委副书记出席。本次座谈会以解决学生反馈的主要问题和需求为出发点,全程采取网络直播的方式,接受校内外师生和全网网友的监督,做到最大限度的公平、公开、公正,让未能亲临座谈会现场的学生都能及时了解事件处理的进程。通过本次座谈会召开,H 大学能更为真切地了解学生群体的需求和亟须解决的主要问题和主要矛盾,学生代表也就问题本身发表了自身的看法,双方在一个平等公开的环境下进行了积极的交流。在座谈会后,座谈会上学校和学生交流的几个主要焦点问题在网上又引起了一波广泛的讨论。从学校舆情预警监测系统反馈的数据来看,9 月 19 日社交媒体平台上关于该事件的话题讨论热度又有了一波反弹回升。但是,通过大数据系统排查和人工监测可知,大部分的讨论逐渐集中于问题本身,并有大量学生开始针对问题发表理性看法,有别于舆情扩散期网络上借助舆情热度对学校其他方面规章制度及校领导个人的不实、非理性攻击和网络暴力讨伐。随后,H 大学舆情管理部门根据座谈会学生代表的需求及前期通过大数据平台和人工收集而来的数据信息,撰写了两封公开声明,并通过官方新闻发言人和校园媒体组织广泛扩散至各社交媒体平台,展现学校积极处理这一舆情事件和主动解决问题并开展对话的态度。

在舆情爆发期,H 大学采取了一系列舆情引导手段和措施,很好地联合了其他引导主体,并且有针对性地加大了引导力度。在这一过程中师生意见领袖、校园媒体、校园组织以及学生主体都发挥了积极的作用。虽然该舆情事件在各社交媒体平台上的热度在座谈会后有小幅回升,但都是座谈会顺利召开后的合理讨论。同时,H大学在座谈会后结合线上线下收集的数据信息,快速正面回应舆情事件所反映的问题并通过官方新闻发言人和校园媒体迅速扩散官方信息和答复,得到了大部分师生、校友、家长的认可,树立了良好的高校形象,重拾学校的公信力和权威。至此,该次网络舆情得到了有效控制,适时制止了别有用心者利用此次舆情事件夹带私货、恶意中伤学校的其他行为。

最后,在舆情消退期与沉淀期应保持监测。在舆情消退期,学工部、团委和各二级学院针对舆情事件后期解决的成效,组织师生召开座谈会和发放调查问卷,继续密切关注这一事件的后续发展态势和影响。对于这一事件中发声的主要学生代表,H大学还专门组织心理教育中心教师对其展开心理上的疏导和释压。H大学在各个方面多管齐下、主动沟通,以确保舆情事件不再反复,真正做到对于该事件的有序引导。

在舆情沉淀期,舆情事件已经得到了解决。至此,H大学需要对于此次舆情事件做一次完整的梳理和复盘,吸取此次事件中的经验教训,完善各个环节,争取杜绝此类舆情事件的再次爆发或有效控制此类舆情事件的进一步扩散。

首先,各职能部门和学院要重视日常的舆情信息,各学院和部门负责人对于舆情信息要提高敏锐度。对于出现的各种苗头,相关职能部门要以高度负责的态度,尽早尽快妥善处理,避免酿成舆情。其次,舆情发生后,高校网络舆情管理机构除了通过利用大数据平台实现监控网络舆情以及通过关键词搜索抓取关键信息、做好舆情信息研判、展开“灭火”外,相关责任部门或决策部门要迅速分析研究,针对舆情爆发的核心问题迅速做出决策和回应,做到釜底抽薪,有力支撑舆情处置“快、准、狠”,才能避免舆情的“滚雪球”效应,使舆情得到迅速平息。再次,各职能部门在做出涉及师生切身利益事项的决策或建议前要通过召开座谈会、听证会、发布公告等主动作为,充分听取利益相关方意见建议,充分做好评估工作,及时向校内相关部门通报信息,避免因信息不对称导致工作被动。最后,每次舆情事件发生后要坚持做好相关数据的更新录入,为下一次应对引导高校网络舆情做好人才储备和案例储备,以便高效引导舆情事件。

第二节　高校网络舆情引导的重点分析

根据《中国互联网络发展状况统计报告》第 54 次调查,截至 2024 年 6 月,我国网民规模近 11 亿人(10.9967 亿人),较 2023 年 12 月增长 742 万人,互联网普及率达 78.0%。

习近平总书记在 2013 年的全国宣传思想工作会议上指出"意识形态工作是党的一项极端重要的工作"[①]。当前,西方国家正利用互联网恶意冲击我国主流意识形态,大肆散布对中国的歪曲宣传,严重冲击了我国网络舆情阵地的话语权和影响力。网络世界已然成为西方国家对我国高校大学生意识形态进行渗透和争夺的主战场。各类针对高校的网络舆情层出不穷、网络谣言大行其道;各种未经证实的虚假信息在高校大学生群体中肆意传播;大量负面的网络舆情被不怀好意、别有用心的人助推扩散。由此,在我国的高校校园内不可避免地被掀起了一波又一波的网络舆情危机。这些网络舆情危机给高校的正常教学秩序带来了一定的干扰和破坏,冲击着高校大学生的主流意识形态和价值观。这些严峻问题给党和政府敲响了警钟。党中央和国务院高度重视意识形态工作和加强高校网络舆情引导,党的十九届四中全会明确提出要"改进和创新正面宣传,完善舆情监督制度,健全重大舆情和突发事件舆情引导机制"[②]。在大数据时代,对我国高校网络舆情的正面引导日益成为政府和高校在日常管理工作中十分重要而又常态化的内容。作为迫切的现实需要,结合大数据技术构建一套结构合理、运行流畅、科学精准、行之有效、实用性强的高校网络舆情引导机制,也变得越来越重要、越来越急迫。

一、充分认识舆情阵地建设的薄弱点

高校网络舆情已成为网络意识形态安全的一大变量,严重影响我国网络舆

---

① 倪光辉,鞠鹏.习近平在全国宣传思想工作会议上强调胸怀大局把握大势着眼大事努力把宣传思想工作做得更好[N].人民日报,2013 - 08 - 21(1).

② 中共中央关于坚持和完善中国特色社会主义制度　推进国家治理体系和治理能力现代化若干重大问题的决定[N].人民日报,2019 - 11 - 06(1).

情阵地的话语权和影响力,对国家意识形态安全的维护造成了严峻的挑战。

在大数据时代,网络战场成为没有硝烟的"第五战场",互联网成为最重要的渗透渠道,高校大学生成为最主要的渗透目标。受美国政府资助的"国家民主基金会"自1995年起开始资助香港地区反对派组织,有组织、有计划地宣传反动言论,培养反动骨干,策划极端暴行,利用网络在背后操纵策划、组织实施。大量由西方资本赞助支持的社交媒体平台和网址,成为反动势力宣传"反共""反中"言论的阵地,大批反动"意见领袖"网络"大V"在上面主导网络舆情。这些亟须解决的问题给党和政府敲响了警钟,同时也为高校进行网络舆情引导带来了巨大挑战。

与此同时,国内舆论引导环境复杂多变,主要体现在以下四个方面。

一是社会发展态势错综复杂。当前互联网的快速发展与社交媒体平台的广泛使用,以及人们表达欲望的需求提升等客观因素的推动,网络舆情越来越成为网民宣泄个人负面情绪、表达不满的重要途径。在这一过程中,高校大学生作为互联网的主体受众,其抗压能力和承受能力不断受到挑战。社会发展态势错综复杂,而其中存在的种种问题决定了我国高校网络舆情将持续多发、频发的态势,舆情预警与引导任务艰巨,凸显了我国当前网络舆情治理体系的不足以及科学预警体系和有效引导模式的缺失。

二是学生群体心智不够成熟。高校大学生往往对新事物有着很强的好奇心和表现欲,渴望刺激,容易冒险,加上独立思考及判断的能力还不够成熟,很容易受到他人的影响而盲目跟风,导致"群体极化"现象的出现,从而造成价值观迷失和行为失范。高校大学生受阅历所限,难以对网络舆情事件保持理性、客观和中立的态度。部分网络媒体受利益驱动,在传播网络事件时故意掩藏信息、混淆视听、助推虚假信息。而学生在接收到这类带有情绪化色彩、具有偏差性的网络舆情信息时,很难具备自我调整的能力,因此很容易丧失应有的理性判断。

三是网络舆情传播难以把控。在大数据时代,网络舆情的把控变得更加复杂和具有挑战性。由于网络舆情传播速度快,一旦出现负面舆情,可能会迅速扩散,难以在早期阶段得到控制。舆情内容复杂多样,不再局限于单一主题,而是涉及多个方面。用户的意见、情感表达多种多样,这使得识别和分析主流观点变得更加困难。而且,大数据时代虚假信息和谣言的传播变得更加普遍且难以辨别,这些信息往往会在短时间内引发大量关注和讨论,进一步使舆情难以控制。参与网络讨论的人群多元化,既有普通用户,也有意见领袖、媒体机构,甚至是自动化的机器人账号。这些不同的主体可能会有不同的动机和目的,增加了舆情管理的复杂性。网络用户的情绪易受突发事件影响,往往会迅速形成强烈的舆情波动。尤其在重大事件或危机事件发生时,网络舆情可能会迅速失控。随着网络意见领袖对事件的关注和扩散,以及沉默螺旋机制的作用,使得事件引发大量的跟帖,尤其是当事件涉及敏感话题和关系群众切身利益的时候,在现代互联网环境以及缺乏官方权威回应的情况下,极易在传播转发中产生"二次发酵",从而加大了网络舆情引导的难度。

四是大数据技术存在不足。当前,我国还未能实现在每个高校都建有专门的网络舆情管理机构,很多高校由于缺乏舆情预警监测系统,在应对网络舆情时还面临着滞后的尴尬局面。而建有舆情预警监测系统的高校,在舆情监测时,往往会因为大数据技术的不足,导致舆情信息不对称、舆情话语权分散而加剧舆情危机。同时,网络法规刚性不强,"把关人"的缺失带来信息失真,加之学生网民存在激进情绪,网络舆情尚不能充分反映社会公众的利益表达,网络舆情信息呈现多媒体模态,致使网络舆情监管难度加大。在舆情引导时,高校所掌握的大数据技术在实际应用于工作中时还存在一些现实问题,且很多时候由于对技术掌握不足,缺少专门的技术人才,即使收集到的信息增加了,反而因无法及时处理数据,给出解决方案,增大了舆情治理协调配合难度,出现风险监控体系缺失、舆情决策迟缓、管理机制和信息沟通不流畅以及舆情处理缺乏针对性和全面性等问题。

与此同时,相关学术研究和实践探索上存在不足,主要体现在以下三个方面。

一是理论研究滞后于高校网络舆情发展态势。从现在已有的研究成果来看,研究网络舆情治理的理论较多,而以高校网络舆情为研究对象的理论相对较少,对高校网络舆情发展特点把握明显不足;研究成果主要聚焦于对网络舆情某一方面的把握,而系统地构建引导模式机制的研究相对较少。目前关于运用大数据的研究,多从科技企业的产品和技术的角度展开,讨论如何通过大数据提升企业的效益,少有学者从利用大数据技术维护社会稳定与发展的角度来进行具体研究。同时,高校网络舆情发展态势决定了网络舆情相关理论研究迫切需要创新与发展,只有不断推动理论研究深入才能更好地应对当前的发展态势。

二是学科交叉融合研究尚未纵深推进。从目前研究来看,尽管对我国高校网络舆情引导涉及多个学科,但很多大数据舆情引导研究并没有真正将大数据与网络舆情的预警与引导结合起来。在目前的相关研究中,理工类学科更倾向于建模等"技术流派",人文社科领域则更多走反思的"思辨路径",有的是学科内的理论争鸣,如"理论驱动"与"数字驱动"的分化等。这些理念的分野、模式的砥砺、技术算法的优化,既表明当下的短板与不足,同时也为未来研究指明了方向,即在一种多学科开放、合作、包容的环境中,推动大数据运用于网络舆情治理的研究向纵深方向发展,以期更好指导地大数据时代高校网络舆情引导机制发展。[①]

三是舆情治理的实践体系未能系统构建。从大数据发展来看,当前我国互联网数据在体量上极速发展,在网络世界中存在着大量因为得不到有效及时处理而导致无用、无效的数据。当前,在我国高校内联席会商制度尚未完全建立,与网络舆情引导密切相关的各个部门如党委宣传部、学工部、研工部、团委、网络中心、各二级学院等,尚未能就应对高校网络舆情的爆发形成引导合力;高校与政府的网信部门、宣传部门、监管部门,尚未能实现大数据信息的开放和互通有无,往往容易形成信息孤岛,致使部分高校网络舆情向社会扩散或社会舆情波及校园,出现舆情的进一步扩散甚至失控。因此,系统构建大数据网络舆情治理的实践体系就显得尤为重要和迫切,相关学术研究也应当持续关注以解决此类问题。

二、运用大数据技术为高校网络舆情引导提供技术支撑

早在 2014 年 3 月大数据就被写入政府工作报告,这也是大数据首次出现在我国的政府工作报告当中。2015 年 8 月,《促进大数据发展行动纲要》出台。2015 年 10 月,党的十八届五中全会正式提出"实施国家大数据战略,推进数据资源开放共享"。大数据战略的实施持续推动我国信息技术产业的转型升级。同时,我国始终坚持数据开放、市场主导,以数据为纽带促进产学研深度融合,形成数据驱动型创新体系和发展模式,推动信息技术转型升级,为我国高校通过技

---

① 周培源.大数据舆情研究的现状与进路:基于文献计量分析的思考[J].情报杂志,2019,38(12):
86-91.

术手段加强高校网络舆情引导创造了条件。

基于大数据技术手段的舆情分析和预警日渐成熟,大数据技术的参与让高校网络舆情的预警和分析不再仅仅是通过采样分析和依靠语义分析,而是要求基于自动化的数据分析;不再仅仅是对个体或部分数据集进行精确分析,而是可以大范围涵盖多个数据集进行关联分析。同时,当前大数据技术也已着力于技术和应用上的水平提升。通过利用大数据技术建立意见领袖数据库和高校网络舆情案例数据库,高校可以在数据庞杂的网络世界精准抓取舆情数据并进行提炼分析。

在网络舆情监测和引导方面,大数据技术能够全方位捕获、抓取我们想要的数据信息,并可以对数据信息进行进一步的分析,精准反馈舆情产生的来源和缘由,对舆情发展态势进行预测研判。在大数据时代,高校要做到与时俱进,充分利用大数据技术,树立大数据观念,加大对大数据技术在监测舆情、分析舆情、研判舆情、引导舆情过程中的应用,科学引导、合理管控舆情,保持与高校大学生的良性互动。从目前的相关研究来看,大数据技术主要被当作一个辅助的方法提出。学者们一致认为,大数据时代的舆情引导重在价值引导,在应对和把握大数据技术变化带来的传播潮流和发展趋势的同时,应坚持政治传播的核心使命和强大定力,在万变中坚守不变,持续创新理念、机制和策略。

针对网络舆情、大数据的特点及发展、大数据背景下网络舆情的传播、大数据应用理论研究、大数据应用与舆情引导等方面的文献研究,国内外学者的研究与探索已经取得了很多的研究成果,为大数据时代高校网络舆情引导机制研究奠定了良好的学术基础。主要成果体现在以下三个方面:一是研究范围广泛,既涉及我国网络舆情的影响、舆情形成与发展规律,也涉及大数据特点、应用及大数据应用于网络舆情治理方面的相关研究等诸多方面;二是研究内容丰富,既体现了由浅入深、由表及里的分析过程,又剖析了网络舆情的变化发展,以及大数据的现实表征和未来趋势预测;三是研究的学科体现出综合性和交叉性的特点,大数据时代高校网络舆情引导的相关研究涵盖了马克思主义理论、管理学、社会学、传播学等多学科领域的知识和内容。以上三个方面成果均为大数据时代高校网络舆情引导提供了丰富的理论基础,有着重要的借鉴意义。

当前,从国家社科基金和国家自然科学基金项目发展趋势可以看出,随着大数据的日渐发展,运用大数据考察和解决具体领域发展问题已形成常态。以

"大数据"为关键词,通过对国家社科基金立项情况统计数据分析,笔者发现自2013—2023年国家社科规划办先后已批准有关大数据相关研究项目共814项。这些项目的立项从侧面反映了当前大数据研究的热度以及大数据在社会各领域的广泛应用。从具体立项范围来看,其中关于网络舆情的相关研究立项85项,突发事件处理120项,舆情引导53项。这些立项数据说明近年来国家对大数据、高校网络舆情引导等内容高度重视。这一学术界热切关注的现象,也为推动大数据时代高校网络舆情引导等相关研究提供了坚实的智力保障。

三、把握高校网络舆情传播引导的关键要素

互联网不仅仅是一种传播媒介,更是能够引起世界重构的结构性力量。随着互联网、大数据和人工智能等领域的突飞猛进,媒体格局深刻调整,引起网络舆情生态的重大变化。高校媒体是高校传播社会主义主流意识形态、加强青少年思想政治教育和推进高等教育体制改革发展的重要抓手。本部分从高校网络舆情传播视角出发,分析了在媒体融合环境下高校网络舆情传播面临的机遇、挑战以及存在的优势和不足,并在国内外实践经验和案例分析的基础上总结了影响媒体融合环境下高校网络舆情传播的关键要素。

媒体融合是充分利用互联网、大数据和人工智能等信息技术,将现有媒体进行多方面整合、改造和升级,建立资源共通、信息共享、内容共建和利益共赢的新型方式,从而达到信息传播和资讯传递"1+1>2"的效果。媒体融合本质上是在传统媒介的基础上,基于信息技术构建出的全新信息传播空间,依靠互联网和数字技术,具有传播信息量大、覆盖范围广、速度快捷以及开放性、灵活性、便捷性、多元性等特点。在媒体融合环境下,高校网络舆情传播是一个动态过程,呈现多向度、互动性、非线性传播,经常出现噪声、干扰和多元反馈,还会衍生出一些新的观点、价值观和次生文化等。因此,需要构建基于媒体融合的高校网络舆情传播的科学引导机制,利用媒体融合大数据及时搜集研判高校网络舆情的海量信息,在数据挖掘分析处理基础上科学预测舆情发展的方向、规律和路径,为实现对高校网络舆情传播的科学有效监控和引导提供及时、准确的决策参考。

目前对高校网络舆情的定义大致分三个方向:其一强调学生的主体地位,认为是高校网络舆情是大学生围绕某一焦点舆情事件在校园内传播的评价、态度和情感的总和;其二强调高校的核心地位,认为高校网络舆情是与高校工作有

关的评论与观点的总和;其三注重高校对外界和外界对高校两个层面,认为是高校全体成员对社会事件及社会公众对高校事件的态度、评价等的总和。目前学者普遍认为高校网络舆情具有多元性、综合性、群体性、放大性、非理性、难控性等特征。其演化进程分为萌芽阶段、成长阶段、高峰阶段、衰退阶段等四个阶段。萌芽阶段即公共事件或公众热议话题的产生;成长阶段即事件意见产生及其舆情场的形成;高峰阶段即意见在互动中趋同并产生主导性舆情;衰退阶段即多方舆情压力逐步释放并消解。高校网络舆情可以根据突发事件的性质划分为社会稳定类、校园生活安全类、高校管理类等,也分为正面舆情、反面舆情,强舆情、弱舆情等不同类型。根据影响类型,正面舆情建设性强,较为客观,对发展有一定促进作用;反面舆情以发泄某种不满的情绪为主,会危害校园的和谐。根据影响大小,强舆情容易引起共鸣,形成一边倒的舆情态势,不及时采取妥善的处理办法会造成治理工作的被动;弱舆情不太容易引起共鸣,发挥空间不大。

在媒体融合环境下,高校网络舆情管理存在以下几方面的机遇。首先,媒体融合实现了传播渠道的多元化。通过媒体融合可以构建全方位、多角度的传播渠道,更好地发挥资讯传播、信息宣传、沟通反馈、舆情监控的功能。其次,媒体融合实现了传播范围的全面化。媒体融合能通过多种方式实现信息传递对在校师生的全覆盖,大大扩大了媒体传播范围。再次,媒体融合实现了传播过程动态化,改善了信息传输各方的关系,更加强调用户体验,形成主客体互动交流的动态舆情场,不断带来信息交流的交互升级。最后,媒体融合有利于传播内容的个性化。打通信息孤岛后的高校媒体融合,可以依靠巨大的用户规模和多元化入口形成信息海量汇聚的高活跃度的大数据,实现对高校网络舆情传播状况的及时系统把握,实时抓取各类动态数据,精准描绘学生个体或特定群体的画像,提供个性化舆情服务。

同时高校网络舆情管理也面临一些新的挑战,主要表现在开放性给网络舆情内容治理带来了挑战。媒体融合环境下,任何人都可以变成信息的传播者,信息传播多渠道、多样式、多方向,受众拥有更强的自主权和更大的空间。如果缺乏健全的监管体系、法律约束及道德约束,则不利于大学生树立正确的价值观、人生观、世界观。其次,便捷性带来了信息传播风险。信息技术的发展使得网络舆情热点传播速度呈现爆炸增长。大学生是互联网和新媒体使用频率最高的人群之一,容易推动互联网和新媒体进行网络舆情裂变式传播,引发大规模网络舆情事件,增加了信息传播风险。再次,多元性增加了传播过程的不可控性。在媒体融合的多层级渠道体系中,信息传播海量化、碎片化、即时化且纷繁复杂、实时变化,难以构成一个完整的价值体系。如果没有很好的引导机制,则网络舆情传播更不可控。最后,灵活性增加了引导的复杂程度。媒体融合环境下突发事件传播速度更加灵活,易产生严重的信息不对称,增加决策的非理性和不确定性,使决策变得更加复杂。

高校媒体在推进融合中存在以下几方面的优势。首先是权威性。高校媒体一般都是高校官方媒体机构,信息发布和传播必然要经得起政治和纪律的检验,要做到稳妥、可靠、严谨、权威。其次是整体性。高校校园媒体相对独立,受社会的影响相对较小,没有巨大的市场竞争压力,具有完整封闭的媒体融合实验环境,媒体融合布局可以做到更加完整。再次是深刻性。与社会媒体新闻追求短平快、最早发布舆情事件以吸引流量相比,校园媒体则可以有目的性地对网络舆情进行筛选,并能就某个网络舆情事件从多个角度进行深刻多角度和多层面的解读,帮助受众深层次了解整体舆情。最后是全面性。当下大多数高校的校报、新闻网和广播这三种媒体传播形式的覆盖率几乎为100%,也因此形成了以这三者为主要载体,以微信朋友圈、微博、小红书等自媒体以及校园内部期刊、论坛及其他平台为辅助载体的全方位、多元化发展格局,实现信息传播全覆盖。

同时,高校在推进媒体融合的过程中也存在不足,主要表现在专业技术队伍较少,专职媒体工作人员不多,对学生力量调动不够。其背后有多方面的原因:经费少,很多高校没有将媒体建设列为中心工作,很难获得运营经费上的大力支持;行政壁垒多,受我国高等教育体制的限制,条块划分的部门体系并不利于高校媒体的融合;激励机制缺乏,当前高校的绩效评价导向仍然以科研和教学业绩为主,媒体治理的绩效考核对收入和晋升影响甚微,相关工作人员处于高校边缘地位,动力严重不足。

基于以上分析,我国高校网络舆情引导应把握关键要素。根据对国内外实践经验和部分国家网络舆情引导方式的分析,可以看出在网络舆情传播的引导过程中,数据、渠道、平台、机构、制度是关键要素。

从国内外实践经验上看,美国媒体融合走在了前列。校园媒体跟从媒体融合和全媒体的发展趋势,把报纸、广播这些传统信息传递的载体与新兴媒体有机融合在一起,生产出跨介质的新闻产品,打造出风格迥异的校园媒体。美国高校媒体通常采用社会化运营模式和合作机制,与社会进行经济合作、信息共享,积极引入社会资本参与运营。其在经营模式上也采取市场化运作模式,设置董事会或编辑委员会,实现采编和经营的分离。其建立和运营大部分由学生负责,决策和管理通常由学生群体独立完成。其传播模式收到内部受众差异性和媒体风格多样性的影响,日趋走向针对差异性的分众化传播模式。其运营思维从服务传统媒体的受众变为服务更加注重用户体验的互动者,报道方式力求年轻化、互动化、个性化。传播内容力求碎片化传播,追求新媒体的实效性和偶发性。英国、新加坡也在媒体融合方面取得了一系列成功实践。目前美国、欧洲和日本等发达国家和地区在网络舆情引导方面出现了不同引导方式(见表3.6)。美国注重制度的构建,倾向于建立完善的法律体系,通过规范和制度约束网络舆情的传播。欧洲倾向于建立舆情信息平台和预防信息系统,政府与网络技术开发商、服务商进行共同协商和管理网络舆情。日本和韩国则依靠政府建立管制与介入机构,明确管制与介入对象,规范管制内容。

表 3.6　部分国家和地区的网络舆情引导方式及特点

国家和地区	代表性举措	优势和劣势	关键要素
美国	① 行业协会制定行业规范约束行业成员网络舆情传播,确保合法合规;② 通过道德和规范引导建立个人自律机制;③ 通过技术支持,设立"电子守门人",主动对网络舆情信息进行内容分级和过滤,远离干扰和冲击;④ 建立完善的网络舆情引导法律体系;⑤ 设立数字化的信息服务基础设施,确保信息的有效、安全、完整和机密	优势:① 保障言论信息自由,缓和信息安全的矛盾;② 实现自主管理,减少政府负担;③ 形成健康良好的传播环境。劣势:① 行业自律很难有效;② 个体自律难以约束;③ 自由和法制难以平衡	积极开放的政府,完善的制度设计,较好的数据保护,充分的数据共享,充足的人才资源,完善的技术体系,良好的基础设施
欧洲	① 运用法律、法规引导网络舆情的合理运行,对违法活动详细规定罪名;② 政府与网络技术开发商、服务商进行协商和管理,引导个人自律;③ 推进平台建设,建立舆情信息平台和预防信息系统;④ 注重信息公开,通过政府信息公共服务网站向公众提供服务获得信任	优势:① 实现政府调控、行业自律和技术的互补;② 法律和自律有效结合;③ 增强社会责任感。劣势:① 平衡难以把握,需要长期磨合和实践探索;② 很可能影响言论和信息自由	详细的制度设计,良好的协作关系,完善的平台支撑,较好的数据保护,开放的数据共享,优良的技术能力

国家和地区	代表性举措	优势和劣势	关键要素
日韩	① 严格法律规制和监督,建立管制与介入机构;② 制定管制与介入措施,网络服务商实行分类管理;③ 明确管制与介入对象,规范管制内容;④ 实行网络实名制,倡导网络自律自觉规范网络行为;⑤ 充分借助民间组织解决信息安全问题	优势:① 树立政府权威和影响力;② 处理得当易赢得民众信任;③ 有助于推动社会快速发展。劣势:① 增加政府负担;② 处理失当会损害政府形象和声誉	能动性强的政府,积极的管制机制,充分的个体监测,完善的管理体系

数据是基础,也是实现大数据分析和科学决策的先决条件。没有大数据支撑,就不可能有基于数据分析、数据融合等数字化的立体呈现高校舆情传播和智能推演过程的网络舆情引导决策支持系统。传统媒体融合新兴媒体首先需要打造一个基于大数据的技术体系,这是所有媒体融合的第一要素。

渠道专注于信息发布、推送与传播,功能相对单一,也因此使传播流程集中高效,搭载内容直达受众。打通渠道才能实现数据的融合,如果没有渠道之间的互融互通,数据传播就会仍旧在各自的渠道各行其道,服务各自的目标群体,无法形成相互融合的数据库。

平台是资源周转的枢纽站,也是一个复杂的生态系统,提供的是内容和服务供应者集群与用户集群之间"多对多"的多边互动。所有的数据和受众汇聚到一个平台上,才有可能形成数据库和受众群体。也只有在"海纳百川"的平台上,才能真正实现对网络舆情和用户的大数据分析。

机构是推进媒体融合和网络舆情治理的主体。当前我国高校受教育体制的限制,部门条块分割较为严重,没有办法实现协同,必须通过机构改革与机制变革,消除原有机构职能、分工、责任等方面的限制,搭建全新的媒体融合组织架构,强化新闻中心平台服务职能,这样才能真正搭建起网络舆情监测的大数据平台。

制度是推进媒体融合和网络舆情治理的保障。推进媒体融合需从体制、机制上将传统媒体与新媒体"衔接"在一起,需要从法律保障、组织保障、技术保障、人才保障和资金保障等方面进行系统化的制度设计,给媒体融合提供有力的制度保障。

第三节　高校网络舆情引导的机制分析

在上述分析的基础上,本节提出了基于媒体融合的高校网络舆情"六位一体"引导模式和"五制联动"实现机制,并从数据融合、渠道融合、平台融合、机构融合、制度融合角度提出了推进体系和保障措施;总结以多元主体联合机制、分期分类疏导治理机制、意见领袖引导机制为核心的高校网络舆情引导机制,并探讨其运行方式。

一、高校网络舆情传播引导模式与实现机制

基于对网络舆情传播引导过程的关键要素分析,本文认为要实现高校网络舆情的科学传播,需要构建基于媒体融合的大数据动态监测、大数据全景画像、大数据研判预警、大数据智能疏导、大数据应急处置和大数据自主学习的"六位一体"引导模式。

在"六位一体"引导模式中,大数据协同监测是基础,也是建立舆情历史数据库和对舆情进行大数据全景画像的关键;根据舆情的大数据全景画像,对应高校舆情指标体系和事件分析模板,有助于实现大数据研判预警、大数据智能疏导和大数据应急处置;在前述基础上,大数据自主学习将处置结果反馈到数据库,不断优化舆情治理。

在该引导模式下,高校舆情工作可从多方面展开:根据高校网络舆情案例研究和演化规律、关键要素的理论分析,综合分析考量高校网络舆情在参与主体、传播内容、影响范围等方面的特点,构建基于关键要素的大数据高校网络舆情动态监测指标体系。根据舆情关键词库和舆情指标体系,完成大数据舆情数据的细粒度和深度挖掘,建立多层次、不同细粒度的高校舆情数据库和高校舆情事件分析案例库。利用高校网络舆情安全评估指标体系,收集事件发生前后的社交媒体评论、新闻报道、论坛帖子等数据,对其进行清洗和处理,将其格式化为适合分析的结构,识别事件中的主要话题,并量化每个话题的热度,分析舆情、情感、话题的时间序列数据,对舆情事件的事态发展做量化推演,有针对性地制定舆情预警方案。将处置结果及时反馈到数据库以充实基础数据和案例模板,通

过自主智能学习不断优化和改进网络舆情治理,实现高校网络舆情引导能力的持续提升。

"六位一体"引导模式本质上是协同各方面资源对涉事高校的舆情信息开展数据分析,全景式展现高校舆情传播的社会关系网络和演化过程。通过这一模式,高校能够通过数据评估对舆情进行智能推演,对舆情传播过程进行动态监测,及时制定有针对性的处置预案,对舆情传播进行引导,并将处置结果反馈到案例库完善决策支持系统。

要实现"六位一体"引导,必须形成数据共享机制、智能预警机制、交叉协作机制、协同保障机制、反馈学习机制"五制联动"(见图3.2)。

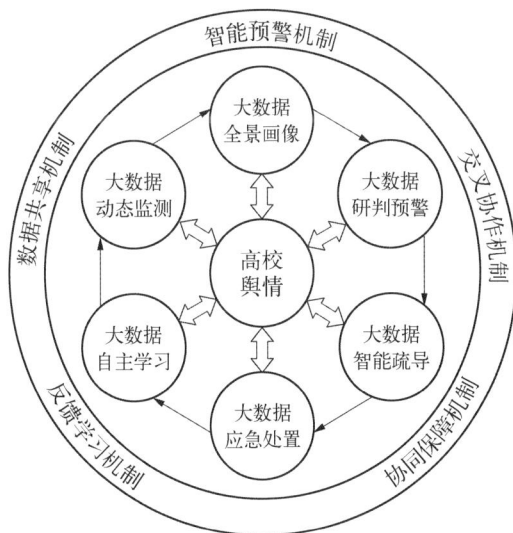

图3.2 "六位一体"模式与"五制联动"机制

数据共享机制是加强大数据整合,横向打通分别储存于各部门的数据库,纵向打通高校、学生和相关媒体等各方的数据库,在实时监测与分级处理的基础上,深度挖掘数据之间的关联关系,分析数据演变过程,以此认定舆情发生的原因、结果和影响,为后续有效处理舆情提供指导。智能预警机制是通过对相关各方平台网络舆情数据进行动态监测并建立高校舆情数据库,进行大数据细粒度挖掘,及时发现潜在的舆情风险,形成多层面数据库匹配的舆情处置预案;将舆情事件的核心指标与数据库案例进行匹配,利用可视化技术呈现舆情事件的相关属性值,通过指标特征值匹配确定舆情风险类型及等级,实现潜在风险的智能预警。交叉协作机制是建立政府、高校、社会媒体、官方媒体四方面互相交叉、紧密联系的合作机制,并根据智能预警结果迅速展开引导和治理。协同保障机制是建立人才、技术、资金、媒体的协同保障机制,有力保证网络舆情的引导和治理。反馈学习机制指的是大数据自主学习并及时将预警结果和处置结果反馈到数据库,不断优化改进网络舆情引导,提高智能决策水平。

为实现高校网络舆情传播"六位一体"引导模式,应从以下 5 个方面推动融合。

数据融合。为了加强数据整合,打通数据库之间的障碍,实现储存于高校网络舆情各相关媒体的各种数据的有效连接,需要定义统一的数据格式和结构,确保所有数据库遵循相同的标准;建立联邦数据库系统或使用数据同步工具,确保数据在不同数据库之间实时同步;使用数据库网关技术或 API 服务,实现不同数据库之间的互操作;实施元数据管理和数据治理框架,确保数据的一致性和质量;采用数据加密、访问控制和数据审计,确保数据安全和合规。通过以上手段,可以实现多个异构数据库的数据整合,打通数据库之间的障碍,为数据分析和决策提供全面、准确的数据支持,寻找动态演化规律。

渠道融合。通过 APP、网站、媒介等渠道的共融共享,实现数据及时快速传输。通过挖掘用户数据形成用户画像,使渠道从信息发射端开始,实现智能分发、精准推送。移动智能终端的普及,又使渠道在信息接收端向全能型、集成化方向拓展,以前由不同渠道搭载的图文、视频、语音等内容,现在由同一渠道传送和呈现。渠道之间通过勾连和叠加,形成立体多元、层次分明的传播网络,整体实现 1+1>2 的效果。

平台融合。通过数据融合和渠道融合,在数据共享和渠道协同的基础上,推进平台的融合。建立高校网络舆情事件的分析模板,逐步搭建起动态化、可视化、实时性的高校网络舆情预警平台。

机构融合。建立组织机构之间的数据协同共享机制、舆情合作研判机制、联合处置行动机制以促进部门融合,形成立体多样、交叉融合的校园传播体系。建立跨高校媒体资源整合机构,准确刻画不同受众的个性化需求,不断完善分异化传播模式,推动高校整体媒体融合资源建设的升级转型。

制度融合。推动媒体融合的所有改革必须重视顶层设计,由党办、宣传、学工、团委、人事、信息化建设、安全等部门与学院负责人及学生代表共同参与的运行体制机制。打通校、院、社团、学生等多个层次的媒体平台，从法律、组织、技术、人才、资金等方面建立系统化制度体系和保障措施。

二、高校网络舆情引导机制的核心建构

高校网络舆情引导机制是高校网络舆情发生后的重要防范机制，也是控制和引导舆情向良性发展的重要手段。

（一）多元主体联合机制

在大数据时代，高校要结合大数据技术培育具有专业化水平的高校网络舆情引导主体以保障高校网络舆情引导机制的有效运作，切实化解由高校网络舆情所引发的冲突和矛盾，提升高校主体在网络空间的治理能力，在校园内打造清朗的网络空间；通过对多元引导主体的联合进行优选政策，在网络环境中进行有效的沟通、协调、合作，发挥协同作用产生聚力；从而实现引导主体间的信息公开、沟通保障、信任维护，增强主体间的信任度，在应对高校网络舆情时形成整体性和一致性，有效增强网络舆情引导效果。在这一过程中，高校主体要发挥主导作用，要始终承担统揽全局的作用，协调好各方主体之间的关系，推进各主体间的合作，主要包括以下5个方面。

一是高校主体充分行使权力，把握舆情走势。网络舆情的热度和强度往往在爆发阶段达到最大值，对高校形象产生较大影响，对网络安全构成一定威胁，甚至会对现实社会产生严重影响。高校管理层要充分行使权力，对舆情的发展态势要及时进行管控和治理。学校宣传部门要设立专门的对外、对内的新闻发言机构并常态化规范管理，使其在高校网络舆情爆发时能对外、对内及时同步相关舆情信息并将学校的最新应对措施向校内外的舆情受众者进行传递，表明学校的立场和态度。在这一过程中高校要注重对设置议程、回应学生诉求、管控负面言论等方法的运用，做好高校网络空间的"把关人"，把握舆情走势，及时疏导学生不满情绪，增强学生对高校的信任。

二是学生主体加强自身约束，坚持理性发声。高校大学生是引导高校网络舆情的主要群体。为了预防高校网络舆情危机，应提高学生对自身行为的约束意识，通过平日里开展相关的高校网络文化活动、互联网法律法规普及、加强思

想政治教育等方式,潜移默化让学生群体清楚认识到网络世界并非法外之地。在网络舆情发生后,高校要基于网络舆情大数据预警系统,根据网络舆情传播过程中学生的不同情绪和观点聚集在一起产生的舆情信息,快速梳理出学生主体关注和讨论的焦点,并制定相应的危机处理方案,引导学生群体对事件信息进行理性分析,坚持理性发声,杜绝网络造谣行为,防止因群体极化而导致网络舆情危机加剧。

三是校园媒体传递权威信息,释放正面舆情。作为高校大学生获取校园资讯和时政要闻的重要媒介和平台,校园媒体平日里要做好宣发内容的把关和审查。高校网络舆情爆发时往往会出现各类信息、各种谣言肆意传播的现象。当学生无法甄别信息准确性和权威性的时候,校园媒体要主动扮演好信息"传递员"的角色,广泛利用微博、微信公众号、QQ空间、抖音、快手、B站等社交软件平台,积极转发、传递官方媒体和官方渠道的权威信息,做好舆情的初步引导,并及时对相关舆情和信息进行筛选和跟进,减少信息不对称现象。

四是意见领袖主动发声引导,抢占舆情高地。在高校网络舆情形成并持续扩散传播的过程中,高校要积极发挥师生意见领袖的正面引导作用。师生意见领袖一般是在校内有一定话语权,受到大部分师生认可且关系较为密切的少数师生。在高校网络舆情发生时,师生意见领袖要利用好自身的公信力,在网络舆情出现集群行为和无序扩散前,积极发声,主动发声,抢占话语权,占领舆情高地,释放正面舆情信息,通过自身的影响力实现对更多师生的影响。

五是校园组织搭建沟通桥梁,推进主体交流。高校网络舆情一定程度上也反映了我国存在的社会矛盾和问题。当网络舆情进入消退期后,学校要同高校网络舆情的受众者继续保持良好的沟通和交流,基于舆情处理过程中存在的问题,表明改进态度,给出解决办法。校园组织要积极搭建沟通的桥梁,为双方的平等对话交流创造条件,推进主体间的沟通交流。与此同时,校园组织要同媒体和师生意见领袖一道利用自身影响力缓和学校与舆情受众者之间的紧张关系。有效的后续沟通有助于重塑高校正面形象,恢复大众对学校的信任,预防下一次负面高校网络舆情的发生。

(二)分期分类疏导治理机制

高校要顺应时代,借助大数据、云计算等分析工具,根据舆情生命周期,建立多元主体共同参与的网络多元共同治理体系,准确研判舆情动向,抢占舆情先机,对舆情进行分期分类引导。

一方面,要开展分期疏导治理。在大数据时代下,越来越多的高校通过自建、购买服务或部分自建部分购买等方式建立舆情预警监测系统,利用大数据技术在高校网络舆情引导过程中开展实际运用。为了在网络舆情的萌发阶段实施精准预警,在网络舆情实际引导的各个时期应始终保持追踪监控,以确保网络舆情的发展态势在可控范围内并抢先占领网络舆情引导先机,掌控引导主动权。高校利用舆情预警监测系统和大数据技术平台,可以通过定性分析判断是否会产生舆情、通过定量分析研判舆情发展的态势和所处的阶段、通过操作分析在舆情发生的不同阶段应用不同的舆情处置措施。按照高校网络舆情的萌芽期、扩散期、爆发期、消退期和沉淀期对舆情进行分期疏导治理,开展积极、有效、正面的高校网络舆情引导,提升正确预警网络舆情和预测、预防风险的能力。

另一方面,要开展分类疏导治理。通过对大数据技术的运用,高校可将关键词提前录入舆情预警监测系统,当系统运行时会根据关键词在网络世界的众多信息数据中进行抓取捕获,以此为依据分析捕获舆情的类型、规模等,并进行初步的分级分类。根据高校网络舆情的分类和分级,高校可以先行形成特定舆情处置方案。这一机制有利于提高舆情处置和舆情疏导的针对性和效率,精准打击,避免千篇一律的应对手段无法适应瞬息万变的网络舆情发展态势,致使高校网络舆情事态失控。在高校网络舆情的分类上,根据舆情内容,高校网络舆情可以分为国际国内社会热点类、校园突发事件类、师生权益保障类、宣传思想工作类等。根据舆情结果,可以分为正面舆情和负面舆情;正面舆情具较强的建设性,较为客观,对发展有一定促进作用;负面舆情以发泄不满情绪为主,危害校园和谐。根据舆情起源,可以分为校外舆情和校内舆情。根据舆情影响,可以分为强舆情和弱舆情。可根据舆情危害和引起后续影响程度的不同,将高校网络舆情按照颜色或者数字进行区分,根据实际情况划分不同级别,并依据不同关键词对应不同级别的预警程度,先行将其设置到系统内。当高校网络舆情爆发时,系统能够根据不同级别发出预警信号。对应了具体的舆情类型和舆情等级之后,高校可以具体问题具体分析,既保证网络舆情引导的科学性和针对性,也能确保网络舆情引导资源的最大化利用。

(三)意见领袖作用发挥机制

在高校网络舆情引导的过程中,受众会接收到来自多方的信息反馈。在众多高校网络舆情引导工作者中,意见领袖因其特性能够对舆情受众者的想法和观点产生较大影响,因此其发挥的重要作用不容忽视。同时,基于大数据技术高校还可以建立意见领袖数据库,并根据大数据动态更新调整数据库。

高校官方发言人是学校官方发声渠道之一,也是信息传播的中介之一,其发布的信息是从庞大繁杂的网络信息中过滤提炼而来的,可以让舆情受众者和后来关注舆情事件的潜在参与者更快更准确地了解舆情事件的进程。根据舆情预警监测系统收集反馈的舆情信息和学校宣传管理部门给予的回应及制定的应对举措,高校官方新闻发言人可以整理官方回应内容和信息,在4个小时的时间内快速做出针对具体网络舆情的第一次回复,代表高校第一时间发声。在舆情发展变化的过程中,所有的官方回应和官方渠道信息的发布都要通过官方新闻发言人的渠道进行传播扩散,以确保信息的权威性和公信力。

校内外知名专家学者可利用自身的公信力和权威性,以及在相关知识领域的见解,在应对网络舆情事件上为高校出谋划策,为高校制定应急策略和疏导方案提智力支持。同时,这一群体除了在高校主体层面能得到认可和支持,往往在以学生群体为主的舆情受众者层面也能获得绝大多数人的信赖。因此,校内外知名学者的发声将有助于更多理性的声音出现,引导高校网络舆情的受众者理性思考。

在互联网时代,高校内外的任何事件都极有可能经过网络的发酵转化为网络舆情事件。作为高校网络舆情引导过程中的关键一环,师生意见领袖并不是为某一次舆情事件而临时发起或组织。高校有必要基于大数据形成、筛选建立意见领袖数据库。

意见领袖所发挥的作用也有正反两面之分。意见领袖数据库可对关键意见领袖的专业要求、网络伦理表达、公众形象等进行有效辨别,对相关关键意见领袖在高校网络舆情事件中所发挥的作用做到及时测评,根据每个人的影响力和与受众者的互动等数据进行归类划分。具有正面影响的意见领袖能够根据网络舆情事件的客观事实和自身对该网络舆情事件的充分理解结合高校引导的实际需要,筛选出正面积极的内容并大力宣传,剔除择去虚假、负面的信息。带有负面影响的意见领袖对于高校网络舆情未能起到真正的积极作用,甚至产生负面作用。对于这一部分个人或组织,高校要根据大数据的反馈,进行有选择地淘汰。在意见领袖引导机制常态化运行实施下,高校意见领袖的公信力和权威力将在一次次的舆情事件中得到提高和升华。这一部分有组织、有纪律、高效率的关键核心意见领袖能在极短的时间内扩展信息的传播面,影响舆情发展与走向,消除不良的虚假舆情信息,真正发挥对高校网络舆情的正面引导作用,其所发表的内容和观点也将更具有说服力和可信度。

三、高校网络舆情引导机制的运行方式

高校网络舆情的发展一般分为舆情萌芽期、舆情扩散期、舆情爆发期、舆情消退期和舆情沉淀期五个时期。基于此,以大数据时代高校网络舆情引导多元主体联合机制、分期分类疏导治理机制、意见领袖引导机制为核心机制,从充分利用大数据技术、加强网络舆情引导多元主体之间的联合转化、疏导治理不同类型不同阶段的高校网络舆情和建立师生关键意见领袖大数据库等多方面入手,构建大数据时代高校网络舆情引导机制。

(一)舆情萌芽期引导机制的运行

在网络舆情萌芽期,舆情参与主体的意见表达和情绪抒发具有一定的隐秘性和潜伏性,简单的人工搜索浏览等直观的监测手段难以及时发现舆情的苗头。从理论上讲,舆情的萌发往往是偶然性和必然性的结合,并不是所有的网络事件都能演变成舆情,但细小的网络事件也有演变成巨大舆情危机的可能。一件看起来不起眼的小事,比如学生对于食堂物价波动的反馈或是学生对学校教学环节某个纰漏的不满等,在得不到官方及时回应的情况下,经过互联网的传播发酵都有可能引发"蝴蝶效应",引起更多更广泛师生的关注和共鸣,从而演变成网络舆情。

因此,在舆情萌芽期,高校要主动发挥大数据时代高校网络舆情引导机制的作用。高校主体要利用舆情预警监测平台,通过大数据技术对网络舆情关键词、关键信息进行搜索、收集、整理,判断舆情类型和舆情等级,制定进一步应对措施。由于舆情仍处在萌芽期,其影响力和破坏性还尚未凸显,波及的范围还尚有局限。如果处置得当,高校将把握舆情主动权,将该舆情控制在可控范围内,逐步减弱影响,则舆情在萌芽阶段就会进入消退期。反之,处置不当或引导得不够充分就会导致舆情进一步扩散。

（二）舆情扩散期引导机制的运行

舆情扩散期是指舆情逐渐脱离个别或少数群体的偶发言论和行为诉求,开始大范围传播,获得越来越多受众者的关注,其相关舆情信息也呈现急速增长的态势。在这一阶段,舆情发展将呈现以下三方面特点:第一,网络上出现的偶发言论和信息将转化为公众信息,个人或少数群体的发言和诉求将通过互联网和社交媒体平台进入大众视野,得到越来越多人的关注;第二,受众的非理性发声急速出现,各种谣言不实信息充斥网络,大部分言论呈现极端化、情绪化、对抗性,原有的合理诉求声量被削弱,各种不符合实际带有极端个人色彩的诉求占据主流;第三,高校主体和舆情受众主体呈现初步对抗,双方互相利用对方的信息漏洞,在网络互动中设置对方的议程,各种言论观点齐发。

因此,在舆情扩散期,针对受众群体间矛盾冲突的激化,校园媒体、校园组织以及师生意见领袖等主体要联合起来,发挥大数据时代高校网络舆情引导机制的作用。校园媒体除了发布官方信息外,要持续输出能量,及时在网络平台向舆情受众全体通报事情的处理进度,将高校主体的正面举措及时有效地广泛传递出来,呼唤更多理性发声和思考。同时高校网络评论员要利用其平台权限,在校园媒体平台进行管控,通过舆情预警监测平台技术和人工监测手段对相关的其他媒体平台进行全方位的监测,以避免舆情的进一步激化,将舆情引向健康化发展,控制谣言的产生,并且积极与舆情事件相关主体进行协商沟通,避免更多的摩擦,用正确的方式引导舆情。多数舆情事件相关主体线上线下的言论存在较大差异,因为在网络世界部分人会抛弃世俗伦理与理性,冲动发言、缺乏独立思考。因此校园组织例如学生会、社团组织、权益部门等,可在线下广泛收集舆情事件相关主体的意见和真正诉求,汇集真实的、理性的声音,给予高校主体制定舆情对策的参考依据。舆情扩散期是舆情回应最为关键的阶段,这一阶段的各引导主体要争分夺秒抓住关键时机。

（三）舆情爆发期引导机制的运行

舆情爆发期是指网络舆情经过萌芽期和扩散期都未能得到有效控制后,在校园内成为热议话题,甚至在社会上引发较大讨论,且热议和讨论的焦点逐渐具体化,呈现出明确的观点和诉求。从网络上信息发布的数量走势看,舆情在这一阶段处于整个舆情生命周期的巅峰,呈现以下三个特点:第一,舆情受众的意见和诉求开始往一个或多个具体的、有代表性的观点聚集,观点的聚集为舆情进一步有针对性地扩散提供了基础。第二,高校网络舆情呈现出鲜明的指向性,舆情受众会针对具体的组织或个人发起持续追问和讨论。第三,在高校网络舆情的信息呈现上表现为官方媒体、校园媒体、自媒体联合发布、大量发布,各类信息充斥网络,极端化、夺人眼球的发帖讨论占据优势,官方发声、理性发言相对较弱。

在这一阶段,舆情已经进入失控状态的边缘,聚焦的话题和对象都已被推上风口浪尖。因此,常规的应对和引导手段已经无法适用。这一阶段高校需联合多元主体加大舆情引导力度,所有的引导措施都必须坚持高校主体的核心地位,其他引导主体要紧跟高校主体的引导节奏和策略,密切配合,高度合作。高校网络信息中心要运用舆情预警监测系统对舆情动态保持监测,分析引起舆情峰值的舆情言论和事件,管理部门根据数据制定相应策略,策略制定后相关主体负责人及部门要联席会商共同讨论进一步举措。其中,校内外知名专家学者要利用自身的权威性和公信力,主动发声、积极引导、线上线下联动;校园媒体要注重报道的权威性和深入性,挖掘事件背后的原因,对事件进行全方位回顾,必要时可联系校外权威媒体辅以报道接受大众监督;学生群体更是要加强自身约束,不轻易跟风、不随意散布未经证实的信息,保持理性克制,等待官方回应。

(四)舆情消退期引导机制的运行

舆情消退期是指舆情经过一段时间的持续后,其在网络及社交媒体平台上的讨论和关注减少,信息的发布、情绪的表达、话题的影响都在减弱。这一结果的产生有以下几方面原因:第一,新的热点事件、舆情话题产生,致使原有舆情的非直接利益相关人或组织的精力转移,关注度减少,使舆情事件自然逐渐淡出公众视野;第二,舆情所承载的情绪、观点、态度,经过舆情的萌芽期、扩散期、爆发期这一系列阶段后已经得到了宣泄和抒发,除非有新的矛盾点出现,否则很难有更多新的诉求和表达出现;第三,经过一段时间的发酵和引导,舆情所涉及的人或者事件可能已获得有效的处置和处理或高校已作出公开表态,致使舆情受众主体表达失去了原有的目标。

因此,在舆情消退期,舆情引导的主要任务是平息网络舆情热度,以及对学生群体进行沟通疏导。在这一阶段,校园组织要起到沟通桥梁的作用,为高校与学生之间的平等对话交流搭建平台。高校利用这一交流对话的机会,对学生主体的代表展开针对性的疏导沟通,聆听他们真实的诉求,表明学校的态度,并提出解决问题的措施方法。同时,对于存在极端情绪的个人或组织,高校在解决实际矛盾焦点的同时,有必要对这一部分群体提供积极的心理疏导,缓解其在长期网络斗争后产生的焦虑等其他心理问题。真诚的对话态度、有效的后续沟通、贴心的心理疏导等行为,都有助于高校正面形象的重塑以及学生对高校信任的再次建立,为预防下一次高校网络负面舆情打下坚实的基础。

（五）舆情沉淀期引导机制的运行

在舆情沉淀期,舆情的话题热度已经慢慢淡出网络、淡出大众视野,高校主体得以有一定的缓冲空间对于整个舆情事件的发展经过进行梳理、总结、反思。在这一阶段,高校首先要深度剖析本次舆情事件的来龙去脉,其次要对本次舆情引导过程中存在的不当行为、现象进行诚恳的自我反思,最后要学会举一反三,总结得失,切勿再因同类型的事件处置不当而引发舆情危机,对于引导过程中的经验也要进一步探索打磨。在经过一整套梳理、总结、反思后,高校要将整个过程录入到学校自建的网络舆情案例数据库,为后发舆情的引导和学术研究提供案例支持。

下篇　大数据时代高校网络舆情话语模式研究

第四章 全媒体时代高校主流意识形态话语权研究

　　媒介是推动信息社会发展进步的动力。随着"两微一端一平台"即微信、微博、新闻客户端、网站等新媒介的兴起与运用,人类社会进入新的全媒体时代。全媒体整合了传统媒体(如报纸、电视、广播)和新媒体(如互联网、社交媒体、移动媒体)等多种传播渠道,信息传播具有即时性、互动性、多样性和较广的覆盖面。全媒体时代的信息传播呈现出"全程""全员""全息""全效"的特征,给高校意识形态工作提供机遇的同时也带来了挑战。一方面,在全媒体视域下,信息传播主体的多样性、方式的互动性、内容的丰富性、范围的广泛性和手段的融合性,给高校意识形态工作带来新的契机;另一方面,全媒体时代呈现出信息失真、载体工具异化、舆情场域"众声喧哗"等现象,影响当代大学生的价值判断,冲击了主流意识形态话语权在高校的主导地位。

　　党的二十大报告指出:"意识形态是为国家立心、为民族立魂的工作。牢牢掌握党对意识形态工作领导权,全面落实意识形态工作责任制,巩固壮大奋进新时代的主流思想舆情。"[①]习近平总书记在全国宣传思想工作会议、高校思想政治工作会议、网络安全和信息化工作座谈会等一系列会议上作出重要论述,将意识形态工作摆在了全党全国和全民族事业的突出位置。

　　随着信息技术和媒介的跨越式发展,高校大学生获取信息资源的渠道和方式更加多样和便捷,高校主流意识形态话语权面临引领力、主导力被消解的危险局面。高校是培养社会主义现代化的接班人的重要场域。增强高校青年的主流意识形态认同,是高校思政课创新发展的重要内容,也是社会主义意识形态建设的重要举措。大学是青年人数较多、思想较为活跃、知识较为集中、网络技术应

---

① 习近平.高举中国特色社会主义伟大旗帜为全面建设社会主义现代化国家而团结奋斗——在中国共产党第二十次全国代表大会上的报告[N].人民日报,2022-10-26(1).

用较发达的地方,在"全程媒体""全息媒体""全员媒体""全效媒体"的媒体融合环境中,应扩大高校主流意识形态话语权的空间和渠道,提高其在大学中的影响力,并加强其在内容上的创新与实践。全媒体话语主体的自由性、话语内容的碎片化、话语渠道的多渠道、多样化特征愈发明显,历史虚无主义、拜金主义、泛娱乐化思潮等各种"杂音噪声"出现在高校场域。因此,应注重增强高校主流意识形态话语权,培养高校师生主流意识形态认同,强化马克思主义话语权,筑牢高校主流意识形态的主阵地。

第一节　高校主流意识形态话语权的理论释义

一、意识形态与话语权

(一)意识形态

意识形态作为上层建筑的表现形式,是由社会的经济基础所决定的。它是指一套系统化的观念、信仰和价值观,这些观念影响和塑造着个体或群体对社会、政治、经济等方面的理解与态度。它具有鲜明的实践性、阶级性、相对独立性和历史继承性。意识形态通常由统治阶级或主流社会通过教育、法律、文化等手段传播,以维持其社会权力和地位。它不仅影响着社会的价值体系,还影响着社会成员的行为方式和思维模式。

马克思、恩格斯曾指出:"统治阶级的思想在每一时代都是占统治地位的思想。这就是说,一个阶级是社会上占统治地位的物质力量,同时也是社会上占统治地位的精神力量"①。主流意识形态是国家或者集体中经济或者政治上占统治地位的阶级,为了维护其统治地位而进行的思想领域的意识形态教育。意识形态特征具有如下几个特征:

(1)阶级性。意识形态本质上是维护统治地位的阶级利益,具有鲜明的阶级性。意识形态阶级性主要表现在两个方面。一是意识形态的地位体现了阶级

---

① 中共中央马克思恩格斯列宁斯大林著作编译局.马克思恩格斯选集(第一卷)[M].北京:人民出版社,2012:178.

性。每一个阶级都有属于本阶级特定的意识形态,意识形态在社会中的地位对应的也是本阶级地位的体现,阶级地位反映着意识形态地位。二是意识形态之争体现了阶级性。意识形态斗争无论采取什么样的形式方法,都不是单纯的思想政治文化之争,其背后是阶级统治地位之争。

(2)历史性。如果我们把人类社会的历史进程看作一个连续的整体,那么会发现意识形态不是从来就有的,而是随着阶级社会的产生而产生,随着阶级社会的发展而变化,而且必然会随着阶级社会的消亡而走向终结。意识形态在不同社会时期的内容、形式、特征都具有鲜明的历史性。纵观中国历史长河,奴隶社会中,奴隶主阶级为了维护利益,采取宗法制将血缘与政治紧密联系,故而有周公制礼,孔子护礼;封建社会中,地主阶级借助儒家封建伦理道德思想维系政权统治。

(3)继承性。阶级或者集团的意识形态并不是凭空产生的,而是继承过往时期的某些意识形态。一定阶级或者政治集团为了维护思想领域的统治,继承了过去符合本阶级的思想观念,抛弃了非本阶级的思想观念。

(4)实践性。意识形态属于思想观念领域的内容,在社会实践中产生,也必须在实践中去践行。思想是行动的先导,思想在实践中产生,并在实践中证明其科学性和真理性。

(5)能动性。根据马克思恩格斯的社会结构理论,社会由经济基础和上层建筑组成。意识形态属于上层建筑。"政治、法律、哲学、宗教、文学、艺术等的发展是以经济发展为基础的。但是,它们又都互相作用并对经济基础发生作用。"[①]

(二)话语权

"话语"作为学术术语最早出现在语言学中。当下的"话语"涉及历史维度和社会维度,是建立在语言的基础之上产生的。马克思恩格斯认为:"语言是从劳动中并和劳动一起产生出来的……语言和劳动一起,成为两个最主要的推动力,在它们的影响下,猿脑就逐渐过渡到人脑。"[②]如今,话语是由语言符号体系

---

① 中共中央马克思恩格斯列宁斯大林著作编译局.马克思恩格斯选集(第四卷)[M].北京:人民出版社,2012:649.

② 中共中央马克思恩格斯列宁斯大林著作编译局.马克思恩格斯选集(第三卷)[M].北京:人民出版社,2012:991-992.

与价值观体系构成的一个整体,不再是简单的文字、符号、语法等的语言文字,而是指向更具表达权利和意愿的主观情感的实践能动作用。

从"权"的内涵和属性分析,"权"可以分解为"权利"和"权力"。一是从"权利"的角度分析话语权,认为说话、言论是人类与生俱来的能力。法国社会学家皮埃尔·布迪厄指出,说话,不仅仅是"能说"那么简单,它还代表着拥有了使用话语权的权利。二是从"权力"的角度分析话语权,认为某些话语者或者话语集团凭借政治、经济上的优势地位,拥有更多的话语支配的权力和控制的权力。王习胜认为:"话语权的建立需要具备以下必要条件:一是言说者的权威性;二是言说内容的可信性。"①三是综合"权力"和"权利"的角度分析话语权,指向两个方面:从权力来说,具有组织支配话语的力量;从权利来说,在社会实践中可以拥有说话的资格。

综上所述,话语权是一定的阶级、政党、社会团体或者个体通过发表言论、表达价值观或者政治主张所拥有的影响力和支配力。话语权的本质是话语的权力,与政治团体和特殊集团联系,代替其表达观点和主张,形成固定的话语机制和话语力量。从话语到话语权再到主流意识形态话语权,不是简单的语词的叠加,而是更强调"权力"和"权利"在意识形态方面的体现。

(三) 意识形态与话语权的关系

意识形态与话语权是密切相关的概念,两者在社会和政治领域中相互作用,影响着权力结构和社会认知。首先,话语权的实现依赖于意识形态。统治阶级或主流社会通过意识形态的传播和普及,形成一种特定的社会认知框架,赋予自身话语权。这种话语权表现为对社会规范、道德标准、法律制度等的解释权和定义权。其次,意识形态通过话语权得以传播和巩固。掌握话语权的群体可以通过媒体、教育、出版等渠道广泛传播其意识形态,从而影响社会成员的思想。通过不断的传播和灌输,意识形态逐渐内化为社会共识,强化统治阶级的合法性。

不同意识形态之间的斗争往往表现为话语权的争夺。例如,社会中的边缘群体或反对力量可能通过另类媒体、社交网络等渠道,试图挑战主流意识形态和其背后的话语权,提出不同的社会价值观。在全球化背景下,国家之间、文化之

---

① 王习胜.意识形态及其话语权审思[J].马克思主义研究,2007(4): 42 - 46.

间围绕意识形态的话语权竞争更加激烈。国家通过文化输出、媒体传播、国际交流等手段，争夺在全球事务中的话语权，以影响国际社会的认知和态度。在冷战时期，资本主义和社会主义两大阵营通过不同的媒体和宣传手段争夺全球话语权，试图在国际社会中确立自身的正当性。在当代，随着互联网和社交媒体的普及，传统媒体的垄断地位被打破，各种意识形态在网络空间中争夺话语权。这种新的传播模式使得边缘化群体有了更多的发声机会，但也带来了信息碎片化和"后真相"时代的挑战。

二、高校主流意识形态话语权及内容

在高校教育中，通过教育内容和教学方法的设计掌握和传递意识形态的相关话语权，是培养学生正确价值观和社会责任感的重要途径。教育者通过引导学生批判性地思考、分析不同的意识形态和话语权的关系，帮助他们形成独立思考的能力，并且在全球化和多元化的背景下维护国家和民族的核心价值观。我国的主流意识形态话语即社会主义意识形态话语。社会主义意识形态话语权即通过社会主义意识形态话语体系的生产与表达，借助话语的思想载体和传播力，建构引领话语对象思想领域和现实生活的权力体系。

高校主流意识形态话语权指在党中央统一领导下，高校坚守意识形态主阵地，传播马克思主义及其中国化时代化的理论成果，科学有效地表达马克思主义意识形态话语内容，向受众传递观点，使之认可、接受，并力图使受众态度和行为实践沿预定方向转变，引导师生坚定理想信念，把握高校舆情走向和掌握师生的思想动态。

（一）高校主流意识形态话语权构成要素

意识形态话语权指的是话语主体凭借自身的思想资源对被统治阶级进行解释、规范和指导。从要素来看，高校主流意识形态话语权是由以下几个要素构成，即话语主体（谁在说）、话语客体（说给谁听）、话语内容（说什么）、话语载体和方式（怎么说和以什么方式说）。

1. 话语主体和话语客体

意识形态话语从生产到产生话语权力是一种社会实践。任何社会实践都由主体和客体组成。主流意识形态话语权由话语的决策者、话语的执行者、话语的生产者和话语的传播者组成。在高校场域，高校党委作为话语的决策者，根据党的指示进行话语的决策运作;在高校党政机构,例如师生思想政治教育的党政管理部门、院系党组织、教学管理部门、保卫部门等作为话语的执行者,起着桥梁纽带作用;意识形态话语个体作为话语的生产者产生话语内容;思想政治理论课教师、辅导员、党政工作者和专业课教师作为话语的传播者通过合适的方式将主流意识形态传播给学生。在全媒体时代,由于互联网技术的发展,人人拥有了麦克风,话语主体也多元化,因此加强高校主流意识形态话语权必须加强权威性,才有助于学生对主流意识形态的认同和实践。

2. 话语内容

"从内涵上来看,意识形态话语主体就是意识形态的主体内容与核心思想,它表达了意识形态对一定社会所面临的社会问题与时代课题的解释和回答。"① 能否体现与主体利益相一致的意识形态、理论视角,取决于话语主体的话语力量及其在其中的地位和影响。

高校主流意识形态话语内容聚焦高校师生发展,同时根据时代发展需求不断调整内容,依靠科学的理论内容解答好师生在实践中遇到的现实矛盾和思想困惑,满足师生的需求。加强话语内容的吸引力和说服力,以理服人、以理育人、以理影响人,使师生自觉主动认同马克思主义意识形态。

3. 话语载体和话语方式

首先,从语言角度看,意识形态的话语载体是指通过话语方式传播给师生,借助话语、语言的不同表现形式达到教书育人的作用。其次,从技术的角度看,话语传播离不开一定的载体,随着全媒体的到来,信息加速给人们带来了更多信息选择的途径,高校通过多样的载体表达话语内容,主要包括校报、微博、微信公众号、校史馆等宣传阵地以及思政课、社会实践调研等平台。主流意识形态的话语传播载体是多样的,同时也要求我们根据实际情况因时而变地选择话语的载体,让多元的话语传播载体同向而行,提升主流意识形态的亲和力,实现增强主流意识形态话语权的效果。

(二)高校主流意识形态话语权表现样式

样式指事物发展的表现形式和形态。思想领导权的实现路径是话语权,话

---

① 杨昕.中国共产党意识形态话语权的构成要素及其实现[J].湖北行政学院学报,2013(3):48-52.

语权包括提问权、论断权和批判权等。① 其建构是一个动态的、可持续的过程，主要表现为议题设置权、话语创造权、话语传播权和解释批判权。

1. 议题设置权

议题设置权指通过对意识形态话语议题的提出、设定和确立，以影响受众思想认知和价值判断，从而提升意识形态话语影响力和吸引力。高校意识形态教育通过设置符合主流价值的议题，吸引受教育者的关注，也通过信息传播和框架安排引导受教育者对议题内容所承载的价值内涵产生认同接受并实践。一般的话语内容在现实交往中比较常见，其影响力和参与度也是有局限的，但议题是主体根据目标精心设计安排的重要话题和论点，不但可以吸引受教育者高度参与，形成焦点讨论和舆情关注，还可以在潜移默化中传播其价值立场和思想，让人们在引导下根据议题设置者的思维框架进行思考。

高校大学生正在面临西方思想文化的冲击，特别是新媒体的迅速发展使网络成为意识形态斗争的新战场，意识形态斗争暗流涌动，网络空间形形色色、良莠不齐的信息裹挟着错误的价值观，不利于大学生养成正确的三观。有学者指出："互联网对人们思想观念所造成的影响不再仅仅局限于通过掌握某一特定的阵地来实现，而更多的是通过争夺议程设置的优先权。"②高校应根据意识形态和师生发展的状况，精心设计、用心构思主流意识形态话题，从网络空间话语的被动者积极向主动传播者转变身份，增强主流意识形态和社会主义核心价值观的辐射力。主动出击，主动设置议题，先声夺人，先发制人。意识形态话语主体应科学研判形势，合理选择议题，并因势利导，抢在事件未发酵为舆情事件前发好主流的"第一腔"，还原事件本来面目，解释批判错误舆情，掌握舆情引导的主导权。

2. 话语创造权

话语创造权是指立足中国特色社会主义现代化建设实践，按照话语发展的规律，通过话语理论创新和话语实践变革反映意识形态本质的权力。当今信息时代，人们的思想观念、价值取向多元多变，文化思想的竞争交锋日趋焦灼，高校意识形态话语权面临式微的形势，部分师生言必称西方。有学者指出："通过学

① 侯惠勤.意识形态话语权初探[J].马克思主义研究,2014(12)：5－12.
② 李江静,徐洪业.准确把握互联网意识形态话语权争夺的新形势[J].红旗文稿,2015(22)：10－12,1.

术话语权消解思想话语权,是今天西方意识形态对我国渗透的重要特点。马克思主义的学术话语权可能是中国哲学社会科学话语体系建设的核心问题。"①高校意识形态教育也要因时而变、顺时而动、应势而为地推动意识形态话语理论和实践的创新变革,增强高校主流意识形态话语的主动性、竞争力,跳出西方国家设置的话语陷阱,直击西方意识形态的阿喀琉斯之踵。

理论是实践的先导,故应增强话语内容的科学性、理论性。思想理论的创新是话语创新的核心,因此理论创新要在马克思主义理论的基础上根据时代发展时代化本土化,同时重视传播媒介和网络信息技术和信息传播规律,结合高校大学生的心理认知情况,充分挖掘理论内容和校园文化,建设好高校意识形态话语体系。

3. 话语传播权

话语传播权是通过利用传播媒介宣传符合本阶级意识形态话语内容和资源,从而影响受教育者的价值观念的权力和权利。有学者指出:"如果说文化话语的创造权、表达权是努力让文化话语发出'自己的声音',那么文化话语的传播权要做的就是扩大文化话语传播的能力和音量,努力让'自己的声音'传得更广、更深入人心。"②话语传播权是衡量话语传播广度、深度、向度和力度的重要因素,也是衡量一个国家民族文化软实力的重要指标。习近平总书记指出:"要加强传播手段和话语方式创新,让党的创新理论'飞入寻常百姓家'。"③互联网是意识形态和舆情斗争的重要场域,部分西方媒体打着自由民主的旗号,利用网络技术优势,通过学术交流、文化传播等形式宣扬资产阶级价值观,同时以"历史虚无主义"歪曲历史事实,肆意散播"中国威胁论"等错误论调。

4. 解释批判权

解释批判权指对于人们关心的重大方针政策、时事政治和社会热点问题,对其进行理论解释,并对错误思想观念进行批评和排除。高校意识形态话语主体应坚持马克思主义理论,关注高校师生切实关心的问题,在意识形态领域敢于亮剑、揭面具。毛泽东同志强调:"毫无疑问,我们应当批评各种各样的错误思想。

---

① 侯惠勤.意识形态话语权初探[J].马克思主义研究,2014(12):5-12.
② 骆郁廷,史姗姗.论意识形态安全视域下的文化话语权[J].思想理论教育导刊,2014(4):66-73.
③ 习近平.聚旗帜聚民心育新人兴文化展形象 更好完成新形势下宣传思想工作使命任务[N].人民日报,2018-08-23(1).

不加批评,看着错误思想到处泛滥,任凭它们去占领市场,当然不行。"①主流意识形态的价值旨归是为公众明确理想指向、价值目标和行动指南。

在全媒体时代的高校意识形态工作中,马克思主义在意识形态领域是主导地位,但在多元文化激荡下也存在"不和谐"的音调。面对新热点、新问题、新矛盾,主流意识形态话语要率先占领阵地,科学有效地回答问题,摒弃"宁肯慢,也不要犯错"的保守理念,第一时间发声回应质疑,第一时间解释问题,第一时间批判错误。

三、高校主流意识形态话语权建设的理论借鉴

高校意识形态话语权的建设并不是无本之木,而是具有深厚的理论渊源。马克思和恩格斯的许多文章中都蕴含着丰富的意识形态建设思想。高校主流意识形态话语权的建设应从马克思和恩格斯、中国共产党人以及其他学科的相关著述中借鉴参考。

(一) 马克思恩格斯关于意识形态话语权的思想理论

从历史唯物主义的角度看,社会意识由社会存在决定;意识形态作为社会意识形式,由其社会存在所决定。意识形态的话语权和领导权是由一定阶级的经济与政治地位所决定的。马克思、恩格斯指出:"物质生活的生产方式制约着整个社会生活、政治生活和精神生活过程。不是人们的意识决定着人们的存在,相反,是人们的社会存在决定人们的意识。"②意识对社会存在具有能动作用。必须高度重视意识形态的能动作用,防止和警惕"去意识形态"化。

(二) 列宁关于意识形态话语权的思想理论

列宁高度强调意识形态工作的重要性和意识形态宣传,在革命斗争和国家的建设时期提出"没有革命的理论,就不会有革命的运动"③。第一,他认为无产阶级政党要承担思想教育的任务,社会主义者的任务是要做无产阶级的思想领导者。第二,他提出"科学的意识形态",将"意识形态"与"科学"进行融合发展,

① 中共中央文献研究室.毛泽东文集(第七卷)[M].北京:人民出版社,1999:232-233.
② 中共中央马克思恩格斯列宁斯大林著作编译局.马克思恩格斯选集(第二卷)[M].北京:人民出版社,2012:2.
③ 列宁专题文集·论无产阶级政党[M].北京:人民出版社,2009:39.

使其由否定性向肯定性转向。第三,他提出"最高限度的马克思主义＝最高限度的通俗化",认为通俗易懂的马克思主义理论应与人民群众紧密联系,应根据人民群众的知识水平和话语习惯进行宣传教化。第四,他倡导丰富意识形态灌输载体。他认为必须通过外部的"灌输",使工人建立起科学、完整、系统的阶级意识,可以利用报纸、书籍、电影等工具传播马克思主义。

(三) 中国共产党人关于意识形态话语权的思想理论

中国共产党始终高度重视意识形态工作,并结合中国的具体实际,提出许多创造性的论述。

毛泽东结合特定的时代背景,对意识形态话语权建设进行了深入思考和实践探寻,提出思想领域的领导是第一位的领导,强调思想文化领导的建设。他认为,思想文化领导权不仅要通过强制性的手段实现,还需要民主性、说服性的思想教育;对错误的思潮进行批评批判,对于人民内部的争论应采取民主的方法解决。邓小平认为思想政治工作务必继续加强,全党要加强思想工作,思想政治工作的重点放在思想教育、政治教育和传统的民族精神教育,防止忽视思想工作的倾向。江泽民强调党要牢牢掌握意识形态的领导权:"坚持以科学的理论武装人,以正确的舆情引导人,以高尚的精神塑造人,以优秀的作品鼓舞人。"[1]胡锦涛强调:"始终坚持正确舆论导向,进一步提高新闻宣传工作质量。"[2]

面对时代之变、历史之变和世界之变,习近平总书记关于意识形态的重要论述,系统回答了建设什么样的意识形态、怎样建设意识形态的问题,覆盖了意识形态的形式、意识形态的定位、意识形态的本质、意识形态的内容、意识形态的方法、意识形态的领导等方面,为深刻揭示新时代意识形态工作作出了科学的研判、找准了目标方向。

(四) 关于意识形态话语权的其他理论基础

1. 米歇尔·福柯的"话语权力"理论

米歇尔·福柯关于意识形态话语问题进行过较深入的研究。他不仅重新明

---

[1] 江泽民.江泽民文选(第三卷)[M].北京:人民出版社,2006:559.
[2] 胡锦涛.胡锦涛文选(第一卷)[M].北京:人民出版社,2016:390.

确"话语"概念,还建构了独树一帜的"话语"理论,明确提出"话语即权力",认为话语并非仅仅是为了斗争而产生的,也是为了话语及使用话语而进行的斗争,"话语乃是必须控制的力量"①。同时它对话语的生产、流通和发挥具有重要的作用。没有话语的生成、积累和流通,权力关系是不可能"确立"和"巩固"的。话语一旦形成,便拥有了属于自己的范式和概念。话语就是权力,人只能通过表达话语拥有话语赋予自己真正的权力。他从历史发展的角度把知识与权力紧密结合,认为权力通过话语权表现出来,话语也会从相反的方向对权力进行抗争,在加强权力的同时又抵制、削弱了权力的运作。福柯的话语权理论对于厘清话语与权力的关系和界定意识形态话语权概念提供了借鉴。

2. 安东尼奥・葛兰西的"文化领导权"理论

安东尼奥・葛兰西是比较早研究意识形态话语权的思想家。他认为,社会集团的领导作用表现在两种形式——"统治"的形式中和"精神和道德领导"的形式中。② 葛兰西提出"文化领导权"是思想社会关系的领导力量,即在被统治阶级认同的基础上接受统治阶级宣传意识形态内容。同时,他还提出,无产阶级要有自己的有机知识分子。有机知识分子能够启发大众,推介本阶级的思想观点和道德内容,在市民社会夺得意识形态的文化领导权。

葛兰西的文化领导权为我们研究意识形态话语权提供了全新的视角。我们在意识形态工作教育时要加强意识形态工作队伍的培养,不能单一地采取灌输式教育方式,应创新教育载体和方式,让学生对主流意识形态在政治上认同、情感上共情和行为上践行。

3. 拉斯韦尔模式

传播过程理论是研究信息传播过程和规律的重要理论模型,也是传播学的重要基础理论之一。从传播学的角度看,话语应用于传播过程的目的是承载传播媒介所表达的传播信息,发挥载体中介的作用。传播过程理论主要包括三个要素:发送者、传媒和接受者。这三个要素之间相互作用,形成信息传播的过程。在传播过程中,传播主体筛选信息、加工信息,通过传媒向接受者传递信息;接受者在接收信息的同时,也会对信息进行理解、解码、处理,并产生信息反馈,

---

① 福柯.权力的眼睛——福柯访谈录[M].严锋,译.上海:上海出版社,1997:288.
② 葛兰西.狱中札记[M].葆煦,译.北京:人民出版社,1983:316.

形成循环的过程。

美国学者拉斯韦尔提出"拉斯韦尔模式"（又称"5W模式"），认为一个传播过程包含五大要素：谁、说什么、通过什么渠道、向谁、有什么效果。该理论将传播的发送者、信息内容、媒介、接受者和效果五大环节囊括在内。由此可以进一步得出以下四点认识：第一，主体对主流意识形态信息内容有搜集、整理、选择、加工和传播的作用，充当该主体地位的可以是个人或者组织集体；第二，衡量话语权效果的维度是客体对主流意识形态的认同并产生与主流意识形态相一致的行为实践，没有客体主流意识形态话语权的传播过程则缺少重要一环，更不存在"话语权"。探究话语客体的心理需求、性格特征、行为动机和价值取向是高校巩固和加强主流意识形态话语权的必然要求。第三，重点关注话语载体的标识性、持久性和互动性的建设，充分利用新媒体的优势传播主流意识形态，同时根据话语客体的特征选择载体和话语方式。第四，话语内容是主体筛选加工处理之后构成的具有特殊含义的符号组合。

第二节 全媒体对高校主流意识形态话语权的影响

随着数字技术发展，各种媒体之间互相融合传播，迎来"全员""全程""全息""全效"的全媒体时代。全媒体凭借信息交流和思想传播的工具属性，不但具有媒介属性，而且具有鲜明的意识形态属性。进入以智能化"全程"信息生产、沉浸式"全息"内容呈现、"全员"智能参与、多平台多终端协同"全效"管理的全媒体时代，为意识形态话语权带来显著影响。

一、全媒体及其意识形态功能

随着新兴媒体和网络技术的发展，传统媒体转型升级为自媒体、全媒体，广义上来看，包括纸质媒体、本地电视网、国际因特网和移动因特网等多种传播媒介，并覆盖了包括视觉、听觉、触觉、触觉等不同信息接收器官的多种传播形态的集合。在人类文明中，媒介是一种传播信息和传承思想的工具。它不仅传达社会符号，还改变了符号的产生和传播方式。

（一）全媒体概念

全媒体的英文单词为"omnimedia"，是由前缀"omni"（全）和"media"（媒体）构成。随着互联网和信息技术的推广应用，媒介的内容通过报纸、杂志、电视节目、网站等不同的传播媒介表现。

中国人民大学彭兰教授在 2009 年强调"全媒体"概念，认为它是综合所有媒体手段和平台的综合报道系统，其依托单一报道的多落地、多形态、多平台的传播，属于整体业务运作的模式与策略。[①] 从传播形态角度，全媒体是"通过综合运用各种表现形式，如文、图、声、光、电，来全方位、立体地展示传播内容，同时通过文字、声像、网络、通信等传播手段来运输的一种新的传播样态"[②]。

可以说，全媒体即综合运用新兴的技术和互联网载体，在媒介信息的内容生产、表现形式、传播渠道等方面与传统媒体整合资源、创造融合发展的全新传播模式，通过电视、计算机、手机等各种终端渠道，让受众能够通过各种不同的终端渠道来接收信息。全媒体的实现离不开数字技术的支持，如云计算、大数据、人工智能等，这些技术的发展极大地促进了全媒体时代的到来，也让全媒体更加便捷、高效和智能化。

（二）全媒体时代的特征

习近平总书记在中央政治局十二次集体学习中对"全媒体"这一概念作出更深层次的解释，即"四全媒体"——全程媒体、全息媒体、全员媒体、全效媒体。

全媒体时代是数字技术不断发展，使各种媒体形式和载体之间互相融合和传播的时代。在这个时代里，人们可以随时随地获取大量的信息和娱乐资源，也可以通过各种数字媒体工具进行创作和传播。在新闻媒体领域，受众不再限于通过报纸、广播、电视等传统媒体获取信息，新闻媒体都转向数字平台，通过网站、移动应用、社交媒体等形式向受众传递信息、新闻和观点。

1. 全程媒体

"全程媒体"强调基于数字技术、网络化和数据化的传播新方式，以全方位、实时化、个性化为特征，覆盖信息的生产、传播、接收和反馈的全过程，强调全视

① 彭兰.媒介融合方向下的四个关键变革[J].青年记者,2009(4)：22－24.
② 罗鑫.什么是"全媒体"[J].中国记者,2010(3)：82－83.

角、全过程、全方位的信息呈现。传统媒体的媒介传播受技术影响，信息传播时间慢且范围窄，新兴媒体与电视、广播等传统媒体深度耦合，加快信息传播速度和效度，有力实现媒介资源、生产要素之间的整合利用，形成你中有我、我中有你的传媒共同体，而且传播的整个过程被现代信息技术捕捉、记录并且储存。从信息生产开始，全程媒体就考虑使内容易于生成、编辑和分发，在信息传播的过程整合平台和媒介之间的信息，在信息的接收和反馈阶段让受众快速、方便地获取信息并且进行互动和反馈。

2. 全息媒体

"全息媒体"强调传播途径的多样性和体验性，是新的传播形式。在物联网、云计算和人工智能等技术的推动下，视频、图像和增强现实给人们带来了更为精确和立体的观赏感受。

全媒体时代的智能化传播主要通过四个系统实现：一是记录系统，对海量的信息进行储存；二是分析系统，对用户进行标签化"画像"；三是分发系统，对用户进行精准化的内容推送；四是回收系统，根据用户点赞评论转发的评价进行反馈回收。四个系统有序运转，形成了信息传播的闭环。在全媒体时代，媒体技术被广泛应用于数字内容的制作与展示、虚拟现实的构建与仿真、科学教育与科普宣传等众多领域。

3. 全员媒体

"全员媒体"强调主体维度的多元参与、多项互动。全媒体改变了传统媒体线性式传播格局。任何人拥有了手机都可以成为传播主体，每个人都可以成为信息内容生产者，随时随地发布信息。信息时代让每个人成为信息发布者和传播者，使以往自上而下的传播转变为多向的信息共享，信息生产和传播更加便捷，信息交换、认知互动和社会交往更加密切，构建了全新的信息传播格局。传播主体由过去主流媒体的"权威人士""精英人士"拓展到普通的网民层面，由过去"我说你们听"到现在的"人人都有麦克风"，每个人既是信息的受众，又可能是信息的源头。全员媒体的优势在于充分调动了人员的自主性和积极性。

4. 全效媒体

"全效媒体"强调传播功效维度、传播效能的精准度和功能的全覆盖。《人民日报》刊发《让主流媒体成为"全媒体"》强调："'全效'，突破了功能尺度，集成了内容、信息、社交、服务等各种功能,成为'信息一条街'。"①在全媒体时代,大数据、云计算、智能算法推荐等技术应用传播领域,通过整合媒介资源、强化传播渠道、优化分工配合,根据用户的信息数据画像,进行算法加工处理,推荐符合用户喜好的内容。作为新型"技术统治"的全媒体,实现了信息传播全过程的自动化,为意识形态广泛渗透在用户的生活工作中提供了更加智能的方式,深受用户的支持,实现了媒体的最大功效。全效媒体的核心是将不同媒介之间的信息相互印证、协同作用以营造出视听的效果。

(三)全媒体功能

全媒体凭借互联网和多种媒介融合的技术先导性、多元交互性和边界消解性等特征,提升传播方式的一体化效能,增强主流意识形态的传播力、引导力、影响力和公信力,促进了文化的交流传播、引导公民的舆情走向和革新大众的交往方式。

1. 加强文化交流传播

文化信息的传播需要借助载体才能"飞入寻常百姓家",全媒体的兴起是文化高度交流发展的必然结果。全媒体以更加快捷便利的多样化平台帮助用户随时随地获取信息、交流信息,特别是媒体的服务功能日趋健全,服务的内容逐渐丰富多样,服务的速度成倍提高,使用户在信息交流、文化娱乐、网络办公等方面的需求得到了满足。全媒体打破传统文化的结构和秩序,为普通的用户提供了随时阅读信息、学习新知识和时事政治转发评论的机会。它突破了传统文化传播"圈子""等级秩序"的桎梏,使广大网民在这一崭新的媒介平台上展示自己、共享自己。知乎、抖音、快手、小红书等平台的出现,凭借着操作简单、丰富娱乐生活的优势深受用户的喜爱。全媒体的传播逐渐平民化和开放化,使传播者与受众之间的交流更平等,人们不再受时间和地点的限制,用户的日常生活不再是孤立的。

2. 引导公民舆情走向

以人工智能、5G互联网技术等为代表的新一轮科技革命推动创新性变革发展,对整个网络媒介带来了颠覆性的影响。由于全媒体的开放性、互动性和隐蔽

---

① 本报评论部.让主流媒体成为"全媒体"[N].人民日报,2019-01-30(5).

性等特点,加速了舆情的发酵和辐射性传播。首先,全媒体促进舆情的生成。全媒体给用户带来了更加便利的交流平台,用户可以交流评论,成为舆情的组织者和传播者。其次,全媒体加速了舆情的覆盖范围和传播速度。舆情的发酵无外乎获得更多的流量和关注,从而达到某些目的。舆情事件的生产者借助全媒体进行引导舆情走向,从而在线上线下产生影响。最后,全媒体能够加强对舆情的引导。全媒体具有覆盖用户基数大、信息传播速度快、渠道广等特点给舆情事件的监管和治理带来了难度,因而需要各平台树立社会主义核心价值观,弘扬社会主义主旋律,强化社会主义核心价值观的有效引领,避免发生舆情群体事件。

3. 革新大众的交往方式

全媒体的信息传播以互联网为基础,拓展了现实生活的空间场域,改变了人们的生活方式、生产方式和思维方式,使人们的信息交流和社会生活发生了变革。随着信息技术的发展和应用,人们的生活方式和交往方式发生了变化,从早期的飞鸽传书、书信、电话、传真,到现在的社交软件、直播、虚拟交流等,全媒体提升了人们交流方式的数量和质量。

全媒体提供更加便捷与多元化的交流方式。人们可以通过多样的社交软件、网络论坛等渠道,及时与他人进行交流分享。全媒体提供更加多样的交互方式,如现在的社交直播、语音聊天等,能帮助人们更加生动直观地与他人交流。例如贴吧、群聊、论坛等,改变了人们原有单一物理生活的世界,由最初的"人—人"到现在的"人—媒体—人",推动了社会组织方式的革新。再者,全媒体通过分享讨论,增加社会个体的关联度。新媒体所蕴含的信息网络技术是现代生产力的典型代表,是现代化生产强有力的推进器。① 由此,全媒体打破了传统媒体话语权垄断,展现强大社会动员和组织能力。

(四) 全媒体的意识形态属性

传媒所具有的技术、信息和制度功能,使它具有很强的社会建构性。因此,媒体自其产生以来,便被统治阶级作为一种合法的手段来维护自身的经济利益与政治统治,带有强烈的意识形态色彩。建立在数字技术和互联网技术之上的全媒体,以其跨时空、大容量、开放性、交互性等融合性传播优点,对人们的思想

---

① 王大伟.新媒体视域下高校意识形态工作研究[D].东北师范大学,2022.

认知、价值判断、行为实践等带来了颠覆性的变化。媒体在信息传递的过程存在"为谁说话""为谁宣传"的价值倾向,任何媒体都要有明确的政治立场,具有鲜明的意识形态属性。

1. 传播主体的意识形态属性

全媒体不仅是传播领域的工具手段,在传播中生产的信息内容还体现了一定的观点,在信息传播中包含对信息内容的评论,反映着价值观的差异。对于同一事件,不同的媒体、不同的网民对于该事件的报道和评论可能是大相径庭的。通过信息编辑者对信息进行选择、加工和解释说明,信息生产的源头就赋予了信息的价值和意识形态属性,反映其所代表的意识形态倾向。信息编辑生产者的情感态度和价值取向在传播信息的同时也向受众输出价值观。因而,全媒体所营造的社会氛围,不但在接收信息、思想、消费与审美等方面,更在认识与思维模式上潜移默化地发挥着"化人"的思想建构作用。

2. 传播内容的意识形态属性

全媒体向大众传播相关的信息、图片、视频、文字等内容,具有鲜明的意识形态属性。首先,传播意识形态符号。即便技术不断迭代,但传媒内容中特定的文化符号和意识形态符号及其传递的某种价值观或者情感认同是稳定的。媒介运营的逻辑决定着信息的编码、解码、传输方式、意识形态取向和意向,因此,在媒介信息的传输、交互过程中,传播的信息、图像等内容在科技支持下推动受众产生一种心理上的认同或情绪上的共鸣,进而实现政治文化目标。其次,影响意识形态观念。传播信息内容是意识形态现象化呈现,推动受众认同其携带的意识形态价值观。人们在浏览阅读或者点赞、评论、转发各种各样的信息内容时,已经被其所赋予的意识形态属性所影响。

3. 传播媒介的意识形态属性

全媒体传播媒介的意识形态属性主要是指媒介自身特定的意识形态倾向。每种媒介都有其独特的传播方式和结构特点,对信息的选择、加工和传播方式存在影响,因此在一定程度上塑造了媒介的意识形态属性。法兰克福学派主张,大众媒体作为一种意识形态,在高度发达的工业化社会中是维持国家政权合法性的一种基本手段:通过传播的操纵,大众媒介极为有效地清除社会文化的否定性,为国家政治阶级服务。在全媒体场域中,算法技术贯穿传播的全过程,信息的流通速度和流通内容更快更丰富,必然会受到算法推送和信息过滤的影响,容易产生信息孤岛和舆情失范的问题。传播媒介其背后蕴含着价值倾向，算法推荐所需的输入数据也不是客观中立的，其中存在的"脏数据"会制造传播噪声，使用户陷入以偏好和数据推荐为指标的分发陷阱；异质的意识形态和多元的价值观的交流交锋嵌入传播媒介中，媒介的意识形态被不同的利益占据，在传播过程中产生特定的意识形态倾向性。

二、全媒体对高校主流意识形态话语权的影响机理

意识形态被视作是"黏合剂"，媒介则是一种特殊的、高效的粘贴手段。传媒已成为当代人的生活模式，传媒和意识形态之间的相互嵌入和双向建构对意识形态话语权力的构建产生了重大的影响。根据法兰克福学派的观点，媒介就是意识形态，话语权决定主动权，传播力决定影响力。全媒体传播"全程、全息、全员、全效"的特征影响着话语权的力量。

对于高校主流意识话语权建设来说，全媒体传播的全程性、全息性、全员性在载体、内容、主体等方面起到影响，共同指向传播的全效性。

（一）全程性对高校主流意识形态话语载体的影响

全程性特征主要体现为信息媒介传播过程的全程化，主要是时效性和广域性。其涉及的时间和空间两个方面：一方面，在线运行模式突破了传统媒体的传播限制；另一方面，话语信息传播的整体过程被信息技术捕捉、记录并且储存。在全媒体时代，传播载体作为信息传播桥梁更加多样化和立体化，给用户随时随地获取信息提供了多样的选择，突破过去由单一的传统媒介传播的局面，拓展了主流意识形态传播的广度和宽度。全媒体整合新旧媒体平台，为高校主流意识形态传播提供丰富立体的表达方式。全媒体传播载体接收具有多维性。用户利用丰富的载体可以实现传播者-信息-媒介之间的多维便携沟通。学生可以通过点赞、评论、转发等表达自己对事件的价值立场和情感态度。全媒体利用大数据、云计算、推荐算法等技术，精准分析用户个性需求，进行信息采集、分析、推送和反馈，提升了主流意识形态传播的精度。

然而，开放自由的平台削弱了主流意识形态话语权。首先，各方诉求在网络中发酵，不乏利用信息技术优势进行意识形态渗透的势力。其次，技术异化离散主流意识形态话语整合力。全媒体场域不仅是意识形态的发生地，也是大数据

和算法技术的作用场,推荐算法指通过对用户阅读、社交、爱好等习惯的"画像"向用户推荐个性化内容的信息匹配和内容分发技术。[①] 算法技术极其容易造成以用户为中心的"信息茧房",引发主流意识形态传播的技术工具危机。最后,传播载体平台的背后是人,这不可避免地导致陷入以开发者个人价值观为主导的传播和"技术拜物教"的陷阱。

(二) 全息性对高校主流意识形态话语内容的影响

全息性特征给高校主流意识形态话语内容的生产与创新提供了重要动力。传统媒体的"文字+图片"内容已经无法吸引全媒体场域的"新民众"。全媒体通过大数据算法分析,为受众提供丰富多样、喜闻乐见的意识形态传播内容,让受众能够真正感受主流意识形态的魅力而将其内化于心、外化于行。

网络信息传播的海量内容为思想政治教育内容提供了取之不尽、用之不竭的内容素材。全媒体包括文字、图片、音频和视频等多种形式,这使得高校主流意识形态可以更富有表现力地呈现在不同媒体平台上。文字可以传递深度思考,图片和视频能够生动形象地展示,而音频则提供了另一种感知方式。这丰富了话语内容的形式,有助于更全面地传递主流意识形态。

然而,海量芜杂的信息也稀释了主流意识形态话语的传播力。在全媒介的环境中,信息出现了爆炸性和裂变的增长。不同的文化之间相互冲突和融合,产生了大量被学生所接受和迅速扩散的信息。在高校大学生生活与学习中,网络信息成为他们获取知识和进行思想交流的重要渠道,在一定程度上稀释了主流意识形态话语的影响力。

(三) 全员性对高校主流意识形态话语主体的影响

在传统的意识形态话语传播的运行模式中,传播的主体主要是党和国家主导的政务自媒体、官方媒体的法人自媒体。高校主流意识形态话语主体是"高校党政干部和共青团干部,思想政治理论课教师,辅导员和班主任,哲学社会科学教学科研人员以及网络宣传工作人员。[②]"各部门相互协作、相互联动、相互支

---

① 汪青,李明.从疏离到弥合:人工智能时代主流意识形态话语权建设[J].当代传播,2022(4):68−71,83.
② 黄蓉生.意识·能力·机制·平台——高校意识形态工作队伍构建要义[N].光明日报,2016−05−15(7).

持,共同作用于高校意识形态工作。党和国家在意识形态话语权建设中发挥主力军的作用,拥有绝对的"发言"能力。随着互联网技术和新兴媒体特别是"三微一端"为代表的新媒体出现和发展,在信息接收和反馈方面赋予普通民众极大的自由,给高校大学生参与主流意识形态传播提供了机会,主流意识形态话语的传播也打破了自上而下的垄断地位。学生可以参与到意识形态的生产、传播过程,可以发布信息,加快了信息的交换、认知互动和社会交往。

然而,多元主体互动也削弱了意识形态话语主体的权威性。在全媒体时代,传播话语主体超越了时空界限,话语主体由精英走向大众和草根。有学者提出:"人与人之间的社会互动逐渐媒介化,进而存在于意识、感官、身体媒介之间的新型互动关系。"①借助全媒体的技术优势,过去的"你说我听"发展为现在"你说我说我们一起说"的多元互动场景。传播主体对意识形态内容的生产、传播、再加工、再传播消弭了"幕布"的区隔,个体的思想观念和价值诉求各有不同,容易解构高校主流意识形态传播的一致性,传播主体的权威性和主导性由此受到挑战。再者,全媒体在一定程度对意识形态主体的媒介素养提出了要求。面对迭代更新的媒介和互联网技术,意识形态话语主体的媒介素养不高、网络技术不足成为意识形态教育的梗阻。对此,意识形态工作队伍应有"媒体人"的担当,学习网络技术和媒介知识,做好意识形态的"宣传员"。

三、全媒体时代高校主流意识形态话语权建设的时代价值

高校承担着意识形态研究和意识形态宣传的重要使命,同时也肩负着为党育才的特殊使命。高校是意识形态工作的前沿场域,在如今的互联网全媒体时代,主流意识形态在坚定马克思主义在高校意识形态领域的指导地位、整合思想凝聚高校共识、培养大学生科学价值观念和行为标准方面蕴含着丰富的时代价值。

(一)坚定马克思主义意识形态在高校指导地位的现实需要

在异质思想与主流意识形态针锋相对时,高校应坚定马克思主义意识形态的主导地位,敢于亮剑、主动出击。

首先,应确保高校师生免受错误思想观念的影响。随着中国综合实力的提

---

① 邱园园,庞立生.网络意识形态的感性化传播机制及其治理逻辑[J].理论导刊,2021(9):60-65.

升,西方敌对势力企图攻击瓦解马克思主义意识形态在中国的指导地位,充分利用互联网广泛设立议题,灵活切换热点,通过"以点带面""添油加醋""以偏概全"甚至"无中生有"的手法,制造负面流言和虚假信息,以动摇青年师生的价值认知。高校要把握高校思想政治教育工作的主动性和积极性,帮助高校师生抵御意识形态渗透和侵袭。

其次,应在马克思主义指导下为党育才,在新的历史起点上进一步加强和改进高校主流意识形态工作。高校作为意识形态工作的前沿阵地,更是党牢牢把握高校意识形态领导权的重要阵地。坚持马克思主义意识形态在高校的领导,引领各种社会思潮,推动高等教育站稳"坚持方向、承担使命"的政治定位,推进高等教育"武装头脑、提升素养"的理论任务,实现"攻坚克难、内涵发展"的方向目标。高校是培养社会主义现代化接班人的重要阵地,大学生的理想信念、政治认知、价值观念和道德修养关系着社会主义国家的前途命运。因此,应增强马克思主义意识形态在高校的指导,给高校大学生补足精神之钙,为党培养有理想、有担当、有知识、肯奉献的新时代人才,提高高校大学生对主流意识形态的认同感和归属感,始终保证高校坚持党的领导、坚持马克思主义指导地位。

(二) 整合思想凝聚高校共识的必然要求

一个社会统一的社会共识至关重要,它是实现整体进步的精神动力。有学者提出:"一个稳定、有序的社会,必定是由一个由主流意识形态所确定的、得到社会各阶级广泛认同的社会价值系统,使人们出于道德感来自觉地遵守现有的社会规则。"[①]

对此,高校应为整合思想资源、凝聚社会共识提供精神引导。一方面,高校应充分把握互联网和新媒体的即时性、互动性和便捷性,精准捕捉学生的心理和价值诉求,进行主流思想引领,合理引导学生处理好个人发展与集体发展的关系,凝聚思想共识,促进高校的稳定发展。另一方面,高校应加强主流意识形态话语权,整合思想资源,推动确立社会共同价值规范,激发高校大学生为了共同目标奋斗的主动性和能动性,发挥意识形态的号召力和感召力,引领正确价值导向,凝聚共识,统一学生的思想认知和理想信念,引导他们在纷繁复杂的网络信息时代做到"不畏浮云遮望眼""乱云飞渡仍从容"。

---

① 刘明君.多元文化冲突与主流意识形态建构[M].北京:中国社会科学出版社,2008:59.

（三）培养新时代好青年的思想基础

意识形态话语权是影响和制造舆情的重要力量。构建主流意识形态话语体系,对于大学生明确价值观、促进个人发展,建立科学行为准则具有重要作用。国务院新闻办公室发布的《新时代的中国青年》白皮书指出:"新时代中国青年把树立正确的理想、坚定的信念作为立身之本,努力成长为党、国家和人民所期盼的有志青年。"①在全媒体时代,自媒体平台代表大众传播的最新媒介,创新发展了自身的话语体系,成为新兴社会文化形态的生产者。青年学生思想活跃、乐于求知,但社会阅历少、知识储备不足,分辨能力弱,造成了他们不能理性认识分析社会转型出现的新问题、新矛盾。

意识形态话语权的建设有助于帮大学生建立科学的认知和价值体系,科学厘清社会思潮的本质巩固高校主流意识形态话语权,有助于强化学生的思想认识,提高学生明辨是非和解决问题的能力以及践行社会公德、家庭美德和个人品德。意识形态话语权有利于构建社会共识的理念体系,提供科学的判断准则和价值判断标准,有利于培养新时代青年学生理性思考、辨别是非和抵御形形色色的错误思潮侵蚀的能力,警惕在网络和现实中发生失范行为。

第三节　全媒体时代高校主流意识形态话语权的现状

在全媒体时代,开展高校主流意识形态教育要立足于对高校主流意识形态话语权现状的研究。本节通过问卷和访谈的实证研究数据,分析当前高校主流意识形态话语权建设存在的问题,为进一步分析问题和解决问题提供现实参照。

一、关于全媒体时代高校主流意识形态话语权的问卷与访谈研究

（一）问卷、访谈设计与信效度分析

本课题采用以学生为对象的问卷调研和以高校意识形态工作者为主体的访

---

① 中华人民共和国国务院新闻办公室.新时代的中国青年(2022 年 4 月)[N].中国青年报,2022 - 04 - 22(1).

谈。首先,阅读整合文献资料,设计问卷和访谈内容;其次,参考已有的关于意识形态问卷和访谈提纲;最后,确定问卷和访谈的版本。

问卷设计设置了四部分(见表 4.1)。第一,调研对象的基本信息,包括性别、学历、政治面貌、所学专业。第二,大学生对媒体的应用及认知现状,包括对媒体的应用、媒体内容认知和对媒体的信任程度。第三,高校大学生对主流意识形态话语认知、情感认同和行为实践。有学者指出:"与压服式的硬权力不同,话语权是说服式的软权力。说服通常指坦诚、理性地向受众传递观点,使之认可、接受,并力图使受众的态度和行为沿预定方向转变的一种沟通行为。"[①]第四,影响高校主流意识形态话语权的内在因素:一是话语主体,即从主流意识形态话语主体维度衡量话语主体引领力;二是话语内容,包括话语内容渗透力、解释力和说服力;三是话语载体和方式。

表 4.1　全媒体时代高校主流意识形态话语权现状调研问卷

变　量	维　度	指　标	题目序号
基本信息	个人情况	性别、学历、政治面貌、所学专业	1~4
媒体应用及其认知	媒体应用	获取渠道、时长、目的、媒体软件	5~8
	媒体内容认知	关注内容、时事政治和公共事件	9~12
	媒体的信任	时事新闻宣传、信任程度	13~14
话语受众	话语认知	意识形态工作的重要性	15 – A
		主流意识形态内容	15 – B
	情感认同	理想信念	16 – A
		政治认同	16 – B
		价值准则	16 – C
	行为实践	国家荣誉	17 – A
		爱岗敬业	17 – B
		诚实守信	17 – C
		团结友善	17 – D

---

① 聂智,邓验.自媒体领域主流意识形态话语权的构成要素及衡量维度[J].湖南师范大学社会科学学报,2016,45(05):69 – 74.

变　量	维　度	指　　标	题目序号
话语主体	信任度	政府、学校官方代言人	18 - A
		学生意见领袖	18 - B
		网络"大 V"	18 - C
	引领力	专业性	19 - A
		示范性	19 - B
		平等性	19 - C
话语内容	解释力	释疑性	20 - A
		及时性	20 - B
	说服力	科学性	21 - A
		时代性	21 - B
		丰富性	21 - C
		亲和性	21 - D
话语载体和方式	吸引力	创新性	22 - A
		多样性	22 - B
		人本性	22 - C
		大众性	22 - D

访谈的样本涉及高校宣传工作者、行政工作人员、高校教育名师、思政课教师、辅导员等,他们是宣传、传播和塑造特定主流意识形态内容的主体,主要承担宣传、舆情引导、策划活动和媒体管理以及教育培训等任务。访谈涉及主流意识形态话语主体队伍建设、社会思潮对高校大学生的影响、全媒体对主流意识形态内容宣传的影响等方面。

调研问卷采用 SPSS25.0 软件对数据进行收集和分析,基于文献资料综合考虑对调研问卷维度的科学设定。为了保证调研问卷的科学性和有效性,本研究首先对问卷的信度和效度进行了检验。高校大学生对主流意识形态话语认知、情感认同和行为实践的信度系为 0.951,话语主体维度的信度系数为 0.925,话语内容维度信度系数为 0.947,话语载体和方式的信度系数为 0.933,总问卷的信度系数为 0.968(见表 4.2)。按照规则,系数数值范围在 0~1,越接近于 1,问卷的可靠性越高。

表 4.2 全媒体时代高校主流意识形态话语权问卷信度分析

克朗巴哈系数	基于标准化项的克朗巴哈系数	项 数
0.966	0.968	40

为了考察问卷是否能够全面反映测量目标并具有较高的内部一致性,进行问卷效度分析(见表 4.3)。KMO 检验系数为 0.896(0.6~0.7 表示效度一般,大于 0.7 表示效度好);Bartlett 球形度检验的自由度为 861,显著性为 0.000,P 值小于 0.05,因此,问卷具有有效性,能够有效反映主流意识形态话语权认同情况。

表 4.3 全媒体时代高校大学生对主流意识形态话语权问卷效度分析

检 验 项 目		检 验 值
KMO 检验系数		0.896
Bartlett 球形度检验	近似卡方	5 124.516
	自由度	861
	显著性	0.000

本次对杭州电子科技大学、浙江农林大学、中国美术学院、绍兴文理学院、蚌埠医科大学、安徽大学、安徽师范大学、陕西省委党校、西安科技大学等高校的大学生进行了问卷调查。其中回收问卷 1 116 份,剔除无效问卷 18 份,最终有效问卷为 1 098 份,有效问卷回收率达到 98%。本研究对问卷调研样本的基本情况进行了分析(见表 4.4、表 4.5、表 4.6、表 4.7)。

表 4.4 调研样本的性别情况

性 别	人 数	占 比
男	477	43.4%
女	621	56.6%

表 4.5 调研样本的政治面貌情况

政治面貌	人 数	占 比
中共党员	387	35.2%
非中共党员	711	64.8%

表 4.6 调研样本的学历情况

学 历	人 数	占 比
专 科	72	6.6%
本 科	522	47.5%
研究生	504	45.9%

表 4.7 调研样本的专业情况

学 历	人 数	占 比
人文社科类	576	52.5%
理工农医类	333	30.3%
体育艺术类	9	0.8%
其他类	180	16.4%

本研究对部分高校意识形态工作者进行了访谈。访谈的对象包括党委部门、宣传部门、团委、学工部门和马克思主义学院等单位的教师及辅导员(见表 4.8)。

表 4.8 访谈对象基本信息表

访谈对象代码	年 龄	学 历	部门/岗位	工作经验	职 称
F1	49	博士研究生	党委	26	正高级
F2	46	博士研究生	学工部	23	正高级
F3	43	博士研究生	团委	23	中级及以上
F5	45	硕士研究生	党委宣传部	22	中级及以上
F4	53	博士研究生	思政课教师	34	正高级

访谈对象代码	年　龄	学　历	部门/岗位	工作经验	职　称
F6	42	博士研究生	思政课教师	14	副高级
F7	48	硕士研究生	学工办	27	中级及以上
F8	34	硕士研究生	辅导员	5	无
F9	27	硕士研究生	辅导员	4	无
F10	35	硕士研究生	智慧思政中心	8	无

（二）调研结果分析

本问卷在大学生媒体使用情况及其认知部分设计相关问题,分别从媒体的应用现状、大学生对媒体内容认知现状两个维度考察分析。

1. 大学生媒体的应用现状

随着信息技术的快速发展、媒体不断融合创新,一个多元交互、开放自由的环境代替了一元主导、存在信息壁垒的传统环境。如今,媒体成为大学生生活、学习、工作的重要工具,也在重塑大学生的思维认知和价值准则。自媒体和网站成为大学生获取信息的主渠道(见表 4.9)。因此,应高度防范网络空间和自媒体场域中意识形态风险对高校大学生的冲击。

表 4.9　高校大学生获取信息渠道

渠道类型	频　数	占　比
自媒体	1 071	97.5%
网站	865	78.8%
报纸报刊	211	19.2%
广播电视	280	25.5%

自媒体在高校大学生日常生活学习中具有信息传递、内容分享互动和消费等功能,深受学生的喜爱。问卷结果显示,关于"每天使用自媒体的时长",53%的学生使用时长为 5 小时以上(见表 4.10),仅有 4.1%的学生使用时间在 1 小时以内。

表 4.10　高校大学生每天使用自媒体的时长

使 用 时 长	频　数	占　比
1 小时以内	45	4.1%
1~3 小时	189	17.2%
3~5 小时	387	35.3%
5 小时以上	477	43.4%

　　除了作为高校大学生接触信息的新窗口和信息交流的途径,自媒体还提供了娱乐、购物等众多用途(见表 4.11)。提升高校主流意识形态话语权要充分利用自媒体的载体作用,有效传播好主流意识形态声音。学生利用自媒体时间长,且多用于娱乐、交友和购物等,因此要警惕自媒体场域中的泛娱乐化思潮、物质主义、享乐主义等思潮对高校大学生的影响。

表 4.11　高校大学生使用自媒体的目的

使 用 目 的	频　数	占　比
工作、学习需要	882	80.3%
网络购物	639	58.2%
娱乐、交友	891	81.1%
获取信息、关注时事	810	73.8%
其他	153	13.9%

　　媒体种类多、规模大,高校大学生在媒体场域中自由选择平台。通过问卷结果分析,结合使用媒体的目的,学生经常使用微信、QQ 用于工作、学习和聊天交友等用途;学生使用微博、知乎、小红书、抖音、快手、B 站等媒体较多(见表 4.12)。在"万物皆媒"的全媒体时代,短视频平台凭借时长短、方便快捷、娱乐化程度高、社交互动性强等因素,渗透力强,吸引高校大学生广泛参与。

表 4.12　高校大学生经常使用的媒体类别

媒　体　类　别	频　数	占　比
微信、QQ	1 062	96.7%
微博、知乎、小红书	810	73.8%
抖音、快手、B站	702	63.9%
学习强国、《人民日报》、央视新闻	369	33.6%
今日头条	135	12.3%
其他	72	6.6%

2. 大学生对媒体内容的认知现状

为了调研媒体中主流意识形态宣传内容在学生群体中的影响力以及高校大学生对主流意识形态内容的关注程度,本问卷设置了相关问题。问卷结果显示,94%的受访大学生关注了国家机关、学校的官方微博、公众号、网站、视频号等媒体平台,为党和国家借助多种媒体进行主流意识形态教育提供了现实基础。对时事政治和公共事件的关注度直接影响了高校大学生接受党和国家的政策方针以及社会主义核心价值观的教育成效,因此,本问卷设置了相关问题进一步调研学生在官方媒体平台中对时事政治和公共事件的关注程度。

在对问题"您在媒体中对时事政治、公共事件关注程度如何"的回答中,32.8%的学生选择"非常关注",54.1%的学生选择"比较关注"。该数据说明,主流意识形态内容通过媒体"飞入寻常百姓家",且学生比较关注主流意识形态内容。

为进一步了解高校大学生对于主流意识形态的关注程度,本问卷设置了问题"您在媒体中阅读时事政治和公共事件的信息是否会点赞、转发和评论"。27%的学生选择了"经常",44.3%的学生选择了"偶尔",25.4%的学生选择了"很少",仅有3.3%的学生选择了"从不"。

大学生对于"时事政治和公共事件的关注度"这一选项的评价("很不关注"=1,"不太关注"=2,"比较关注"=3,"非常关注"=4)与其在媒体中阅读时事政治和公共事件的信息点赞、转发和评论的频次("从不"=1,"很少"=2,"偶尔"=3,"经常"=4)之间的相关性是显著的正相关。

分析表明(见表 4.13),当大学生对于时事政治和公共事件的关注每提升一个等级,其在阅读时事政治和公共事件信息点赞、转发和评论的频次则上升0.530个单位。学生对媒体中的时事政治和公共事件的关注度越高,则在媒体中阅读时事政治和公共事件信息点赞、转发和评论的次数越多。

表4.13 时政关注度与点赞、转发和评论频次的回归分析

自　变　量	非标准化系数		标准化系数	统计量	水平	N	R^2	F
	B	标准误	Beta	t	p			
常数项	1.093	0.197	—	5.539	0.000	1 098	0.224	17.169
媒体中对时事政治公共事件关注度	0.530	0.103	0.425	5.145	0.000			

（三）全媒体时代高校主流意识形态话语权现状分析

从传播学的角度来看,话语权隶属于话语传播影响力范畴,通常可以从话语传播的广度、深度和效度三个方面衡量。广度是指话语能在多大程度上引起受众的关注,这是话语产生影响力的第一步;深度是指话语能在多大程度上激起受众的兴趣,并在心理上被认可和接受;效度是指受众能在受到一定话语影响以后,态度上发生改变,并最终将态度的改变外化为自己的行为。从意识形态本身的结构要素来看,它包括理论解释层面、价值信仰层面和实践操作层面三个方面。基于这种认识,对高校主流意识形态话语权的考察也应该按照公众对高校主流意识形态理论解释的认知、情感态度和实践行为这三个维度展开。

高校大学生的认知、情感和行为实践与意识形态话语权之间存在相互作用和相互影响的关系。一方面,主流意识形态话语权的主体通过影响认知、塑造情感和规范行为实践,对意识形态客体产生直接或者间接的影响。另一方面,客体的认知、情感和行为实践也会塑造和影响意识形态话语权的演变。因此,加强高校主流意识形态话语权建设要考量高校大学生对于主流意识形态的认知、情感和行为实践的现状。

1. 高校大学生对主流意识形态话语的内容认知

大学生对主流意识形态的认识是其话语认同的首要层面。学生通过接触、

接受特定的意识形态宣传和传播,获得特定意识形态的知识、理念和观点。因此,本研究从认同意识形态工作的重要性和知晓主流意识形态内容两个维度评估高校大学生对主流意识形态的认知,并得出以下结论。

第一,高度认同意识形态工作重要性。99.2%的学生能意识到主流意识形态工作的重要性。"意识形态工作是为国家立心、为民族立魂的重要工作"认同度得分为1.38(认同度得分1~5代表同意度依次减弱),位于"非常同意"与"比较同意"区间。从性别的角度分析,其中男生"非常认同"的比例为67.92%,女生"非常认同"的比例为68.11%;从身份面貌的角度分析,其中党员"非常认同"的比例为81.39%,非党员"非常认同"的比例为60.79%。可见党员对于意识形态工作重要性的认识更加深刻,学生党员是主流意识形态教育的中坚力量,加强高校主流意识形态话语权建设应充分发挥学生党员的先锋模范作用。

第二,多数学生知晓主流意识形态内容。对于我国提出的"全人类共同价值",93.6%的学生认为是值得全世界弘扬和践行的;99.2%的学生认为以爱国主义为核心的民族精神和改革开放为核心的时代精神是我们发展的动力;调研样本的所有学生都同意党是改革开放成功的根本保证。以上数据的分析结果显示,高校大学生对主流意识形态的认同度得分为1.56,对于主流意识形态认知水平较高,为主流意识形态的情感认同和行为实践奠定了坚实的基础。此外,对党在改革开放发展中作用的认识影响大学生对主流意识形态内容正面宣传的认同。分析显示,大学生对"党是改革开放成功的根本保证"的认同度与其对观点"'全人类共同价值'值得全世界弘扬""以爱国主义为核心的民族精神和改革开放为核心的时代精神是我们发展的动力""社会主义核心价值观应该被高校大学生熟知"的认同度之间均存在显著的正相关关系。因此,提高中国共产党的信仰吸引力是加强高校大学生主流意识形态认同的关键一步。

2. 高校大学生对主流意识形态话语的情感认同

情感是人们对客观事物是否满足自己的需要而产生的态度体验。情感认同度主要体现为主体对客体从心理上赞同和支持的倾向,具有驱动行为实践的精神动力。主流意识形态话语主体运用情感强化等手段,引导客体对特定的意识形态产生高度认可和拥护。因此本研究从理想信念、政治认同、价值准则三个维度对其进行衡量。

调研结果显示,总体上大学生对理想信念维度的情感认同得分是1.58,政治认同维度得分是 1.67，价值准则方面的得分是 1.73，该维度平均得分为 1.66，情感认同程度均位于"非常同意"与"比较同意"区间。可以说，大学生对主流意识形态的情感认同度较高。

第一，学生拥有坚定的理想信念，对建设强大凝聚力和引领力的社会主义意识形态和中华民族伟大复兴实现的信念非常坚定。

第二，学生政治认同高，但部分领域情感认同缺位。高校大学生对"佩洛西窜访台湾，严重威胁中国国家主权"的认同度得分为 1.78，对"中国特色社会主义制度优于西方资本主义制度"的认同度得分为 1.55，位于"非常同意"与"比较同意"区间。

3. 高校大学生对主流意识形态话语的行为实践

主流意识形态话语权表现在对现实行动的动员力。主流意识形态话语权对个体的行为实践具有指导作用，影响个体行为决策、行为方式和行为方向。大学生只有在实践中深刻感悟主流意识形态的价值意义，使其与自身发展相结合，才能使其真正成为指导生活、学习和实践的世界观和方法论。因此本研究从社会主义核心价值观个人层面"国家荣誉、爱岗敬业、诚实守信、团结友善"四个维度评估高校大学生主流意识形态的行为实践情况，并对调研结果分析如下。

第一，热爱中国共产党，但责任意识有待提高。92.7%的大学生对爱党爱国、加入中国共产党的积极性较高。有 79.2%的同学愿意在发现与主流意识形态、社会主义核心价值观相悖的言行时向平台举报，其中 63.1%的同学为女生，36.9%的同学为男生。

第二，普遍认同爱岗敬业。"我要勤劳踏实、积极工作，争做劳动先锋"和"我在工作中，将自己的能力充分发挥出来，'做一行，爱一行'"的认同度得分为1.84 和 1.71。

第三，诚信价值观念深入人心。88.5%的学生高度认可"信守诺言成为我人生的信条和学习工作的态度"。其中，就所学专业而言，人文社科类（95.5%）和管理类（91.3%）的学生对"信守诺言成为我人生的信条和学习工作的态度"的认同度要高于理工农学类（86.3%）、体育艺术类（84.1%）和其他类专业（85.3%）的同学。

第四，肯定团结友善的价值观念，但在实践中会考虑自我利益得失。85%的学生同意在有人需要帮助的时候挺身而出；91%的学生认为自己可以团结身边的人民群众，与他人合作完成任务。但仍有部分学生会更多考虑个人利益，15%

的学生在有人需要帮助的时候,不会挺身而出,缺乏团结互助的责任担当;9%的学生未能很好团结身边的人民群众,与他人合作完成任务,团结协作的能力有待提高。

综上所述,维护高校意识形态安全是建设具有强大凝聚力和引领力的意识形态的重要部分。高校大学生的主流意识形态话语权认同指个体认可、接受主流意识形态的思想政治观念和价值准则,并将它们外化为自觉实践的过程。高校大学生对主流意识形态话语的认知、情感认同到主体实践存在统计学上的正相关性(见表4.14)。分析可得:主流意识形态话语内容认知与主流意识形态话语情感认同存在正相关关系,即学生对主流意识形态话语内容认知等级越高,主流意识形态话语情感认同程度越深。主流意识形态话语情感认同与主流意识形态话语行为实践存在正相关关系,即学生对主流意识形态话语情感认同越高,对主流意识形态话语的自觉实践度越积极主动。主流意识形态话语内容认知与主流意识形态话语的行为实践存在正相关关系,即学生对主流意识形态话语内容认知越清晰,对主流意识形态话语的自觉实践度也越高。

表4.14　主流意识形态认知、情感和行为实践的相关性分析

内容认知		主流意识形态认知	主流意识形态情感认同	主流意识形态自觉实践
	皮尔逊相关性	1	0.722	0.598
	显著性(双尾)	——	0	0
	N	1 098	1 098	1 098
情感认同	皮尔逊相关性	0.722	1	0.739
	显著性(双尾)	0	——	0
	N	1 098	1 098	1 098
自觉实践	皮尔逊相关性	0.598	0.739	1
	显著性(双尾)	0	0	——
	N	1 098	1 098	1 098

4. 高校主流意识形态话语权生成的内在影响因素

改革开放以来,随着我国经济社会的变化,马克思主义意识形态话语权的内

涵得到极大的丰富,并在凝聚社会共识、引领社会思潮方面发挥着不可替代的作用。

马克思主义意识形态话语权仍处于优势地位,但在新时代网络发展和全媒体时代背景下受到一定影响。其背后可探究的内因主要包括话语自身的结构要素。一个完整的话语体系包括话语主体(谁在说)、话语主题和内容(说什么与话语符号的感染力)、话语载体和方式(通过什么说和怎么说)等要素。外因主要是指国际国内大环境影响,如市场经济发展对价值观念的冲击、社会思潮多元化、西方国家意识形态入侵、网络霸权主义等相关因素。

1)话语主体因素

哈贝马斯认为,在人际交往中,如果要使交流成功即话语发声人要想成为话语引导主体,需要具备以下条件:"一是可领会性,说出可理解的东西以便为他人所理解;二是真实性,提供真实的陈述以便与他人共享知识;三是真诚性,真诚地表达自己的意向以便为他人所信任和理解;四是正确性,说出正确的话语以便得到他人的认同。"[①]在全媒体时代,伴随着网络的高速发展和多样化媒体工具的出现,舆情场开始进入"人人都有麦克风"的时代。本研究根据调研结果分析高校主流意识形态话语权中的话语主体情况。

第一,意识形态话语引导主体多元化。在全媒体场域下,话语传播主体更加多元复杂化,既有官方媒体代言人、商业化媒体人、民间团体人员,也有专家学者与普通个人。高校大学生在"万物皆媒"的时代,接触多元的传播主体,容易被传播主体的思想所影响。因此,问卷设置了问题调查学生对不同话语传播主体的信任度。数据显示,信任度居前三位的是"党和国家媒体代言人""高校党委、学生处和团委"和"思政课教师"。除了官方话语主体,网络空间还有许多"个体话语"主体的声音,例如网络"大V"、商业化媒体人、民间团体人员,也有专家学者与普通的个人等。

第二,主流意识形态话语主体能力总体较强。高校意识形态工作者承担理论研究和思想宣讲的双重工作。如何改造青年学生的世界观,让主流意识形态内容入脑、入心、入行,是值得思考的现实问题。提升话语主体的专业性、示范性和平等性势在必行。

---

① 哈贝马斯.交往与社会进化[M].张博树,译.重庆:重庆出版社,1989:3.

本研究通过访谈了解到：一方面,团委和宣传部门等话语主体的意识形态立场坚定,在工作中可以牢牢把握意识形态立场并能清晰地辨别媒体中多元思潮和不良言论,采取相对应的手段予以回击。但另一方面,部分意识形态工作者的新媒体素养不高,未能充分将新媒体的应用到主流意识形态传播过程中;绝大多数的意识形态工作者处于"上位",采取"灌输"的方式进行说教,缺乏与学生之间的沟通,师生在话语交流中的地位不平等。大部分高校意识形态工作者从高校毕业进入到学校工作,是"高校—高校"模式,缺乏社会实践经历,因而也会影响意识形态主体的吸引力。

2）话语内容因素

主流意识形态之所以拥有话语权,最深层次原因在于话语内容对时代脉搏的把握和回应,即"主题本身决定着话语权"①。马克思、恩格斯指出:"理论只要说服人,就能掌握群众⋯⋯理论只要彻底,就能说服人。所谓彻底,就是抓住事物的根本②。"要达到牢牢掌握话语权,关键在意识形态内容应具有解释力和说服力。对此,本研究从以下几个方面分析问卷结果。

第一,主流话语内容资源丰富,但网络信息良莠不齐。调研结果显示,大部分高校大学生在媒体中经常遇到主流意识形态传播,且主流意识形态宣传内容覆盖全面,涉及政治、经济、文化、社会和其他多个方面。国家高度重视社会主义核心价值观等主流思想在媒体空间的传播,主流意识形态话语内容的渗透力强。但在全媒体时代,网络空间充斥着复杂的主义和观点,各种思潮言论鱼龙混杂,可能会影响青年学生对主流意识形态的认同。

第二,主流话语内容解释社会问题。全媒体时代我国主流意识形态话语权的提升,还彰显为我国主流意识形态话语对社会物质生产和精神生产、对人民群众生产方式和生活方式实际指导、为社会立言的能力。③ 主流意识形态话语的释疑性体现在两方面:一是阐明"是什么",即解释社会现实热点问题和提供时事政治,其认同度得分分别为 1.51 和 1.48;二是引导"怎么做",即对社会公众关

---

① 侯惠勤.马克思主义的意识形态批判与当代中国[M].北京:中国社会科学出版社,2010: 68.
② 中共中央马克思恩格斯列宁斯大林著作编译局.马克思恩格斯选集(第一卷)[M].北京:人民出版社,2012: 9 - 10.
③ 曾红,程俊霖.全媒体时代我国主流意识形态话语权提升的维度分析[J].长春理工大学学报(社会科学版),2023,36(2): 21 - 25.

心、关注的现实问题,在作出合理解释的基础上进一步提出科学可行的解决方案。部分受访学生认为,主流意识形态话语对目前社会转型出现的新问题和矛盾解释性存在不足。

第三,话语内容说服力良好,但丰富性和亲和性不足。与硬实力所带来的说服力不同,主流意识形态话语权是依靠话语内容魅力、说服式的软实力,即坦诚而理性地向客体传递自己的观点,让他对主体产生信任和认同,并且态度和行为沿着主体预设的方向进行转变的沟通行为。

高校主流意识形态话语的说服力由话语的科学性、时代性、丰富性和亲和性构成。大部分受访学生较认同现有的主流意识形态话语,但也认为其存在一定的不足,尤其在亲和性方面。

（3）话语载体和方式因素

随着网络和数字技术裂变式发展,信息载体资源呈现爆炸性增长趋势。当面对良莠不齐的信息资源时,公众常常很难鉴别信息的主流与非主流、好与坏。其原因在话语载体和方式方面主要有两点。

第一,意识形态话语载体的网络化和多样化。在"万物皆媒"的全媒体时代,学生利用媒体可以获取信息、娱乐消遣。而短视频和微博等软件,凭借时长短、方便快捷、娱乐化程度高、社交互动性强等因素,渗透力强,吸引高校大学生广泛参与。

第二,主流意识形态话语方式吸引力有待加强。主流意识形态话语随着媒体的更迭不断创新丰富其表达方式。在全媒体时代,多样的媒介为传播意识形态提供了更多的选择。高校的思政课、报纸、网站、公众号、视频号、微博、抖音等线上线下平台提高了主客体之间的互动和参与,吸引学生的注意力和参与度。主流意识形态传播要尊重高校大学生群体的生活方式,拒绝呆板生硬的灌输式传播方式,选择平易近人、趣味化的方式和渠道传播内容。

综上所述,本研究分析话语客体的主流意识形态认知、情感和行为实践的内在影响因素,结合有关变量进行了一般线性回归分析。数据显示,高校大学生主流意识形态认知、情感和行为实践受到主流意识形态话语主体、话语内容、话语载体和方式的影响,其中对主流意识形态话语主体的认同、对主流意识形态话语内容的认同、对主流意识形态话语渠道方式的认同的评判正向影响着高校大学生主流意识形态认知、情感和行为实践的程度(见表4.15)。

表 4.15 高校大学生主流意识形态认知、情感和行为实践影响因素线性回归分析

自 变 量	非标准化系数		标准化系数	统计量	水平	N	R^2	F
	B	标准误	Beta	t	P			
常项数	13.01	1.827	—	7.121	0.000	1 098	0.415	85.255
话语主体引领力	0.838	0.197	0.344	4.359	0.000			
话语内容的渗透力、解释力、说服力	0.850	0.149	0.449	5.691	0.000			
话语载体方式吸引力	1.545	0.250	0.491	6.178	0.000			

从话语主体维度分析,高校大学生主流意识形态话语认知、情感认同和行为实践的程度随着话语主体引领力的强化而提升。具体来看,按照"非常不同意""不太同意""一般同意""比较同意""非常同意"的等级,大学生对"话语主体引领力"的赞同程度每提高一个等级,高校大学生主流意识形态话语认知、情感认同和行为实践的得分相应提高 0.838 个单位。

从话语内容维度分析,高校大学生主流意识形态话语认知、情感认同和行为实践的程度随着话语内容的解释力、说服力的增强而逐渐增强。按照"非常不同意""不太同意""一般同意""比较同意""非常同意"的等级,大学生对"话语内容解释力、说服力"赞同程度每提高一个等级,高校大学生主流意识形态认知情感和行为实践的得分相应提高 0.850 个单位。

从话语载体方式维度分析,高校大学生主流意识形态话语认知、情感认同和行为实践的程度随着话语载体和方式的吸引力增强而逐渐增强。按照"非常不同意""不太同意""一般同意""比较同意""非常同意"的等级,大学生对"话语渠道方式吸引力"的赞同程度每提高一个等级,大学生主流意识形态认知情感和行为实践的得分相应提高 1.545 个单位。

二、全媒体时代高校主流意识形态话语权建设面临的机遇与挑战

随着网络技术和媒介的更新换代,高校主流意识形态话语权的建设面临新机遇、新挑战。相关研究应审视当前高校主流意识形态话语权现状,在机遇挑战

中探究其内在关系。如何科学分析与应对当前国际国内的挑战,有效把握各方面的有利机遇,准确识变、科学应变、主动求变,是高校在当前意识形态话语权建设中必须着力思考的重大现实课题。

1. 全媒体时代高校主流意识形态话语权建设面临的机遇

全媒体作为世界范围内资源共享的平台成为高校大学生获取信息资源和交流交往的重要工具。全媒体的发展,特别是数智技术的变革给高校主流意识形态话语权的建设提供了机遇。

1)媒介资源多样增强主流意识形态话语认同

全媒体作为一种媒介资源平台,它以大量的媒体为基础来实现信息的流转,以移动互联网为代表的新兴媒体拥有着庞大的数据存储能力和搜索引擎能力。全媒体传播拥有大量的信息,提供了多种可供学生自主选择的平台,增强了学生对主流意识形态话语的认同感。其具体作用主要体现在以下几个方面。

一是提供大众交流分享的平台,赋予了大学生在网络空间发布言论和创作文本的机会。大学生由被动的听众转向为积极的话语生产者,借助媒介进行文本、图像、视频等内容创作,表达对事件的观点和态度,内容包含时事热点、社会民生、校园生活、娱乐新闻等。二是提供丰富的信息资源,包括关于马克思主义传播的各种资源,如马克思主义理论的经典文本和有关作品的电子版本,以及关于中国的马克思主义理论的书籍和最新的研究结果等等。有关主流意识形态的分析、解读、评估和传播等方面的信息,在全媒体的帮助下都很容易获取。三是提升主流意识形态话语情感共鸣。建立符合观众需要的用户模型,采用文字、图片、视频、虚拟偶像等多种传播方法和手段,通过图文并茂、声情并茂、立体真实的方式,促进群体对主流意识形态话语的认同更加稳定。全媒体传播功能的多元化为主流意识形态的传播提供了便利条件,也为高校大学生了解、认同主流意识形态话语提供了技术支持。

2)传播结构变革改变主流意识形态话语范式

美国科学哲学家托马斯·库恩(Thomas Kuhn)提出,"范式"(paradigm)是一种科学研究模式、理论模式、思维方式和行为模式。随着大数据、人工智能、推荐算法、人机交互等技术的快速发展和运用,社交网络正在经历一场巨大的革命,人类从"人找信息"的传统媒体时代进入"信息找人"的全媒体时代,主要体现在以下几个方面。一是主流意识形态话语中主客体关系的变革。意识形态话语传播的传统关系为主客二元对立的单向线性关系：意识形态工作者居高临下、自上而下通过"灌输"方式教化客体。在全媒体时代,意识形态工作者必须转变思维模式。二是话语内容的创新。互联网使人们的自主性、自由性、个性化得到极大张扬,人们更多关注自身发展和实现自我价值,更倾向于接受与自身相关的生活化、多样化的话语内容。三是主流意识形态话语方式创新。以往意识形态表现形式多为宏大叙事、言辞规范等,导致主流意识形态话语既有严谨性、逻辑性和规范性的特点,又存在语言单一、表现方式固化等问题。全媒体的网络语言生动形象,以小人物、小故事的微观视角切入,结合生活化、个性化和游戏化的表现手法深深吸引着广大学生。因此,主流意识形态话语方式应注重革新,做到情理结合。

3）信息技术升级拓展主流意识形态话语空间

英国社会学家、媒体学者约翰·B.汤普森（John B. Thompson）提出："现代社会中的意识形态分析,必须把大众传播的性质和影响放在核心位置,虽然大众传播不是意识形态运作的唯一场所。"[①]信息的开放性拓展,主流意识形态在线上线下的物理空间。全程媒体的时空突破塑造了网络虚拟、情景交融、话语共振、情感互通的时空情境,延展了传播空间。互联网技术的快速发展为主流意识形态话语权的空间拓展提供了机遇。媒介拓展了主流意识形态传播宽度,传播方式的智能化技术工具提升了传播的精度。主流意识形态话语的传播不仅仅局限于物理空间,更向虚拟空间拓展延伸。与此同时,信息之间的互通增进了主流意识形态与国家话语接轨,提高了中国话语在世界的声量。全媒体推动了意识形态话语传播的透明化和全球化,旗帜鲜明地连接国际舞台话语传播节点,为阐释中国特色、讲好中国故事、传播好中国声音提供了载体。

2. 全媒体时代高校主流意识形态话语权建设面临的挑战

全媒体在带来机遇的同时,也给主流意识形态话语权的主导地位带来了挑战,主要表现为：话语主体"去中心化"、话语内容"异质言论"、话语传播"技术异化"。

---

① 约翰·B.汤普森.意识形态与现代文化[M].高铦,文涓,高戈,等,译.南京：译林出版社,2005：286.

1) 话语主体"去中心化"

在"人人皆有话筒,人人皆通讯社"的全媒体时代,以开放、互动、平等、整合为特征的互联网空间,使主导意识形态的信息传播体系进行了"传者本位"向"受者本位"的转变。该转变本质上反映了受众掌握公共话语表达权和意识形态话语选择权,是"网络空间中技术流、信息流和意见流聚集效应下话语权力结构转变的必然态势"①。

第一,全媒体场域的传播主体空前复杂,既有官方媒体、商业化媒体、民间团体,也有专家学者、网络"大 V"和普通大众,呈现权威性与草根性共存的格局。美国文化学者马克·波斯特(Mark Poster)在《信息方式:后结构主义与社会语境》中提出"去中心化"概念,直观表现了话语主体身份的下移与分散——这种主体身份变革与客体现实变化虽然在时间上是同时同步的,但在因果逻辑上存在先后差异。② 话语传播由"单向传播"向"双向互动传播",演变为以自发形成的意见领袖为起点的归纳式上溯传播,个体或者组织可以自发成为"传播基站",意识形态传播媒体由"舆情主场"演变为"舆情广场"。

第二,主客体界限的消融。传统的意识形态传播中,主流意识形态话语主体具有稳定性和现实性,是意识形态话语的传播者和引导者,具有绝对的话语影响力。全媒体时代,人人都能成为"发言人",信息源由单一化走向多元化,传统的传播机理被突破。一是主客体关系融合,平台的开放性和共享性为话语权新局面的转型与升级提供了可能。例如,抖音等短视频的用户既是受影响的客体,也可以是影响他人的主体。二是主流意识形态工作者不再是意识形态信息唯一来源。随着"两微一端""一抖一手"等媒体平台的流行,青年学生可以接触更多政治、经济、文化等方面的资讯。三是圈层化。具有相同爱好或者属性的群体聚集形成圈子逐渐成为用户的"朋友圈",他们在圈层中自由发言,随时交流并且聚集举办线上线下活动,在资源获取方面拥有了更多的积极性和主动权。

第三,话语主体媒介素养不足。媒介素养是在人们面对不同媒体中的各种信息时所表现出的信息的选择能力、质疑能力、理解能力、评估能力、创造能力和

---

① 邓观鹏,顾友仁.双重空间视域下主流意识形态话语传播空间转向的阐释理路[J].领导科学,2023(3):17-23.
② 李楠,韩泊尧.当代中国马克思主义话语权审思:话语主体与话语主导的辩证观[J].山东社会科学,2022(4):121-127.

生产能力以及思辨能力。① 媒体提升素养和知识素养有利于有效掌握网络空间的信息和受众的心理特征。调研发现,高校主流意识形态工作者的媒介参与意识不强。除了利用新媒体宣传报道等常规使用方式,多数高校意识形态工作者缺少对网络话语资源其他使用方式的获取和探索,部分忽视了网络意识形态话语的实效性。对高校大学生的网络行为关注度不高,对网络话语词敏感度不够,会导致主流意识形态工作者在话语资源和话语方式选择方面较为陈旧单一。再者,话语主体借助媒体设置议题的能力和"讲故事"的水平需要提升。部分思政课教师和行政单位工作者运用媒体能力和网络技术水平不高,未能充分追踪高校大学生的思想动态和价值取向,利用媒体创新话语内容和形式的能力不足。例如,意识形态工作者利用公众号、微博、视频号等媒体进行意识形态宣传时,往往采取被动、随机的方式:传播内容上多以上级平台转发为主,新闻类内容较多,原创性和趣味性少;传播平台间内容同质化严重,细分平台少。整体上看,高校主流意识形态工作者对于网络传播模式、网络传播规律、舆情预警和引导机制缺乏足够深入的理论和实践知识。

2)话语内容"异质言论"

意识形态安全是社会稳定的重要基石。在意识形态领域"话语争夺"中,意识形态内容的生产传播极为重要。网络信息传播的个体化和离散化导致网络信息的碎片化和海量化,使得网络空间传播的各种信息呈现繁芜复杂、良莠不齐的样态。② 其威胁主要体现在以下三个方面。

第一,西方意识形态输出。中国一直以来都是西方国家意识形态输出的重要目标。西方凭借网络技术与管理霸权的优势,在网络空间向中国青年输入西方价值观。全媒体时代西方对我国意识形态的入侵包括多个方面:一是资本主义思潮渗透全媒体平台,宣扬新自由主义、"普世价值"论等,消解主流意识形态的影响力,将资本主义思潮裹挟在文化产品中推介给青年学生。问卷数据显示,45.6%的受访学生认为"媒体中出现的多元的价值观会影响对马克思主义的认识"。全媒体的隐蔽性和自由性为西方文化入侵进行了遮蔽,严重影响青年对

① 谢静.美国的新闻媒介评论[M].北京:中国人民大学出版社,2009:62.
② 李晓娟,袁佩媛,于涛.新时代青年大学生意识形态安全观教育的理论阐释、现实困境与优化路径[J].昆明理工大学学报(社会科学版),2024,24(2):115-123.

于主流意识形态的认同。二是利用舆情事件,炒作话语热点,散布我国社会发展的负面信息。西方主流媒体设置议题,恶意炒作,利用网络和媒体炒作热点事件抹黑中国政府,这些行为已经成为西方国家渗透和消解马克思主义的常用伎俩。三是借助文化产品、学术交流等培养网络"公知""大V"代言人,传播西方思潮,攻击中国的政治体制和主流意识形态,对青年学生的思想认知和价值判断带来干扰。部分媒体平台为了追热量、博眼球,忽视了对传播内容的把关,甚至放任某些异质话语论调泛滥,严重消解了主流意识形态的影响力。

第二,消极和错误的价值观念传播。随着社会转型关键时期的到来,部分社会结构加速分化,主要体现在社会异质性增加和社会不平等程度变化,即结构要素之间差距拉大。全媒体平台为不同的利益主体提供了充分表达价值诉求的平台,但也为腐朽价值观念趁势而入提供了媒介。一是物化主义、个人主义、享乐主义、拜金主义等依附在广告、消费和娱乐等生活化情境中,以潜移默化的方式侵蚀青年人的思想意识,引发了价值观念和意识形态的分化,诱导价值偏移。面对错综复杂的价值观念,学生的科学的价值观还未形成。二是网络负面舆情变得更加夸大其词和夺人耳目,在网络媒体形成"广场效应"和"闹市区"效应,舆情生态乱象丛生。三是"网络水军"利用青年学生的猎奇心理有目的地发布言论,引导人们的关注和价值取向,诱导网民参与其中,制造热搜词条,导致青年学生对社会认同降低甚至产生信任危机。

第三,网络亚文化的盛行。泛娱乐化在全媒体的场域下不断加剧,以调侃、恶搞为特征的网络空间话语盛行,借助媒体表现的丰富性戏谑地表现社会现实,娱乐至上倾向不断泛化。借助现代媒介,崇拜娱乐明星、戏说历史、偶像崇拜、社会负面现象成为网络空间的主要议题,形成小圈层,制造网络负面事件,导致受众变得思想麻木、自我迷失,出现信任危机和精神困境,从而产生"不求意义,只求娱乐消费"的价值取向,美国文化评论家尼尔·波兹曼在《娱乐至死》中指出:"我们的政治、宗教、新闻、体育、教育和商业都心甘情愿地成为娱乐的附庸,毫无怨言,甚至无声无息,其结果是我们成了一个娱乐至死的物种①。"

3)话语传播"技术异化"

第一,算法技术异化导致主体价值缺失。如果在传播中对于算法技术过于

---

① 尼尔·波兹曼.娱乐至死:童年的消逝[M].章艳,吴艳莛,译.桂林:广西师范大学出版社,2009:5-6.

依赖,则容易忽视受众的主体性和媒介素养,容易走向"技术拜物教"陷阱。青年学生在媒体平台上表达其公共意见,关注内容多为时事政治、社会热点话题、娱乐明星等,表达形式多以"具体形象"表现"宏观意象"。由此,有学者指出:"通过对用户阅读、社交、爱好等习惯的'画像'向用户推荐'懂你'的个性化内容,实现用户需求与信息供给的高效衔接。"①与此同时,算法技术异化也带来一些弊端。一是传播信息的"每一行代码、每一个页面,都代表着选择、都意味着判断,都承载着价值"②。学生在网络空间倾向于阅读短、平、快的内容。算法技术根据用户的喜好进行推送,因此逻辑性和严肃性的主流意识形态内容极易被算法技术边缘化。二是算法技术是由人研发,不可避免导致人的价值倾向嵌入技术研发中。如果被商业资本所裹挟,研发人员和平台价值偏向资本意志,炒作热点、制作娱乐事件等,便会冲击主流意识形态的传播。

第二,信息茧房圈困主体思维。算法推荐使用户容易陷入以自我为中心的"话语茧房"。一是只关注感兴趣的信息内容,屏蔽其他与自己意见相左的信息意见,导致用户思维习惯、价值倾向固化。青年学生的思维方式和价值判断还未养成,无法正确对良莠不齐的信息进行价值判断。二是信息茧房引起个体对立和话语冲突。信息茧房造成群体的圈层化,引发不同群体的对立。人的思维方式和喜好不同,导致不同用户对于信息的敏感度也大相径庭。如果沉迷于信息茧房推送的环境中,缺乏其他话语的交流,其他声音被迫从用户媒体中失踪,那么用户极易在思维、习惯、行为等方面偏激化,引起个体甚至群体间的话语冲突。

第三,"拟态环境"加剧信息失真。"拟态环境"指的是通过人工智能技术创造的虚拟或仿真环境,这些环境能够模拟现实世界中的各种场景和行为。在这种情况下,人们可以按照自己的偏好和兴趣,自主地对所要传递的信息进行选择。一是从意识形态的角度分析,"拟态环境"使用户陷入信息孤岛,无法为用户提供清晰完整的环境,因此导致用户的信息失真,渠道窄化。二是在全媒体的空间,商业媒介平台为了追流量、蹭热度,采取夸大信息内容甚至编造虚假信息来愚弄用户。大学生正处于对许多事物敏感好奇的时期,容易陷入虚假信息的漩涡,导致意见偏激,容易造成意识形态风险。

第四节　全媒体时代高校主流意识形态
话语权提升路径

本节立足实证研究的结果,以问题为导向,提出从话语主体、话语客体、话语内容、话语载体方式和话语环境等维度探索解决高校主流意识形态话语权问题。

一、打造坚强有力的主流意识形态人才队伍

在全媒体环境下,教育者需根据"时""事""势",抓住媒介技术所带来的各种机遇,不断提高理论素质和网络素养,应对各种风险和挑战,更好地开展主流意识形态教育,做到有理可说、有理会说、说理可传。

(一) 坚持马克思主义指导,夯实育人思想基础

习近平总书记指出:"办好我们的高校,必须坚持以马克思主义为指导,全面贯彻党的教育方针,要坚持不懈传播马克思主义科学理论,抓好马克思主义理论教育,为学生一生成长奠定科学的思想基础。"[1]作为中国特色社会主义的大学,"特"在其根本任务,即始终"坚持不懈巩固马克思主义在高校意识形态领域的主导地位,把正确的政治方向、价值导向贯穿在立校办学、人才培养的全过程"。[2] 面对高校师生思想活动的独立性、选择性、多变性、差异性,高校必须旗帜鲜明地开展马克思主义宣传教育,增强主流意识形态话语凝聚力、吸引力。

主流意识形态建设的"根"与"魂"是马克思主义,因此,应增强主流意识形态话语阐释力,用经典著作"涵养正气、淬炼思想、升华境界、指导实践",不断回应时代主题,立足于现实问题,抢占全媒体场域话语空间,展示马克思主义理论解释力。用马克思主义之"矢"去射意识形态建设的"的"。高校应利用自媒体向大学生宣传马克思主义理论中闪耀时代精神的内容,显示其理论文本的说服力与感染力,引导学生用科学的世界观和方法论认识问题、分析问题和解决问

---

① 习近平.在全国高校思想政治工作会议上强调 把思想政治工作贯穿教育教学全过程 开创我国高等教育事业新局面[N].人民日报,2016-12-9(1).

② 孙秀玲.加强高校意识形态能力建设——以新疆高校为例[J].马克思主义研究,2019(7): 134-142.

题,增强学生对主流意识形态话语的认同。

推动意识形态理论创新,坚持用中国化的马克思主义理论武装头脑。推进意识形态理论创新,进而提升意识形态的时代性。话语作为一种符号,是时代发展到一定阶段的结果。它所具有的基本特性,就是要在一定程度上反映出时代的发展需要,在特定程度上体现出时代的发展精神与价值。中国特色社会主义理论研究是提升高校主流意识形态话语认同的基础和支点,为深化主流意识形态的研究提供了新的资源。推进马克思主义中国化时代化大众化,用党的路线、方针、政策以及党的历史功绩进行引导,吸引学生主动了解党的历史、国家发展历程和中国特色社会主义的理论和实践成绩,从而建立全面、科学、深入、清晰的认知,加深学生对党的信任程度。

在网络媒体空间,各种思潮纷繁复杂。"主流价值观不去生根,非主流价值观就会野蛮生长。"①社会主义核心价值观对当代青年学生的国家信仰和人格价值判断进行了规范和约束,为塑造新时代青年正确的价值观奠定了扎实的基础。习近平总书记指出:"办好中国特色社会主义大学,要坚持立德树人,把培育和践行社会主义核心价值观融入教书育人全过程;强化思想引领,牢牢把握高校意识形态工作领导权。"②要发挥社会主义核心价值观凝聚人心、汇聚民力的强大力量,引导学生为实现中国式现代化和中华民族伟大复兴贡献学识才干。

(二)建设高素质意识形态队伍,强化主体能力

构建一支素质高、能力强、立场坚定的主体队伍,是加强主流意识形态话语权的重要保证。高校意识形态话语权的建设是一项全面的工作,需要高校党委主导、师生全面参与。话语主体要强化政治责任担当,在意识形态争锋中"敢于亮剑"。

高校意识形态工作必须由党委统一领导,党委是意识形态工作的指挥员。二级学院的党委部门应选好、配强领导班子,发挥院系党组织的政治功能和组织功能,绷紧意识形态这根弦,时刻保持政治自信、政治定力和政治觉醒,提高意识形态的工作能力,毫不动摇地巩固落实中央关于意识形态工作要求,根据时代发

---

① 钟新文.青年懂中国,才能接好棒[N].人民日报,2014-09-06(4).
② 董洪亮.习近平就高校党建工作作出重要指示强调 坚持立德树人思想引领 加强改进高校党建工作[N].人民日报,2014-12-30(1).

展的要求不断创新意识形态工作内容、工作思路和工作方法,增强意识形态工作的吸引力、感召力。同时,要严格按照"谁主管谁负责"和属地管理原则,建立科学合理的评价制度,将意识形态工作纳入巡视和巡察、监督检查范围,切实加强二级学院党委的战斗堡垒作用。

意识形态宣传部门要发挥智囊团和话筒作用。习近平总书记指出:"新闻舆情工作者要做到'政治坚定、业务精湛、作风优良、党和人民放心',成为政治立场坚定、引领时代、业务精湛、作风优良的新闻工作者。"①高校宣传部、团委等部门要积极主动承担意识形态宣传和思想舆情的支持服务,加强宣传部门人员意识形态工作能力和网络媒体技能培训,创新高校意识形态思路,根据时代和学生的需求创新宣传方法,适应全媒体时代的"微"载体传播,发挥宣传平台的"微"圈层传播优势,主动设置话语议题,在"微"圈吸引学生讨论交流,提升高校大学生对主流价值观的高度认同,发挥好宣传部门组织员作用。同时,要勇于在意识形态话语争锋中求突破、亮声音。毛泽东说过:"正确的东西总是在同错误的东西作斗争的过程中发展起来的,真的、善的、美的东西总是在同假的、恶的、丑的东西相比较而存在,相斗争而发展的。"②

发挥高校思政课堂主阵地和教师队伍战斗员作用。《新时代高校思想政治理论课教学工作基本要求》明确:思想政治理论课的主要职责是对大学生进行系统的马克思主义理论教育是加强和改进高校思想政治工作,实现高等教育内涵发展的灵魂课程。高校要立足于特殊的话语定位,建设一支积极传播马克思主义、坚定捍卫主流意识形态,能够成为大学生成长成才人生导师的思想政治教育队伍。首先,捍卫马克思主义理论的真理性。思政教师队伍应深化马克思主义理论研究,及时回应马克思主义理论学科领域中的重大理论分歧和学术前沿问题,自觉将最新的马克思主义理论研究成果运用到思想政治理论课程中。其次,牢牢掌握高校思想政治理论课课堂的话语权。有效利用思政课堂,运用具有彻底性和批判性的马克思主义理论,剖析各种非马克思主义、反马克思主义思潮产生根源及其本质,消除大学生的思想困惑,坚定马克思主义的信仰。最后,不断提高业务能力。真学、真信、真用马克思主义,利用思政课堂和活动实

---

① 习近平关于社会主义文化建设论述摘编[M].北京:中央文献出版社,2017:47.
② 中共中央文献研究室.毛泽东文集(第七卷)[M].北京:人民出版社,1999:230.

习等载体,创新话语传播方式,建设新时代有信仰、有情怀、有担当的思政课教师队伍。

要充分发挥"大思政课"育人作用。大学"大思政课"的授课主体既有大学教师,更有社会各领域的突出人物。加强大学生对主流思想的认同,必须充分利用"大思政课"平台,把社会生活融入思想政治教育,把思想政治教育融入社会生活中去,实现思想政治教育与社会实践的有机结合。增强思政课与时代发展的相关性、互动性,把当前热点问题融入思政课堂,把思想政治理论带到社会实践中去。"大思政课",基础是大、关键是思、重点是政、载体是课、对象是人。①教育主体要引导学生立大志向,明大德,成大才,担当大任,培育学生的国家意识和理想信念,帮助学生实现远大的抱负,成就伟大的事业。

在全媒体时代,高校意识形态话语主体应主动适应网络信息时代和全媒体,提升话语理论水平、转变话语思维和提高主体综合素养,加强高校主流意识形态话语主体的政治引领力、价值引导力。

一是提高话语理论水平。理论是实践的先导,充分运用意识形态的话语创造权,增强话语内容的科学性、理论性。首先,主流意识形态话语主体作为主流思想的传播者、党执政的坚定支持者,要深刻学习领悟马克思主义之道、中国特色社会主义之道。对于马克思主义的基本原理、精髓要义有整体地学习与把握。其次,具备广博的学科知识。现在的学生接触信息渠道更加多样、信息内容更加多元。话语主体不仅需要掌握马克思主义理论知识,还要掌握传播学、经济学、历史学、文学等其他学科,从不同学科审视问题、阐释问题和回答问题。

二是转变话语思维。首先,摒弃与学生话语对立的传统角色,拒绝"高高在上"的话语思维。利用互联网和媒体深入调研学生的网络媒体言论和行为,充分了解学生的心理发展、心智状况、个性变化等,精心设置话语议题,拒绝传统单向度的"灌输式"宣传说教,创新传播方式,以学生喜闻乐见的表达方式宣传。主流意识形态工作者应坚持以事实为依据、以学生为中心,宣传的亲和力和针对性,做到"说了有人听、听了有人信",增强学生问题意识和辩证思维。其次,加强意识形态工作者媒介和互联网思维。利用媒介和互联网数字技术对主流意识形态宣传进行"精准滴灌"。信息分析、判断、走势预测等领域已经成熟,意识形

---

① 艾四林,吴潜涛.高校马克思主义理论学科发展报告(2020)[M].北京:人民出版社,2022:33.

态工作者根据"高频搜索词""社会热点""舆情热点"等学生兴趣话题可以分析学生思想动态、喜好偏好、行为取向等,极大提高信息分析精准度,根据学生认知水平进行"个性化""精准化"输出传播内容。

三是提高主体综合素养。教师的知识储备、道德素养、人格魅力等直接影响着学生对主流价值观的认可效果。习近平总书记指出:"建设政治素质过硬、业务能力精湛、育人水平高超的高素质教师队伍是大学建设的基础性工作。"[①]话语主体应自觉站在党和国家发展的大局想问题、看问题,在高校工作中把握政治导向,增强政治自觉、理论底气,锤炼出政治过硬、政治坚定的看家本领。没有调查,就没有发言权,更没有决策权。深入学生、走进学生、了解学生,找到学生的现实诉求,以身作则,自觉做到以言促行、言语相依,以理论指导实践。

二、培养崇高素养的主流意识形态话语受众

在全媒体时代,意识形态传播多元化程度加深,多种言论在网络空间传播。面对纷繁复杂的信息内容,大学生"如堕五里雾中"。加强高校大学生的媒体素养和道德素养是目前需要解决的现实问题。

(一)提高大学生媒介素养,提升辨识水平

全媒体空间的网络乱象丛生,导致学生容易在信息的汪洋大海迷失方向。对此,应注重提升学生的媒介素养。媒介素养是面对媒介信息时具备的选择能力、评价能力、创制信息能力和利用媒介促进发展的综合能力。

普及媒体运营原理,提升学生对媒介的甄别能力。应引导学生运用批判性思维考量现象的本质。例如"不同粉丝在网络空间为维护娱乐明星重拳出击"的背后是"泛娱乐思潮"的推动。唤醒学生主体意识,引导其摆脱信息茧房和信息失真的侵蚀,主动提升其在各种媒介语境下获取、解读和使用媒介信息的能力[②],扩大主流意识形态在学生中的影响。

开设媒介选修课程,强化媒介应用与创新素养,讲授媒介运营和使用原理,提高学生的信息解读能力、评估能力和创造能力,培养学生以辩证、全面、科学的

---

① 习近平.在北京大学师生座谈会上的讲话[N].人民日报,2018-05-03(2).
② 周灵,张舒予,魏三强.论"融合式媒介素养"[J].教育发展研究,2017,37(11):36-43.

角度认识信息、选择信息和发布信息。引导学生在实践中充分运用媒介理论应对热点话题和舆情事件,发挥自身主动性与创造性,在自媒体平台生产更加优秀的媒介产品,为传播主流意识形态理论提供新方法、拓展新领域、影响新受众。

(二)提升大学生道德水平,增强批判思维

提升大学生的主流意识价值认同,前提要培养学生道德素养,引导其依托个人崇高的道德素养反制不良信息的侵蚀。习近平总书记指出:"思想政治工作从根本上说是做人的工作,必须围绕学生、关照学生、服务学生,不断提高学生思想水平、政治觉悟、道德品质、文化素养,让学生成为德才兼备、全面发展的人才。"①思想道德是抵御错误思潮侵蚀的防护板,是保障主流意识形态根基稳固的压舱石。引导学生主动抵制低俗有损身心健康的网络信息,以积极健康的心态投入到学习和工作中,在网络媒介发布信息和言论要与主流价值观保持一致,遵守法律法规和道德规范,弘扬正能量。

三、创造正向的主流意识形态话语内容

创新话语内容是提升主流意识形态话语的核心。话语内容是否被学生所理解和认可,决定了主流意识形态传播效果能否具有一定的深度和精度。增加优质话语内容供给,从时代化、中国化的马克思主义话语提炼内容,从优秀传统文化汲取思政元素融入话语内容,借鉴网络话语资源和话语风格,使话语内容更加凸显真实性和具体性。

(一)提供优质话语内容,彰显话语解释能力

充分发挥议题设置权,议题设置要符合主流价值议题。对主流价值议题的设置,需要满足受教育者对信息的需求,吸引其对信息的关注;同时,议题内容所承载的价值内涵也会通过信息传播、框架安排等方式影响受教育者对其认同接受并实践的程度。

提炼时代化、中国化的马克思主义话语内容。高校思想政治教育课程要帮助学生树立正确的价值观,明确人生目标和社会责任,引导学生认同和践行社会

---

① 习近平.习近平著作选读(第一卷)[M].北京:人民出版社,2023:540.

主义核心价值观,增强对国家、社会的认同感和责任感;要有效地将理论学习与实际生活、个人成长与社会发展、理性思考与价值观塑造紧密结合,帮助学生在复杂多变的社会中找到自己的位置,并成为有责任感、有担当的公民。以中国繁荣发展为事实例证,打动学生,让学生信服。提升话语的说服力和阐释力,用经典理论和时代化马克思主义涵养正气、淬炼思想、升华境界、指导实践。中国共产党的伟大历史实践是主流意识形态最直接、最生动、最富有时代性的话语资源,将"中国式现代化""共同富裕""乡村振兴""学习新思想争做新青年"等话语文本嵌入主流意识形态话语内容,铸魂育人,引起学生思想共鸣。

汲取中华优秀传统文化和校园文化话语元素,实现与主流意识形态话语有机融合。中华优秀传统文化中蕴含丰富主流意识形态的文化资源,为解决现实问题提供启示与智慧。提取传统文化的话语元素并纳入主流意识形态"话语推荐池",推送话语受众。校园文化是师生共同秉持的价值观念和精神追求,更易于传播推广和认同。利用好校园物质、精神文化和校园活动载体,以"微"见大,隐形育人的"微"暗示,将原本晦涩难懂的抽象理论隐匿于具有启发性的问题、具有感知性的情感、具有形象性的画面中,以达到潜移默化、润物无声的渗透,增强主流意识形态话语的育人、化人效果。①

(二) 汲取网络话语资源,强化话语吸引能力

汲取网络空间的优秀资源,利用网络话语资源的"有生气""接地气"又"有底气",宣传主流价值,提升主流意识形态话语文本的号召力。对网络中错误言论予以及时反击,充分发挥主流意识形态话语的解释批判权,回答人们关心的重大方针政策、时事政治和社会热点问题。

借鉴网络话语资源和话语风格。利用网络媒体碎片化信息传播的优势,因势利导,创新符合学生阅读的话语内容。积极主动吸收转化网络流行语、网络热词、网络红人、网络"大V"中的正能量话语内容,丰富主流意识形态话语内容含量,凸显话语内容的时代特色。从学生关注的现实生活中提炼话语元素,充分关切学生的话语声音,激发学生的情感共鸣。如云南农业大学小丁同学利用自媒

---

① 刘志礼,韩晶晶.政治隐喻视域下新自由主义思潮的本质属性探析[J].思想教育研究,2021(5):83-89.

体宣传学校,创作迎合了当下语境中人们的喜好,从最初的招生"减"章到招生"加"章,让"沾泥土、带露珠、香喷喷、热腾腾"的农学专业和高等院校成为"网红",吸引优秀的人才报考,为乡村振兴输送有知识、有技术的新农人,也通过视频为年轻人普及农学知识,成为懂农业、爱农村、爱农民的高素质人才。

话语资源要凸显真实性和生活性。一是话语阐释要以真实为基础。事实是话语说服力的根本要求,用事实讲话,话语才能说服人、吸引人。主流意识形态内容要及时回复热点问题和舆情事件,还原事件的真相,从而增强主流意识形态阐释力和解释力。如"鼠头鸭脖"事件中,江西某职业技术学院和负责监督的市场监督管理局部门歪曲事件真相,发布与真相不符的情况说明,违背了科学性、严谨性和真实性,不仅失去了学生和网民的信任,甚至跌落至令人忌惮的"塔西佗陷阱"里。二是叙事内容从宏大笼统转向生活话语。"微"载体传播模式的出现让学生习惯碎片化、读图式话语内容。因此,高校大学生的主流意识形态话语内容要从细微处着眼、从学生关心的细节入手。高校可以在微博超话、微信公众号、视频号等渠道开设渠道,了解学生关注议题,将政策文件话语转变为生活话语,习近平总书记指出:"一个道理能深入浅出阐释清楚,走到哪里能很快同群众打成一片,讲的话群众喜欢听,写的文章群众喜欢看,这样才主动,才能得心应手。"[①]将学理性较强的学术话语和政治话语融入生活现实语境,才能贴近受众的生活实际、展现时代精神面貌、为学生所喜闻乐见。

四、构建高效的主流意识形态话语载体方式

充分利用意识形态话语传播权,加强传播手段和传播技术的话语力量,增强主流话语传播的广度、深度和精度,更好地发出主流声音。同时整合校园媒体平台,建立多元化、嵌入式的分发渠道和传播方式,让马克思主义意识形态话语影响力无处不在,让广大受众在潜移默化的过程中受到教育和启示,增进对中国特色社会主义制度、道路、理论和文化的自信。

(一)构建媒体传播矩阵,增强话语传播广度

在宏观层面,要实现传播的整合创新,就要将传统主流媒体与新媒体结合起

---

① 中共中央文献研究室.习近平关于社会主义文化建设论述摘编[M].北京:中央文献出版社,2017:32.

来,构建完整的传播矩阵。各级政府部门也应加强其传播端口和社交账号的建设,并积极引导自媒体账号参与其中。这样可以实现"主流媒体+政府机构+自媒体社交账号"的传播体系,并确保传播各个层次之间的联动和协调。学校层面可以考虑建立构建报纸、期刊、网站、公众号、视频号等融合的媒体矩阵。

首先,要拓宽媒介的覆盖面和范围,将主流意识形态的话语向大学生读者的终端推送,构筑一个更广阔的话语领域。利用大数据技术,对各平台上的大学生兴趣进行分析,对主流思想内容进行分级推送,以防止媒介平台内容同质化。其次,要整合纸质媒体和新媒体平台。充分利用纸质媒体的优势,将时事政治、会议报告、政策宣讲、会议精神等融入其中,为大学生提供官方信息内容。新兴媒体凭借开放性、自由性、交互性和即时性等深受学生喜欢和参与。高校官方公众号、微博、视频号、抖音、B站等平台应充分发挥其传播形式和表达形式多样化的优势,将主流意识形态内容、校园时事、学生关注的现实问题等有机结合,为学生提供交流评论的专栏平台,推出多种形式的配图文本、视频解析等方式,驱动构建多平台、全方位的校园融媒体平台,最大限度地覆盖学生范围。

(二) 转变话语表达方式,提升话语传播深度

面对媒体融合的网络信息时代,主流意识形态话语传播力必然要充分发挥传播载体的效度,充分利用线上线下载体优势,拓展主流媒体平台的传播广度,转变叙事表达方式,增强话语的感染力,提升主流意识形态话语的传播深度。话语质量决定话语的分量,更决定意识形态工作的力量。

针对大学生个性特点,创新话语表达形态。要做到"放下架子"、改变语气、创造形式。所谓"放下架子",指的就是从苦口婆心地说教,变成了与人交流的互动。所谓改变语气,意味着语言的转换,充分发挥自身的专业素质,把深奥的理论、思想变成生动易懂的大众语言,增强信息传播的生动性和亲和力。探讨如何将传统话语与时代话语相结合,以增强大众的认同感与感染力,增强其文化魅力。所谓创新形式,就是指通过全媒介的传播方式,通过全息形式的图文、视频和互动融合产品来提升主流意识形态的感染力和吸引力。习近平总书记在系列讲话、演讲中的讲话风格带有鲜明的特点,例如"撸起袖子加油干""使纪律真正成为带电的高压线""打铁必须自身硬"等语言简洁精练,要言不烦,更加通俗易懂,新颖别致。学习借鉴话语表达风格,贴合学生实际,将政治话语、学术话语讲

清楚、讲明白、讲灵活,吸引高校大学生真听、真信、真懂和真用,跨越"话语鸿沟"。

贴近大学生现实生活,转变话语叙事风格。大学生网络时代的见证者和参与者,对网络的强烈参与感、求知欲,对自主性和多样性的兴趣要求,使大学生的思维自主性、选择性和多变性显著增强。因此,一方面,立足于大学生现实情况,分析其日常用语和语言逻辑,以青年化的表达风格将抽象的政治话语和学术话语讲明白说清楚,宣传主流意识形态内容。如"全国正能量榜样"南京航空航天大学马克思主义学院教师徐川以诚恳、机智、风趣的语言魅力把思政课讲得有深度、有高度、有温度,深受学生的喜爱。另一方面,叙事"精准滴灌"。大学生围绕共同的兴趣爱好形成了固定的圈层,凸显出分众化、流动化社交圈,采用精准的传播方式,利用好话语内容的"小故事""小作品",充分发挥案例、故事等接地气的、贴合大学生的形式分层分类进行完成话语传播。

(三)科学应用算法技术,提高话语传播精度

善用大数据技术,赋能主流意识形态传播。在算法数据中,数据成为客观世界和主观世界表达、记录和符号化的"原子",成为表达学生思想需求和行为评价的外在"标识",成为思想政治教育教学开展和政策制定、研究、评估的基础性"元素"。[①] 在主流意识形态内容表达方式,应利用"可视化、图像化、立体化、虚实交融等感性形式呈现主流意识形态话语,摒弃刻板生硬的纯理性话语范式"[②]。将大数据融合到主流意识形态的传播过程中,充分利用算法的优势,能够对主流思想话语进行个性化定制与智能匹配。

利用智能媒体技术,建立主流意识形态管理机构。打破网络"信息茧房"负面影响,要运用新媒体和新技术使工作活起来,推动思想政治工作传统优势与信息技术高度融合,增强时代感和吸引力。积极反馈、强化学生用户与各媒体平台的信息数据,做到网络监督、网络宣传和网络引导,营造人与科学技术良性发展的生态系统。

---

① 李怀杰.大数据时代思想政治教育研究范式的转型——以电子科技大学为例[J].思想教育研究,2016(12):17-21.

② 谭亚莉,刘艳.算法时代网络主流意识形态的话语建构及优化策略[J].学习与实践,2022(7):24-34.

五、营造风清气正的主流意识形态传播环境

我们需要针对网络嘈杂的空间重点发力：建立舆情防控机制，维护网络的文明安全；规制媒介技术风险，赋予媒介更多比重的主流价值和强化网络空间治理，健全监督监管机制。

(一) 建立舆情防控机制，维护网络文明安全

面对复杂信息潮，推动技术赋能，利用数字技术与主流意识形态耦合，建立舆情预警与引导机制，建筑技术防范危险的堤坝，是提升主流意识形态话语权的重要对策。在互联网等新媒体快速发展的时代，我们要深刻认识舆情引导的重要性，如果我们不主动宣传、正确引导，别人就可能先声夺人，抢占话语权。如何准确把握大学网络舆情的发展趋势，科学地引导网络舆情，是实现大学主流思想政治话语权有效性的"最大变量"。

首先，加强信息甄别预警分析，抵御错误信息的潜在侵蚀，建立舆情预警机制。科学的机制能够利用云计算、大数据、人工智能等技术，对大量的信息进行筛选和筛选，分辨真假，对其进行归类、聚类和集成，并根据学生的思维模式和行为，对敏感主题和热点词语进行检测，从信息源头遏制不良信息的侵蚀，纾解危机。其次，监管压缩"黑色地带"，有效防控错误言论，消除危险区域，建立舆情评估机制。根据舆情事件演化规律，综合网络舆情安全指标体系、舆情历史数据库和事件基本性质分类处理，对舆情事件进行全景画像和相关因子进行趋势预判，预估研判舆情发展的走势。最后，健全网络舆情引导机制。通过对潜在舆情风险的发展趋势进行智能化分析，对舆情事件的发展态势进行定量的推演，并对其做出准确的舆情引导。同时，还可以将相关的信息反馈给大数据、云计算的舆情后台，利用自主的智慧学习，对网络舆情的治理进行进一步的优化与完善，达到有效高校舆情传播的智能引导能力，在高校意识形态工作取得战略主动权。

(二) 规制媒介技术风险，赋予媒介主流价值

智能技术作为全媒体时代的信息生产和分配的工具，在提升用户工作生活效率、智能化推荐效能的同时，也受技术内嵌价值观和多元主体等因素的影响，可能对用户道德和价值观产生消极的影响。为了规避主流意识形态传播载体的

安全风险,必须从技术源头入手,探究智能技术的运行逻辑和原理,对智能技术进行价值观的规制。

首先,将主流意识形态价值理念嵌入到媒介技术和算法运用的全过程。作为技术和资本权力的隐喻,智能算法已成为影响主流价值观构建的重要技术因素。[①]在设计开发算法程序的前期,将主流意识形态内容内嵌其开发理念,使媒介技术呈现"向上向善"的价值意蕴。从技术规范、价值预期和具体的运营应用等方面优化升级,清除媒介技术中裹挟的错误思想和道德文化沉渣,确保传播内容符合主流意识形态规范要求。其次,增加媒介"推荐内容池"主流价值权重。一是在互联网络及全媒体空间中,强化马克思主义话语的供给力度,提升其主动性与创造性,提升其在互联网上的高位领导作用,使其能够规范观众的价值认知与行动,引导网络舆情的产生与演变,引导并引导多元化的思想走向。二是发挥主流价值观凝聚人心的力量,在理想信念、价值理念、道德观念上统一共识。运用数据挖掘的正能量"因子",通过数据分类和信息筛选建立"推荐内容池",以定向推荐等技术增加主流意识形态在平台媒体的曝光度,推动主流意识形态融合智能技术应用,增强技术理性,让网络这一"最大变量"成为"最大增量",为主流思想的传播注入"最大的正能量",从而实现正向指引用户价值。

(三) 强化网络空间治理,健全监督监管机制

首先,强化过程监管,消除在网络空间恍诡谲怪的思想。强化话语市场的监管,提升监管技术,制定网络信息生态治理体系,提高信息技术治理能力,及时有效对信息进行筛选甄别,防止不法信息的传播、发酵,以免形成极端事件。一是行政管理部门在决策和执法时,深化对于信息传播机制的研究,加强对媒体信息生产、扩散和获取等环节的监管,发挥好"把关人"的角色,采用新思路、新方法、新技术对媒体和用户监督管理,避免出现"低级红""高级黑"现象,营造风清气正的网络空间。二是媒体部门强化信息筛选和主体责任意识,在生产和传递网络信息过程中确保内容的质量和合规性,加大对信息作品筛选、信息预警与媒体平台建设的能力。三是重点领域监管,加强核心领域的舆情监控。强化过程监督,把问题解决在发展过程中。要把过程监督贯穿于高校思想政治教育全过程,

---

① 陈文胜.嵌入与引领:智能算法时代的主流价值观构建[J].学术界,2021(3):88-97.

确保高校立德树人根本任务落到实处。

其次,健全网络空间的法律法规。学生是互联网的重要用户,网络的法治规范是重要治理手段。一方面,针对网络空间的违法行为,需要加强法律法规推进环境整治。对利用互联网鼓吹推翻国家政权、煽动宗教极端主义、宣扬民族分裂思想、教唆暴力恐怖活动等行为要坚决制止和打击,决不能任其大行其道。应深刻意识到法律法规在意识形态安全治理的重要性,利用法律的强制性、权威性、震慑性,做好高校意识形态管理工作。[①] 规范言论行为,加大互联网立法行为和执法力度,构建系统、科学、全面的互联网法律体系,推进网络法治化建设。另一方面,必须重视网民的法律素养建设,尤其是处于思想活跃期的青年学生。必须大力提高法治工作队伍思想政治素质、业务工作能力、职业道德水准,着力建设一支由政府领导、高校牵头实施、社会监管组成的忠于党、忠于国家、忠于人民、忠于法律的社会主义法治工作队伍,调动社会多方面的法治力量,共同致力于网络空间法治管理。

---

① 岳爱武,段红敏.网络信息时代高校意识形态阵地建设与管理[J].重庆邮电大学学报(社会科学版),2023,35(1):148-156.

第五章　网络话语体系对高校主流意识形态影响研究：以泛娱乐化思潮为例

随着全球化进程的推进，各类社会思潮通过不同的渠道与方式侵袭着人们的思维方式和行为习惯。泛娱乐化思潮作为当前流行的社会思潮之一，以"娱乐至上"的精神为标榜渗透于人们的日常生活之中，娱乐元素广泛渗透和主导社会各个层面，尤其在文化、传媒、教育、政治等领域。这种思潮强调娱乐性、轻松性和感官刺激，常常导致对信息、文化和社会问题的过度简化和表面化，对我国主流意识形态认同造成冲击。高校大学生是各种社会思潮争夺的重点对象，同时，价值观念尚不清晰稳定的大学生更容易受到泛娱乐化思潮的入侵，落入"泛娱乐"的陷阱。为了坚定大学生的理想信念，提升大学生对主流意识形态的认同，培育有理想、有信念、有责任、有担当的社会主义时代新人，有必要对泛娱乐化思潮进行透彻的研究分析。本章重点分析泛娱乐化思潮对大学生主流意识形态认同产生的影响并提出具体的引导建议。

第一节　泛娱乐化思潮对主流意识形态话语权的冲击

一、泛娱乐化思潮概述

（一）泛娱乐化思潮的内涵

从字面角度来说，"泛娱乐化"的中心词是"娱乐"。在《辞海》中"娱乐"有两种意思，一是名词，指欢乐有趣的活动；二是动词，指娱怀取乐，即娱乐是指人追求身体层面的放松和精神层面的愉悦的行为，是人在生理和心理层面上的需求与情感表达。"化"指使某一事物的性质或形态改变，"娱乐化"即指某一事物的本质特征被弱化,同时赋予其更强的娱乐性,使娱乐成为其首要的特征取向,呈现出强"趣味性"的形态。"泛"有广泛、泛滥、肤浅、不深入之意。

"泛娱乐化"可以从时间和空间两个维度来理解。从时间维度来说,娱乐的发展与社会发展成正相关,在社会必要劳动时间缩短,可自由支配时间增加的社会环境下,人们娱乐时间占日常生活比重越来越大。从空间维度来说,娱乐方式随着技术的发展日益丰富,以各种形态对人类社会生活的方方面面进行入侵,借助技术优势打破了空间限制,使原本不具备娱乐性质的事物娱乐化。人们被包围在娱乐构成的虚无世界中,娱乐实现空间意义上的泛化。

此外,从价值角度讨论,从"娱乐"到"娱乐化"最后形成"泛娱乐化",其词性上实现了由中性词到贬义词的转变。"娱乐"本身属于中性词,正如有学者指出:"不承载价值理念的无意义的娱乐本身于社会'无害',于个人'有益'。"[①]"有益"在于娱乐能够缓解人的压力,提高生活品质,因此从这一意义上来说娱乐具有积极、有益的价值;然而从"娱乐化"到"泛娱乐化",可以看出过量的娱乐元素会使事物在质上发生改变,当娱乐价值被推崇到极致,过度诙谐和肤浅的快乐成为人们的追求目标,娱乐就会成为"杀人于无形"的"软刀子"。因此,"娱乐化""泛娱乐化"带有贬义性质,其价值意义是消极的、有否定性的。

社会思潮是指在一定的社会历史环节中,以人们的社会心理为基础,以某种思想理论为支撑,以动态形式反映一定阶级、阶层或者不同社会群体的理想、愿望、利益、要求并在传播中产生较大的影响的思想潮流。社会思潮需要具备以下几个要素。

首先,具有一定的社会历史条件。泛娱乐化思潮是在特定历史条件下产生的。社会的不断发展为泛娱乐化思潮的生成创造了两方面的条件。一是意识形态斗争更加激烈。在中国社会不断发展的过程中,民众的科学文化素养和思想道德修养不断地提升,人们对于世界、真理的探索欲望增强。许多西方国家抓住机会,将其意识形态侵入我国,引发了许多新的矛盾和问题,这为泛娱乐化思潮的滋长创造了生长环境。二是国民对精神资料需求日益旺盛。然而,我国当前的精神文明建设仍处于发展阶段,人民能够获取的精神文化资料良莠不齐,所处的环境氛围龙蛇混杂。高质量优秀的精神文化文明建设任重而道远,这便给了

---

① 陈占彪.当代娱乐文化的伦理危机[M].上海:上海人民出版社,2022:220.

泛娱乐化思潮以可乘之机。

其次,反映一定阶级、阶层或者不同社会群体的需求。马克思、恩格斯指出:"我们的出发点是从事实际活动的人,而且从他们的现实生活过程中我们还可以揭示出这一生活过程在意识形态上的反射和回声的发展"[①]。泛娱乐化思潮是当下反保守、反束缚,追求标新立异、打破陈规,娱乐至上的社会心理的反映。当前,高度发达的科技与社会制度推进了社会生产力与生产关系的变革,但随之而来的还有倍增的社会压力。娱乐是现代人选择暂时逃避现实、缓解焦虑与抑郁的手段,因此人们在娱乐文化方面的精神消费需求不断增加。社会高压之下,大众更愿意在直观、刺激的愉悦中实现压力的释放和情绪的宣泄,寻找精神的"乌托邦",因此与社会现实相反的,追求新奇、猎奇式的"快餐"娱乐就成为大众所追捧的对象。

最后,以某种思想理论为支撑。从学界对泛娱乐化思潮的研究来看,其实泛娱乐化思潮并没有一套完整的属于它自己的理论体系,而是由多种社会思潮的理论与泛娱乐思想相互交织而成的,其中以历史虚无主义、消费主义、享乐主义等思潮为主要理论基础。泛娱乐思想与这些思潮相互糅杂,以一种隐蔽且柔性的方式入侵人们的思想,形成令人难以抗拒、具有强烈麻痹性的话语体系,使人的意识形态在无意识的状态下被改变。

综上所述,泛娱乐化思潮是指在社会、文化和媒体领域中,娱乐元素被广泛渗透和过度强调,其典型特点是娱乐至上、信息碎片化、感官刺激、传播速度快,将严肃的社会问题、新闻报道、教育内容甚至政治议题等,通过娱乐化的方式进行包装和传播,使其更易于吸引公众的关注。

(二)泛娱乐化思潮的社会表征

1."三俗"化的传播内容

"三俗"即庸俗、低俗、媚俗。泛娱乐化思潮在内容上表现为庸俗化、低俗化、媚俗化三大倾向,前两者是指内容具体本身,后一者是指内容表达的方式倾向。"庸俗"即平庸鄙俗,不高尚,体现为内容无营养、无价值。"低俗"指低级且

---

① 中共中央马克思恩格斯列宁斯大林著作编译局.马克思恩格斯全集(第三卷)[M].北京:人民出版社,2002:30.

庸俗,其性质较"庸俗"而言更为恶劣,体现为暴力、血腥、色情等元素。泛娱乐化思潮在传播和扩散的过程中为了能够更好地吸引受众,倾向于生产对人们来说具有较大感官刺激的内容,因此泛娱乐化思潮的内容必然会形成庸俗化、低俗化两大趋势。"媚俗"重点在"媚"字,取其"有意讨人喜欢、巴结"之意,是指泛娱乐化思潮在传播过程中刻意以低俗内容迎合受众,弃文化价值和使命于不顾,使得社会文化环境陷于歪风邪气的环绕之中。长此以往,人们将会迷失于"奶嘴娱乐",丧失批判能力、审美能力与思考能力。

2. 媒介化的传播手段

媒介化是指媒介在社会中的角色和影响力逐渐增强,以至于它不仅仅是传播信息的工具,还深刻地影响和形塑了社会的文化、价值观、行为方式和权力结构。大众媒介在信息时代的发展滋养了泛娱乐化思潮的传播,新型媒介与技术为大众娱乐的传播提供了基础,推动泛娱乐化思潮渗透大众的日常生活。广泛存在的泛娱乐化现象使得泛娱乐化思潮不再仅仅作为一种理论思想,而是以娱乐元素的形式及其商业化、利益化价值导向贯穿社会的各个领域,衍生出经济泛娱乐化、政治泛娱乐化、文化泛娱乐化、教育泛娱乐化等社会现状。媒介不只是传递信息,它还在一定程度上构建了现实。例如,媒介选择报道什么、不报道什么、如何报道,会影响公众对现实世界的理解和认知,泛娱乐化思潮的传播正是利用了这一特性。娱乐行为、娱乐话语、娱乐信息中所裹挟的意识形态内容也隐蔽地在人群中扩散开,影响着大众对主流意识形态的认同。正如葛兰西的"文化霸权"、阿尔都塞的"国家机器"等理论所批判的那样:大众媒介表面上只是信息传播和提供娱乐的中介,但实则为资产阶级操纵意识形态的工具。

3. 复合化的思想内核

与其他社会思潮不同,泛娱乐化思潮没有自己成体系的理论框架、行为逻辑和思维模式,其价值观念、思想观念和精神内核等理论逻辑是糅合了其他社会思潮的核心理念的结果,具体表现为以下几个方面:一是倾向于享乐主义的"快乐为本""娱乐至上"。享乐主义追求的是通过获取无止境的快乐和对自我欲望的满足,这与泛娱乐化思潮中娱乐一切事物只为达到自我满足的目的一致。二是倾向于后现代主义的"解构"与"重构"。泛娱乐化思潮中的消解严肃文化、解构传统文化、编码创造新的象征符号以到达标新立异、独树一帜的行为意图部分脱胎于后现代主义的思维模式和实践手段。三是倾向于消费主义的"符号崇拜"。

消费主义的"符号化"消费逻辑将商品中暗含的身份、地位等虚拟的象征价值转化为消费的最终追求。泛娱乐化思潮鼓吹非理性消费与娱乐相结合,生产出大量虚假需求,诱导人们为"快乐"买单,将空虚的精神满足感建立在无节制占有或享受某种物质资料之上,进而实现对人们思想、价值观的迷惑。这种思想内核"大杂烩"式的复合体容易混淆人们价值判断与价值选择,造成价值混乱,从而消解主流意识形态认同。

(三) 泛娱乐化思潮的实质

泛娱乐化思潮反映了人们在信息过载、快节奏生活压力增大的背景下,对轻松、即时满足的追求。泛娱乐化不仅影响了大众文化和传媒行业,还渗透到了教育、政治、经济等各个领域,导致严肃性、深度性内容的边缘化。无论是新闻报道、文化产品还是教育内容,都出现了强调娱乐性以吸引受众的注意力的情况。泛娱乐化思潮下,传统价值观念和严肃的社会话题容易被忽视或淡化,取而代之的是即时娱乐、感官刺激和个人享乐主义。

首先,泛娱乐化思潮的实质是技术操控下真实与虚假世界的颠倒。广播、电视、纸质媒体、网络几乎把控了现代人获得信息的全部渠道,其中网络技术的发展使得互联网成为人们日常生活的必需品。泛娱乐化思潮便利用网络技术将人们包裹在其创造出的各种娱乐景观之中。一方面,技术生产加工将现实世界的大量信息转码上传至网络,有意或无意地对信息进行包装修饰,即时、高效、便捷、海量地推送给人们,使人们只要身处于在有网络的环境中就不得不时时刻刻接收到来自世界各地的信息。另一方面,算法技术将捕捉到的用户喜好数据加以分析,对受众投送符合其口味的娱乐产品,让受众在不知不觉中踏入技术为其编织的"娱乐茧房"。久而久之,受众便在技术的刻意引导中沉溺于此,对虚假空间的关注多于对现实周遭的观察,对网友的关心多于对亲友的照顾,真实与虚假在技术的操控下颠倒,以至于一旦受众脱离虚假世界,其精神世界还会倍感空虚。

其次,泛娱乐化思潮的实质是资本逻辑驱动下的娱乐异化。技术对娱乐场域的"控制"引起了资本家的关注,导致资本利用技术异化娱乐:一是将娱乐与人的关系进行了主客体颠倒;人不再作为主体把控娱乐,而是成为娱乐资本增殖的工具,受娱乐活动所支配。二是娱乐活动本身的异化;马克思认为人类用于休息和休闲的"可自由支配时间",是"不被直接生产劳动所吸收,而是用于娱乐和休息,从而为自由活动和发展开辟广阔天地"①的,然而如今资本控制下的娱乐活动普遍走向商业化、标准化甚至低俗化,娱乐活动的目的由原本的为了实现人类的全面而自由发展转变为创造和获取更大的商业利益,娱乐活动的结果由原本的使人得到艺术、科学方面的发展倒退为使人的审美鉴赏能力下降、文化品位低俗化、思考与批判能力弱化。

最后,泛娱乐化思潮的实质是西方意识形态的感性输出。从泛娱乐化思潮的传播内容来看,其思维方式、行动逻辑和理论基础从本质上来说属于西方资本主义思想的延续与发展,是西方意识形态在我国的软性渗透。除此之外,与政治倾向或学术色彩浓厚的其他社会思潮不同,泛娱乐化思潮中的观点输出由"娱乐"进行包装,且大部分是通过感官刺激的方式对人们进行传达的。短视频、直播、表情包、广告等视觉景观和听觉景观共同构筑起来的娱乐场景为泛娱乐化思潮的传播提供了一个更加柔性、更具生活气息的传播环境,同时也为前文所提到的嵌合在泛娱乐化思潮中的其他西方意识形态思想提供了一个隐蔽的媒介。

二、泛娱乐化思潮的影响机制

泛娱乐化思潮往往以娱乐为主导,注重轻松、快感和感官刺激,而主流意识形态通常强调社会秩序、价值观传承和社会责任感。主流意识形态强调理性、道德和集体责任,通过教育、媒体和公共话语传播价值观和社会规范,而泛娱乐化思潮关注个人享乐和即时满足,通过影视、音乐、社交媒体等渠道传播娱乐化内容。泛娱乐化思潮往往淡化或忽视传统的社会价值观,如家庭、国家、集体主义等,而主流意识形态则以这些价值观为核心。本部分将从理论角度阐述泛娱乐化思潮如何利用自身的话语特性、现代科学技术、社会文化环境、主体娱乐心理等因素对自身进行"伪装",冲击主流意识形态认同形成的各个要素,进而腐蚀群众基础、钳制发展环境、消解内容共识,对主流意识形态的权威构成重大挑战。

---

① 中共中央马克思恩格斯列宁斯大林著作编译局.马克思恩格斯全集(第二十六卷)(第三册)[M].北京:人民出版社,1974:281.

（一）泛娱乐化思潮对自身意识形态性的掩饰

1. 娱乐性话语粉饰其"反话语"性

有学者指出："话语构建了意义与关系,从而帮助人们界定什么是基本的常识,什么是合理的认知。"①作为人们沟通交流的一种方式,话语是在人们社会生产实践的过程中产生的,是观念、理论、价值、文化等重要内容的物质载体。通过外在的字句、符号甚至图像等表达方式,话语能够将话语主体内在的价值取向和思想意识在不知不觉中渗透进入话语受众的思维层面,构建起相关话语场域和话语体系,进而影响话语受众的思维方式和行为模式,以此达到话语传播的目的,即认同并维护话语主体的思想观点,与话语主体达成一致性。

在泛娱乐化思潮盛行的当下,社会事件、热点新闻包括人们日常生活的交流中都随处可见娱乐话语的身影。娱乐话语利用娱乐化的语言、符号,例如网络爆梗、表情包等,能够轻而易举地在众多网络评论中脱颖而出获得大众的关注。但因其自带的娱乐性质,人们往往不会对其背后的价值导向、本质目的刨根究底,而是被蒙蔽于表面的新鲜感、愉悦感与刺激感,从而对这些话语产生认同,开始不自觉地传播甚至维护该类话语。在娱乐性的遮蔽下,娱乐话语成功地将其意识形态性隐藏,获取大众的认同。

有学者指出："当社会中的某种话语得到普遍的社会接受和认同,并形成一种顺理成章的潜意识文化,或者此类话语有足够的驱动力使既有的意识和实践普适、合法时,主导性话语便应运而生。"②主导性话语是社会中一种强大而隐蔽的解释力量,在米歇尔·福柯的著名哲学命题"话语即权力"的理论加持下,主导性话语可以被理解为是一种以统治阶级为权力主体的,受其选择并控制,用以合理化社会规则并消除其他话语力量和危险的方式。作为统治阶级权力的产物,主导性话语规训并引导社会传递一种相通的、普遍的、合理的、自然而然统一的思想与观念,并以此实现对这个时代的社会组织架构和集体思维方式的把控。作为人民民主专政的社会主义国家,中国的主导性话语把控权是属于无产阶级的,所传播的主导性话语是中国在探索社会主义发展道路的长期实践活动和开

---

① 刘涛.接合实践：环境传播的修辞理论探析[J].中国地质大学学报(社会科学版),2015,15(1)：58－67.

② 段永杰.从民主到民粹：政治传播中反话语空间的生成机制与流变[J].湖北行政学院学报,2018(3)：26－31.

展建设社会主义国家的理论研究过程中日益形成的,这是一套关于我国作为社会主义国家在思想体系、理论体系、制度法规、道德伦理、文化传统等方面的认知范式和解释体系,即中国特色社会主义话语体系。然而,存在主导性话语的场域,也必然存在反抗主导性话语的另外一种话语形式,即"反话语"。"反话语"是对主导性话语的反抗与质疑,是一套与主导性话语不同的话语表征方式和对社会秩序的解读方式。

与具有明显价值导向和政治意义的主导性话语体系不同,娱乐话语一方面是结合一些相对边缘的话语对主流话语进行消解、侵蚀和颠覆,另一方面又不能公开与社会的主导性话语对抗,因此其反话语特征与诉求需要利用一些手段进行遮蔽。在娱乐话语精心营造的话语场域中没有政策性话语、文件性话语和理论性话语等那样僵硬的、传道式的话语样式,只有充满个人色彩和娱乐色彩的个性化话语。轻松、生动的话语样式能够迎合人们在辛苦工作学习之余追求解放、缓和焦虑的心理需求,因而更易受到大众的追捧与喜爱。除此之外,从话语内容来看,娱乐话语善于利用人们的痛苦与反叛来制造快乐,使人们在快乐中宣泄痛苦,在戏谑中抒发情感。

娱乐话语作为泛娱乐化思潮传播的有力"武器",在泛娱乐化思潮的兴起历程中有着不可小觑的重要作用。娱乐话语兼具娱乐元素的遮蔽性与话语本身的特殊性,能够利用娱乐元素的包装遮蔽其自身的意识形态性,以轻松愉悦、模式多样的话语模式吸引大批受众,挤占主导性话语空间,进而把裹挟着西方意识形态思想的话语散播于大众群体之中,消解大众对我国社会主义意识形态的认同。

2. 娱乐景观覆盖日常生活制造"娱乐幻象"

科学技术进步催生的新生事物为人类生活注入新的活力。从 20 世纪的广播、电视、电影,到 21 世纪的网络、媒体等,信息技术逐步成熟,人们的生活逐渐从只有图像、声音的"平面"世界转变为声色并茂、多感官并用的"立体"世界。技术在解放人类生产力、丰富人类物质生活的同时也日益充盈人的精神生活。在技术的帮助下人们仿佛正步步迈向期待中的美好世界。然而,技术的飞速发展以及由此产生的社会结构转型引起众多学者对技术的深入思考。法兰克福学派在对技术的反思尤其是技术理性的反思中,注意到了技术在生产领域对人的反制和在文化领域的扩张现象,敏锐地察觉到技术正以一种新的形式实现对人的奴役:"技术逻各斯被转变为持续下来的奴役的逻各斯。技术的解放力量——事物的工具化——成为解放的桎梏;这就是人的工具化。"①技术在文化领域的扩张体现为大众文化的发展。大众文化是借助媒介技术的发展而兴起的、传播流行于大众的通俗文化。区别于精英文化,大众文化是提供给普通人民群众的文化产品。随着技术的不断发展,电视、广播、网络等大众媒介日益贴近大众生活并被不断应用于生活,微信、支付宝等一系列依靠技术生成的产品成为人们日常工作和生活的必需品。同时,它们也将娱乐产品不断输送至人们面前,将大众包裹在充斥着大众文化的娱乐景观之中,构建起一个批量生产娱乐性大众文化商品的文化工业体系,由此形成了一个弥漫着"伪真实"的"伪世界"。娱乐景观的欺骗性使原本只是想在工作了一天后享受片刻放松与安慰的人们,在潜移默化中沉溺于不加思考的原始性快乐,但最终成为娱乐的奴隶。

作为文化工业体系的主导者,资本家们利用技术资本对娱乐景观进行垄断。赫胥黎针对资本利用娱乐对人思想进行控制的现状,曾在《美丽新世界》中写道:"人们感到痛苦的不是他们用笑声取代了思考,而是他们不知道自己为什么笑以及为什么不再思考。"资本家营造了无处不在的娱乐幻象世界。在这个世界中,大众的顺从意识不需要疾言厉色地教化,只需要在安逸生活本身中就能完成。受利益驱使,他们生产大量单一可复制的文化产品,将原本应当具有个性风格、原创意识的美术作品、文学作品和音乐作品等商品化,流水线式生产出千篇一律的、趋于同质的文化作品,降低大众审美水平;他们传播内容低俗、庸俗的碎片化信息,将大众原本应该用于提升自我的业余时间占据,提供各种立意粗鄙的网络游戏、短视频、八卦新闻等等。大众在海量信息中迷失方向,在简单粗暴的快乐中丢失自我,进而丧失思考与反抗的能力。

娱乐景观除了在思维方式、价值观念、审美情趣方面影响大众,从思想上稳固资产阶级地位之外,同时也具有为资本家增加利润、创造收益的功能。资产阶级将对娱乐景观的控制作用于消费,依靠娱乐景观营造虚假欲望和需要,使在娱乐景观的包裹下个人的日常生活没有了自己真实的需要的欲望,因为一切都是景观精心制造和策划出来的消费事件。在资产阶级世界中,"通过将活着转变为商品,通过将角色和刻板模式的供需要求投入景观市场"②,在娱乐景观中的

---

① 赫伯特·马尔库塞.单向度的人:发达工业社会意识形态研究[M].刘继,译.上海:上海译文出版社,2014:134-135.

② 鲁尔·瓦纳格姆.日常生活的革命[M].张新木,戴秋霞,王也频,译.南京:南京大学出版社,2008:236.

人的欲望与愿景,都是景观制造出来的疯狂占有消费品的他者式的未来。如果在购买各种奢侈品、网络游戏、豪宅别墅的无限欲望中沉沦,对被景观市场设定好的社会角色不断产生共情共感,人终将无法成为真正的自己,而是不断成为别人"口中"的你。正如居伊·德波在《景观社会》中所批判的那样,人们生活在资本主义经济社会的景象化、图像化和符号化的"虚假"之中,看似美好富有诗意,实则荒诞毫无意义,强力的感官刺激和无限的虚假需求不断膨胀,人们的消费欲望持续提高,进而逐渐落入消费主义陷阱,成为瓦纳格姆笔下"苟生"的人。

(二)泛娱乐化思潮对主流意识形态认同的遮蔽

1. 迎合大众娱乐心理腐蚀主流意识形态认同的群众基础

当代大众娱乐心理的产生得益于物质资料丰裕的社会环境和方便快捷的网络技术。在物质资料丰富的社会环境下,人们的生产生活有了基本的物质保障,进而对精神文化资料的需求激增。对于普通大众来说,娱乐是最直接、简单获取心理上满足的方式。在科学技术的支持下,各式各样的娱乐方式、内容都以网络为载体出现在人们生活中,上网逐步成为人们娱乐的主要方式。网络的出现同样也为大量不同群体的形成提供了便利。庞勒将"群体"定义为各种各样的个体聚集到一起,无关他们的民族、职业或者性别以及他们聚集到一起的缘由。网络的便利在于使个体不再受束缚于现实社会,通过虚拟的互联网平台也能联系到一起成为一个群体。在《乌合之众:大众心理研究》一书中,庞勒将群体的特征归纳为冲动、易变、缺乏理性、易受暗示、轻信谣言、具有极端的道德信仰等。在网络空间中的群体更是如此,互联网的虚拟性、匿名性等特征给了泛娱乐化思潮以可乘之机。泛娱乐化思潮利用群体与互联网的特征,不断对群体进行暗示,在娱乐的外壳下腐蚀大众心理。其具体的实现方式可以体现在以下两个方面:新闻媒体娱乐化和文化创作低俗化。

新闻媒体随着互联网的发展由传统的纸质媒体转变为新兴网络媒体。微博、抖音等社交平台的热搜榜和微信公众号等网络平台逐渐成为人们获取新闻的主要来源。在这些新闻传播渠道中,部分媒体人为了追求点击率、关注度、热评度,迎合大众的娱乐心理,导致各种标题党新闻层出不穷。新闻的准确性和真实性变得不再重要,其娱乐价值才是所关注的重点,因而形成了新闻传播的娱乐化倾向。网络和娱乐两个因素的介入使得新闻不再严肃谨慎,新闻传播的走向变得故事化、戏剧化，甚至在一些严肃的事件中也不乏调侃、戏谑的"声音"出现。各色娱乐八卦新闻将人们的关注点和兴趣点转移，在无形中消解了人们对时事政治的关注度和参与度，导致公民责任意识淡漠，从而在一定程度上瓦解了主流意识形态的群众基础。

文化创作的低俗化是泛娱乐化思潮兴起最明显的表现。一些文化产品的生产者为了获取更多的利润，盲目地迎合市场，将一切创作的出发点和归宿点都落于大众喜好上，因此创作出来的文化作品大多是为了娱乐而娱乐，从内容上来说是低俗的、浅显的。雅斯贝尔斯曾经从实利性角度来分析为什么群众更喜欢浅显的、快餐式的文化："群众人"根本没有什么休闲的时间，所过的生活并不隶属于一个整体，除非为了某种具体而有利的目标，否则根本不想自费力气去做事，所以大众更倾向于追求一种直截了当的效果，获得一种快捷、简化的文化。然而这样会导致一种后果，即他们对于"与自身切身相关"以外的东西不再特别关心，因为这需要他们付出更多的思考。人们安于现状，习惯于接受直观、浅显、低俗的文化，这使他们在属于自己的一方天地中怡然自得，但也正因如此大众的思维会变得空洞，目光变得短浅，对于文字的阅读和逻辑的判断能力开始倒退，精神颓废的同时思考能力与审美水准逐渐低落。

2. 联合数字资本"钳制"主流意识形态认同的发展环境

娱乐与资本结合催生了泛娱乐化思潮，技术的发展为泛娱乐化思潮的传播与泛滥创造了条件。在信息数据轰炸的当代，网络技术为资本积累提供了新的渠道，资本对利润的追逐不再仅仅存在于实体的物质资料生产领域，更存在于虚拟网络空间中的精神生产领域。资本与技术合谋，在网络空间打造了各式各样的娱乐平台，抖音、微博、快手、小红书等娱乐休闲型 APP 层出不穷，利用先进的信息技术手段实现信息的快速更新与扩散，通过大数据计算精准地将符合用户偏好的信息推送到个人，让人沉醉和奔波于各种娱乐平台营造的"娱乐乌托邦"之中，同时使用户不自觉地加入娱乐劳动中，生产出可进入平台以供消费的娱乐产品，以此获取更大程度和更长限度的资本增殖效益。在此过程中，"数字资本"和"流量拜物教"起着不可小觑的作用。

数字资本与泛娱乐化思潮相结合，仅仅利用人的日常休闲生活就能实现资本的无限增殖。如果说新兴信息通信技术的发展将人与世界的互动升级进入一种更高的模式，塑造并重新定义了人类与世界之间的关系，那么数据就是阐释这种关系的形式。数字技术将所有信息化为数据,通过不断的生产、收集、储存、分析和加工为人类的生产和生活带来前所未有的便利与解放,带领人类进入一个新的时代——互联网时代。而这些经过加工、分析、计算之后的数据所形成或体现的庞大的数据关联体系,常被称为"大数据",同时也是"数字资本"的原形。与以往的资本价值增殖有所不同,在网络空间中,数字资本一方面与科学技术互相合作,以在社交平台上获取的大数据为基础计算出用户偏好,再将泛娱乐化思潮影响下产生的政治、历史、文化、社会现象等一切被娱乐化后的"娱乐产品"按照用户喜好推送给他们,实现这些娱乐物质的消费环节;另一方面再收集用户在平台上上传的视频、照片、文字等数据信息用以再生产。在此过程中用户的消费是"无偿的",用户的生产是"隐形的",消费与生产都是在娱乐信息的诱使下完成,而用户所生产出的信息数据一经上传于平台,即被社交平台无偿收集占有,继而形成新的商品,兜售给在平台的其他用户,如此周而复始便形成一套完整的数字资本增殖生产链。泛娱乐化思潮的发展使得"娱"成为掩饰数字资本的逐利性的一块上好的"遮羞布"。数字资本利用人们渴望解放、缓解压力、分担焦虑等心理需求,以去中心化的叙事方式传播大量放大感官刺激的娱乐信息,利用铺天盖地的软文广告、网络营销激发人们产生无度的"虚假需要"。这种不顾一切的网络娱乐狂欢、虚假无度的"娱乐乌托邦"窃据了主流意识形态的生存空间。

除此之外,数字资本基于商品拜物教的基础上,在处于智媒时代的当下有了新的衍生,即"流量拜物教"。泛娱乐化思潮的兴盛与"流量拜物教"息息相关,二者相互作用,促进双方的发展与扩大。泛娱乐化思潮通过"流量拜物教"控制人们的思想,在被网络数据包围的时代,一条信息获得的搜索、浏览、转发、点赞等行为可以被视为其自身具备的流量,流量越多意味着更有价值。利用流量去界定和评判一条娱乐信息的价值,从而进一步引领娱乐的风向,这意味着人的娱乐体验是可以被操控的。"流量拜物教"可以无偿占有用户的数据流量,通过算法技术整合,为用户提供即时性、个性化的娱乐体验,从而进一步获取更多的流量,将用户陷于流量构成的娱乐世界之中难以抽离;娱乐也可以凭借"流量拜物"教无止境的价值增殖得以扩散,从而使泛娱乐化思潮的影响更加广泛而深入。

相对于"无脑"繁殖的娱乐产品来说,主流意识形态的认同发展是理性的,是需要人们投入更多思考与精力的,但是在"娱乐至上""流量为王"的共同包围下,主流意识形态认同的健康发展环境被低级肤浅的娱乐所占据,娱乐思维替代理性思考,使得主流意识形态难以得到人们更广泛的理解和认同。

3. 耦合多元价值观消解主流意识形态认同的内容共识

在全球化与改革开放的时代背景下,多元开放的社会环境为西方不良思潮和文化的入侵提供了客观条件。意识形态领域的斗争日益激烈,我国在主流意识形态认同方面也受到诸多挑战。

我国主流意识形态认同的主要内容具有价值性和兼容性,涵盖了思想、文化、历史、政治等多个方面,明确并引导主流意识形态的发展与传播,具有稳定并保证社会发展方向的重要作用,具体体现如下:在政治领域,能够为制定具体方针政策提供正确的方向引导;在思想文化领域,可以对各种理论、思想观念提供科学的、理性的评价导向,有利于抵制有害社会进步和人民思想健康的错误思潮;在日常生活领域,有助于促进人民在日益多元化的社会中求同存异,扩大社会认同和达成社会共识,稳定社会安定。因此,主流意识形态的内容是要符合历史发展规律、促进社会发展进程的。泛娱乐化思潮虽然没有自身配套的理论体系,但是其传播内容与思想中裹挟着多种西方不良思潮。这些思想观点、价值追求恰恰与我国的主流意识形态的最终目标背道而驰,而"娱乐"的强大力量帮助它们消解主流意识形态在人们心中的共识度。

人民群众对主流意识形态认同的内容共识性的达成需要来自两个方面的配合,一是客观层面的宣传教育,二是主观层面的理解学习。泛娱乐化思潮耦合多元西方价值观元素,对这两个方面造成了一定影响。

第二节　泛娱乐化思潮对高校大学生
主流意识形态认同的影响

高校大学生作为青年一代担负着中华民族伟大复兴的重任,但大学生仍处于世界观、价值观、人生观构建尚不健全、自制力较弱的发展时期,思想极易受外界因素影响,对主流意识形态的认同尚未十分坚定,是各种社会思潮竞相攻掠的重点对象。因此,我们必须高度重视泛娱乐化思潮对高校大学生主流意识形态认同的影响。

一、关于泛娱乐化思潮对大学生主流意识形态认同影响的问卷调查

（一）调查问卷的设计

本研究基于对浙江省各类型高校共计 769 名在校大学生进行无记名式问卷调查的统计数据，辩证分析泛娱乐化思潮对大学生主流意识形态认同的影响现状。

为收集调查对象的个人信息，问卷采集的内容包括调查对象的性别、学历、政治面貌、专业、家庭情况等，在问卷数据分析中作为控制变量出现，其中家庭情况主要涉及父母双方是否为党员，不含其他敏感信息。

为了调查泛娱乐化思潮对大学生的影响，除了对学生日常娱乐情况的基本调查之外，问卷将泛娱乐化思潮相关内容划分成三个部分，结合利克特量表调查学生对这些观点的认同情况。调查的内容分别是大学生对泛娱乐化思潮的价值认同情况、泛娱乐化思潮对大学生的影响以及大学生对泛娱乐化思潮的实质认知情况。为了避免调查对象在填写问卷过程中产生心理定式，问卷中的部分观点呈现没有表明观点属性。

在对认同情况的调查中，问卷以观点为问题，以赞同程度为预设答案，形成利克特量表，各观点的核心内容包含我国主流意识形态认同的三个方面内容，即理论认同、价值认同和政治认同。此外，问卷在政治认同中设置了两道干扰题项，以探究大学生对我国政策制度的真正理解和认同程度。

问卷主体部分除了调查泛娱乐化思潮和主流意识形态认同相关的两大部分之外，还调查了大学生对学校开展主流意识形态教育相关内容的看法，旨在了解大学生对主流意识形态教育的成效、方式、态度等方面的现实情况，以便于后期能够基于问卷结果提出有针对性的对策建议。

（二）问卷发放情况

本次问卷主要以在校大学生（包括专科生、本科生、研究生）为调查对象，发放范围涉及浙江省各类高校，包括综合类大学、艺术类大学和职业专科类院校等。通过网络问卷的形式，本次问卷共发放 769 份，回收 769 份，剔除无效问卷 21 份，有效问卷实际有 748 份，有效率为 97.3%。调查对象基本情况如表 5.1 所示。

表 5.1　调查对象基本情况

个 人 情 况		人 数	占 比
性别	男	363	48.53%
	女	385	51.47%
学历	专科	138	18.45%
	本科	383	51.20%
	研究生	227	30.35%
政治面貌	中共党员(含中共预备党员)	214	28.60%
	共青团员	397	53.10%
	群众	137	18.30%
	民主党派	0	0%
专业类型	人文社科类	242	32.35%
	理工农医类	249	33.29%
	体育艺术类	138	18.45%
	其他	119	15.91%
父母的政治面貌	父母都是中共党员	82	10.96%
	父母一方是中共党员	187	25%
	父母都是群众	479	64.04%
	其他	0	0%

　　调查问题主体表现为对泛娱乐化思潮的认同情况和对主流意识形态的认同情况这两个维度。每个维度设置相应问题,采用 SPSS 分析软件对收集结果进行信度和效度分析可得,高校大学生对泛娱乐化思潮的认同情况部分信度系数为 0.712,对主流意识形态的认同情况部分的信度系数为 0.816。依照量表规则,基于标准化项的克朗巴哈系数取值范围为 0～1,越接近 1,就说明问卷可靠性就越高,信度系数小于 0.5 表示问卷信度系数不被接受,问题需要修改。本问卷信度系数大于 0.7,说明该问卷信度良好,能够详细客观地反映问题,可以采用。在确定本研究编制的问卷具有一定的可靠性和稳定性后,具有更进一步分析的意义。

　　根据效度分析结果(表 5.2),KMO 检验系数为 0.837,Bartlett 球形度检验的自由度为 325,显著性为 0.000,P 值小于 0.05。根据统计学观点,KMO 检验系数为 0.80~0.90,被认为良好,因此,对样本数据进行 KMO 样本检验结果良好。

表 5.2 泛娱乐化思潮对大学生主流意识形态的影响研究问卷效度分析

检 验 项 目		检 验 值
KMO 检验系数		0.787
Bartlett 球形度检验	近似卡方	1 573.677
	自由度	325
	显著性	0.000

二、调查数据分析

(一)大学生对泛娱乐化思潮的态度与对主流意识形态认同的相关性分析

要通过数据分析泛娱乐化思潮对大学生主流意识形态认同的影响,首先要验证大学生对泛娱乐化思潮的态度与对主流意识形态的认同度之间是否存在相关性。因此,本文利用 SPSS 软件对两者在问卷中得到的数据进行了相关性分析。具体做法为先通过结构分析和因子分别提出泛娱乐化思潮和主流意识形态的公共因子,再将所得公共因子进行两两交叉分析。

对泛娱乐化思潮的 12 项表述进行 Bartlett 球形度检验和 KMO 检验,结果表明 KMO 系数为 0.725,显著性为 0.000。根据统计学观点,KMO 值为 0.7~0.8,说明效度较好,P 值<0.001,说明呈显性相关,因此泛娱乐化思潮观点适合作因子分析,可以提取公共因素。采用主成分分析法分析,抽取公共因素,再用最大方差旋转求得最终的因素负荷矩阵,可得在特征值大于 1 的情况下,泛娱乐化思潮可以提取 3 个公共因子,累计解释率为 60.393%。提取因子大致符合问卷设计时的维度划分,因此根据 3 个因子对应的观点内容特征,将因子 1 命名为泛娱乐化思潮的实质认知,因子 2 命名为泛娱乐化思潮的价值取向,因子 3 命名为泛娱乐化思潮的影响体现(见表 5.3)。

表 5.3　泛娱乐化思潮观点的因子分析情况

观　　　　点	因子 1	因子 2	因子 3
比起奋斗实现远大理想,享受当下,及时行乐更为重要	—	0.791	—
非常愿意为快乐买单,消费越多,幸福感越强	—	0.798	—
相比严肃的政策新闻、国际局势动向、经典名作等,娱乐明星、网络红人的八卦动态、搞笑刺激的综艺节目更具有吸引力	—	0.493	—
"戏说历史、揭秘人物、解密档案、宫斗秘闻"等电视节目为增强娱乐性和收视率,对历史进行改编是正常的	—	0.645	—
娱乐节目、搞笑视频的目的就是娱乐大众,无所谓其价值观等是否正确	—	0.515	—
沉醉于"大众狂欢""娱乐至上"容易使人失去自省与批判的能力	—	—	0.859
日常娱乐生活被抖音、微博等网络社交平台占据,极少花时间深度阅读实体书籍	—	—	0.593
网络中传播的审美取向会使人感觉到身材焦虑、容貌焦虑	—	—	0.618
离开手机和网络会使人感觉到精神空虚	—	—	0.771
网络用语已经贯穿人们的日常生活,成为社交活动必不可少的工具	—	—	0.736
当下人们所追逐的"流量"背后实际是资本力量的操控	0.834	—	—
当前网络信息庞多复杂,内容参差不齐且大多数含有消费主义、拜金主义、享乐主义倾向	0.800	—	—
大数据算法推荐将人们变成"透明人"	0.635	—	—

对主流意识形态的 11 个观点表述进行 Bartlett 球形度检验和 KMO 检验,结果表明 KMO 检验系数为 0.884,显著性为 0.000,P 值<0.001,说明主流意识形态观点适合作因子分析,可以提取公共因素。采用主成分分析法分析,抽取公共因素,再用最大方差旋转求得最终的因素负荷矩阵,可得在特征值大于 1 的情况下,泛娱乐化思潮可以提取 4 个公共因子,累计解释率为 71.689。提取因子大致符合问卷设计时的维度划分,因此根据 4 个因子对应的观点内容特征,将因子 1 命名为主流意识形态的理论认同,因子 2 命名为主流意识形态的

价值认同,因子3命名为主流意识形态的错误认知,因子4命名为主流意识形态政治认同。

根据因子分析得出的关于泛娱乐化思潮的3个公共因子和关于主流意识形态认同的4个公共因子的分析结果,将各公共因子相对应的题项数据进行均值计算,并保存为新的变量,利用所得的新变量分析泛娱乐化思潮的公共因子与主流意识形态认同的公共因子之间的 Pearson 相关性。(见表5.4)

表5.4　泛娱乐化思潮与主流意识形态认同的相关性

		主流意识形态理论认同	主流意识形态价值认同	主流意识形态政治认同	主流意识形态错误认知
泛娱乐化思潮价值认同	Pearson 相关性	−0.026	−0.045	−0.464**	0.589**
	显著性(双尾)	0.765	0.603	0.000	0.001
泛娱乐化思潮影响体现	Pearson 相关性	0.088	0.108	0.156	0.164
	显著性(双尾)	0.307	0.210	0.069	0.057
泛娱乐化思潮实质认知	Pearson 相关性	0.682*	0.589*	0.077	−0.048
	显著性(双尾)	0.034	0.028	0.373	0.581

注:** 在 0.01 级别(双尾),相关性显著;* 在 0.05 级别(双尾),相关性显著。

由表5.5可知,表中4组数据存在显著性相关,泛娱乐化思潮的价值认同分别与主流意识形态政治认同和主流意识形态错误认知两者具有显著性相关,泛娱乐化思潮的实质认知分别与主流意识形态理论认同和主流意识形态价值认同具有显著性相关。具体来说,泛娱乐化思潮的价值取向与主流意识形态政治认同两者的皮尔逊相关系数为−0.464,P 值为 0.000(小于 0.01),因此两者呈低度负相关,即大学生对泛娱乐化思潮的价值取向认同度越高,对主流意识形态理论认同度越低。泛娱乐化思潮的价值认同与主流意识形态错误认知两者的皮尔逊相关系数为 0.589,P 值为 0.001(小于 0.01),因此两者呈中度正相关,说明大学生对泛娱乐化思潮的价值认同度越高,对主流意识形态错误认知的认同度也越高。

(二)泛娱乐化思潮对大学生的整体影响

要研究泛娱乐化思潮对大学生的影响,就必须先从大学生对待娱乐的态度入手。问卷从娱乐方式、娱乐时长及对待"娱乐至上""娱乐至死"的态度三个方面进行了调查。

在对娱乐方式的调查中,采用的答题方式是对选项多选并对各项的比重进行赋值,所有选项比重相加需达到 100。根据调查结果显示,在各类日常娱乐方式中,消遣性娱乐的比重最高(见表 5.5)。可以看出大学生对网络游戏、影视综艺、微博、短视频等网络在线休闲娱乐方式的兴趣度更高;与其他娱乐方式相比,这些线上的消遣娱乐方式占据了学生更多的休闲时间。

表 5.5　大学生日常休闲娱乐方式情况表

娱　乐　方　式	比重平均值
体育运动	17.08
社交活动	23.86
休闲阅读	19.98
消遣娱乐(玩网络游戏、看影视综艺、刷微博、短视频等)	29.53
其他	9.55

问卷调查结果显示,44.92% 的受访大学生表示他们的日常娱乐时间为 2~4 小时,占比最高;其次为 4~6 小时,占比为 33.16%。

在问到关于对"娱乐至上"和"娱乐至死"的看法时,有 16.91% 的受访大学生选择了"很反对,不该这样",72.06% 的大学生选择了"不反对娱乐,但不可过分过度",仅有 0.74% 的大学生选择了"支持,人生来就是为了娱乐自己",同时有 10.29% 的大学生选择了"每个人的娱乐需求不一样,都可以理解"。可以看出,大部分大学生对待娱乐的态度是比较理智的,支持娱乐,但不支持过度娱乐,认为娱乐应该在有限的范围之内。

问卷还调查了对于"泛娱乐化思潮"一词的了解情况,选择"非常了解"的占 3.8%,选择"比较了解"的占 17.7%,选择"一般了解"的占 33.6%,选择"不太了解"和"没听说过"的分别为 33.1% 和 11.6%,平均值为 2.69(将选项赋分:5=非常了解,4=比较了解,3=一般了解,2=不太了解,1=没听说过,下同),表明大学生对泛娱乐化思潮的了解介于"一般了解"与"不太了解"之间,接近"不太了解",说明大学生对"泛娱乐化思潮"一词的了解不多,对其感到比较陌生。

娱乐至上是泛娱乐化思潮的核心观点。问卷设置了一些问题,调查大学生对部分娱乐至上观点的态度,以评估其对泛娱乐化思潮的价值取向。在"娱乐节目、搞笑视频的目的就是娱乐大众,无所谓其价值观等是否正确"这一观点的认同情况选择中,大部分学生选择了"非常不同意"的选项,平均值为1.6,说明大学生对于娱乐功能和价值的看法较为理性。

由上述探讨可知,泛娱乐化思潮的实质是技术操控下真实与虚假世界的颠倒,是资本逻辑驱动下的娱乐异化,是西方意识形态的感性输出。问卷将这3个方面具象化,设置了3个观点。"当下人们所追逐的'流量'背后实际是资本力量的操控"这一观点是针对泛娱乐化思潮实质上是资本驱动的具体观点表述;"当前网络信息庞多复杂,内容参差不齐且大多数含有消费主义、拜金主义、享乐主义倾向"这一观点是对泛娱乐化思潮实质上是西方意识形态的感性输出的具体观点表述;"大数据算法推荐将人们变成'透明人'"这一观点是针对泛娱乐化思潮中技术操控的实质的观点表述。从数据结果显示(见表5.6),对待这3个观点有超过30%的大学生选择了"非常同意",同时有40%左右的大学生选择了"比较同意",选择"不太同意"和"非常不同意"的学生不足10%,平均值均超过4。可以看出大学生对具象化之后的泛娱乐化思潮的实质认知情况良好,绝大部分大学生都能感知或认知到泛娱乐化思潮的实质是什么。

表5.6　大学生对关于泛娱乐化思潮实质的认知情况

分类	观　点	"非常同意"占比	"比较同意"占比	"一般同意"占比	"不太同意"占比	"非常不同意"占比	平均值
泛娱乐化思潮的实质认知	当下人们所追逐的"流量"背后实际是资本力量的操控	42.65%	38.97%	16.91%	1.47%	0.00%	4.21
	当前网络信息庞多复杂,内容参差不齐且大多数含有消费主义、拜金主义、享乐主义倾向	35.29%	41.18%	18.38%	5.15%	0.00%	4.06
	大数据算法推荐将人们变成"透明人"	35.97%	38.90%	19.92%	4.41%	0.80%	4.04

一种社会思潮的流行会对人的世界观、人生观、价值观甚至是日常生活等多方面产生一定影响。在泛娱乐化思潮流行的当下,大学生作为青年一代是社会阶层中最活跃的群体,其接收到的信息、观念也将对他们产生影响。问卷调查的相关数据(见表5.7)可以说明大部分大学生认同沉迷于娱乐、任由泛娱乐化思潮泛滥会对人造成不良影响,从而导致失去思维能力。网络娱乐已经成为大学生日常娱乐的主要方式,并且在其影响下,大学生的大部分日常休闲时间被网络娱乐所占据,对手机、网络的精神依赖严重。与此同时,娱乐话语已经进一步入侵学生的生活,影响着学生的交流与交往方式。审美是三观中世界观的重要部分,泛娱乐化思潮中的低俗、平庸、媚俗的娱乐文化产品会在不知不觉中影响人的审美价值,在"娱乐短视频中传播的审美取向会使人感觉到身材焦虑、容貌焦虑"这一题的选择中,累计超过85%的大学生选择了一般同意到非常同意的选项,均值高达3.75,说明娱乐短视频对学生的审美价值造成了很大影响,泛娱乐化思潮传播的内容对大学生的审美情趣的影响较大。

表5.7 泛娱乐化思潮对大学生影响体现的认同情况

分类	观 点	"非常同意"占比	"比较同意"占比	"一般同意"占比	"不太同意"占比	"非常不同意"占比	平均值
泛娱乐化思潮的影响体现	沉醉于"大众狂欢"、"娱乐至上"容易使人失去自省与批判的能力	40.44%	38.97%	13.97%	2.94%	3.68%	4.08
	日常娱乐生活被抖音、微博等网络社交平台占据,极少花时间深度阅读实体书籍	10.43%	27.94%	33.02%	21.26%	7.35%	3.22
	娱乐短视频中传播的审美取向会使人感觉到身材焦虑、容貌焦虑	22.73%	41.18%	25.00%	10.29%	0.80%	3.75
	离开手机和网络会使人感觉到精神空虚	11.10%	19.79%	37.43%	25.00%	6.68%	3.10
	网络娱乐用语已经贯穿人们的日常生活,成为社交活动必不可少的工具	13.25%	45.59%	27.13%	11.76%	2.27%	3.57

调查显示,在态度上,大学生对泛娱乐化思潮有较高的警惕性,对于泛娱乐化思潮价值取向中的价值观、消费观、历史观等观点比较抵触,在理论上不认同其观点做法。在认知程度上,大学生具有较为理性的辨别能力,对泛娱乐化思潮的实质有一定程度的鉴别,能够正确认知到泛娱乐化思潮。但是,实际上从大学生对泛娱乐化思潮影响体现的观点有较高认同度中可以体现出学生们的日常思维方式、行动方法等方面还是会被泛娱乐化思潮所误导。除此之外,关于大学生的日常休闲娱乐方式和娱乐时长的调查也显示,部分大学生在日常娱乐方面所花时间较多,且娱乐形式多为消遣娱乐,如玩网络游戏、看影视综艺、刷短视频等,大多数属于线上娱乐方式。可以看出,部分大学生在关于"泛娱乐化思潮的态度与认知上体现出的理性"和"行为上不可避免地或下意识地追求娱乐"这一对知与行的关系中,表现出对待泛娱乐化思潮的态度存在知行分离的现象。

(三)泛娱乐化思潮影响下大学生主流意识形态认同状况

问卷还设置了相关问题调查大学生对于主流意识形态内涵的认识情况。其中,选项"在社会上有很大的影响力且被民众普遍接受的思想观念"是易错项,但选择人数却达到最高。除此之外,选项"社会上普遍流行的思想观念和价值观念"这一较为片面的说法也有部分学生选择,说明大学生对主流意识形态的内涵认知不充分。

从调查结果来看,大学生对主流意识形态总体认知良好,但是仍存在一些问题。从数据平均值可以看出,大学生对中国特色社会主义理论体系的认同度较高,平均值达到4.45,对"两个必然"观点的认同度也较好,平均值为4.00。在主流意识形态的价值认同方面,问卷从人生观、职业观、价值观三个方面设置相关问题,其中职业观相关观点的得分较低,平均值为3.93,人生观和价值观相关问题的平均值分别为4.43和4.48,说明大学生的对主流意识形态要求的价值观与人生观比较赞同,但对职业观的塑造有待加强。在主流意识形态的政治认同方面,大学生对祖国发展的认同度较高,对中国共产党作为执政党的地位较为认同,对人民代表大会制度这一我国根本政治制度的认同度也较高,三者平均值都达到4.5以上。

(四)当前大学生主流意识形态教育开展情况

问卷对大学生"是否应该加强主流意识形态教育"进行调查。根据问卷结果,90.51%的学生认为应该加强,仅有 8.15% 和 1.34% 的学生选择了不应该或者无所谓,说明绝大部分学生对主流意识形态教育问题比较重视,认为应该加强主流意识形态教育。

学习方法是学习成果的重要影响因素。问卷调查了大学生关于主流意识形态相关内容的学习渠道(问卷运用多选并排名的形式,最多选择 5 项排序,如表 5.8 所示),发现当前大学生关于主流意识形态的学习渠道主要包括"课堂学习"和"相关书籍阅读",平均排名分别为 1.76 和 2.5。除此之外,平均排名前五的方式还有通过"学习强国、易班等学习平台""杂志、报纸、广播等""微博、抖音、微信公众号等社交平台上发布的信息"。可以看出,除了传统的学习方式之外,新媒体的传播和运用也对学生们学习主流意识形态相关知识起到重要作用。

表 5.8　大学生对主流意识形态的学习渠道

选　　项	第 1 位	第 2 位	第 3 位	第 4 位	第 5 位	平均排名
课堂学习	68.18%	10.00%	7.27%	6.36%	8.18%	1.76
相关书籍阅读	16.04%	50.00%	15.09%	5.66%	13.21%	2.5
杂志、报纸、广播等	11.76%	25.88%	36.47%	17.65%	8.24%	2.85
学习强国、易班等学习平台	10.96%	28.77%	31.51%	23.29%	5.48%	2.84
相关会议、讲座、论坛等	0.00%	9.46%	28.38%	33.78%	28.38%	3.81
相关社会实践、竞赛等实践活动	8.33%	6.25%	18.75%	29.17%	37.50%	3.81
微博、抖音、微信公众号等社交平台上发布的信息	13.56%	13.56%	16.95%	32.20%	23.73%	3.39
观看的影视作品	12.12%	10.61%	12.12%	24.24%	40.91%	3.71
师生亲友之间口口相传	9.62%	7.69%	17.31%	28.85%	36.54%	3.75
其他	14.29%	0.00%	14.29%	28.57%	42.86%	3.86

受调查的大学生对问卷所列举的能有效开展主流意识形态教育的方式进行选择,有 77.21% 的大学生选择了"打造良好的校园文化环境",72.06% 的大学生选择了"加强思政课堂中的主流意识形态教育",对于"提升高校对主流意识形态教育的重视程度""鼓励学生观看有利于弘扬主旋律的文化作品""在媒体上营造健康的主流意识形态舆情氛围""开展丰富多样的主流意识形态教育教学

的实践活动"这几个选项的选择率相差不多,分别为 67.65%、68.38%、63.24%。可见,大学生认为主流意识形态教育的方式可以是多样的。

问卷还对"大学生认为所在学校开展的主流意识形态教育是否有成效"进行了调查,有 43.45% 的学生认为学校在这方面的教育开展很成功,对大学生很有帮助,但有 51.47% 的学生认为学校的主流意识教育活动多流于形式,效果一般;此外,有 3.61% 的学生认为开展得不好,1.47% 的学生表示没关注此事,无所谓。可以看出,高校的主流意识形态教育活动开展有一定的成效,但也反映出,在学生看来一些活动流于形式,没有起到真正的教育作用,教育成效有待提升。

三、泛娱乐化思潮下高校大学生主流意识形态认同存在的问题及成因

通过前述问卷数据的整体分析,当代大学生对泛娱乐化思潮的认知程度良好,能够较为清晰地辨别泛娱乐化思潮的实质,能够辨别主流意识形态与非主流意识形态的区别,对主流意识形态的整体认同情况良好。但是,在泛娱乐化思潮影响下,大学生的主流意识形态认同仍然存在诸多问题。

一是部分大学生对主流意识形态的学习方式不够多元。从本次问卷调查来看,大部分大学生主要还是依赖课堂来获取关于主流意识形态的知识,对其他学习方式运用较少,处于被动接受的阶段,学习主动性不高。调查问卷还反映出部分学生对待时事政治的态度比较冷漠。

二是部分大学生的主流意识形态认同度有待提升。从调查结果的数据来看,大学生能够对西方意识形态的入侵有较高的警惕性,大部分学生能够意识到当前西方国家对华的意识形态渗透企图,对主流意识形态观点的认同度较高,同时对泛娱乐化思潮价值取向中所倡导的价值观、消费观、历史观等有所分辨,能够正确认知泛娱乐化思潮。但是,由于传播的隐蔽性,泛娱乐化思潮对部分大学生思想和行为仍然产生着潜移默化的影响。

三是高校主流意识形态认同教育开展实效性有待提高。高校是大学生意识形态工作开展的前沿阵地。高校意识形态工作开展成效直接关系到国家意识形态安全问题。在信息技术发达的当今社会,主流意识形态教育在高校开展的方式手段需要更加多样化,更加贴合学生的实际需求,在利用好思政课堂教学这一主渠道的基础之上,还要多渠道并行,以达到理想的教育成果。

针对上述问题,相关原因可分析如下。

在主体层面,大学生娱乐需求存在异化问题。追求娱乐是人的天性,"渴望生存的愉悦,追求生命的快乐,是人的天性,也是人的权力"①。面对生活、学业等诸多压力,大学生对追求快乐的心理需求越来越大,如同人趋利避害的本能一样,渴求快乐、喜爱轻松愉悦的事物也是大学生的本能。但是,泛娱乐化思潮利用大学生这一心理需求,结合网络技术和新媒体的发展为大学生提供了一个"快乐"平台,用浅薄庸俗、哗众取宠类的娱乐信息迎合大学生猎奇、求异、赶潮流的心理,为大学生提供了低层次的即时性娱乐,满足大学生的感官世界,激发大学生的情感共鸣和娱乐欲望,在无意识中异化学生的正常需求,使其成为娱乐的附庸。长期处于异质娱乐的环境氛围之中,满足于直观、简单的快乐感受的大学生,缺乏对这些娱乐信息的自我控制,自身娱乐心理发生变化,人变得不能控制娱乐,反而被娱乐所支配。例如,大学生群体中最常见的异化现象就是为了网络游戏长期熬夜、充值大量金钱,以获得肤浅但满足的游戏体验感,但当返回到现实世界时只剩下无尽的空虚;对现实世界的无力感使得他们更加向往在游戏世界中的操控感,便控制不住地再次进入游戏世界。

当泛娱乐化思潮不仅仅局限于休闲文化,而是全方位融入社会各领域时,社会表达的方式将会越来越多地趋向于娱乐化,事物内里的严肃性被消解,取而代之的是哗众取宠的无厘头表象。因此,正确辨析娱乐与泛娱乐,养成自省、慎独的习惯,是大学生把握好娱乐尺度的关键所在。

在客体层面,主流意识形态的传播力一定程度上有所弱化。主流意识形态的传播力关系到受众对主流意识形态接收的实际效能。在信息大爆炸的时代,信息传播的数量与范围不再成为传播力度的评判标准,传播渠道与权力的开放化和大众化使得现代传播环境日益复杂,不同的思想言论能够通过各种渠道散播。大学生对网络的运用能力较强,更易接触到这些不良信息并被其吸引,这给主流意识形态的传播制造了巨大压力。

面对大学生这一传播受众,主流意识形态传播的亲和力、感染力尤为重要。然而,在这方面泛娱乐化思潮的传播显然更胜一筹。首先,在亲和力方面,泛娱乐化思潮传播的内容是轻松惬意、更贴近大学生生活的。因而在课业之余,这些娱乐信息更能获得大学生的青睐。其次,在感染力方面,新媒体时代的变革使以

---

① 伯特兰·罗素.快乐哲学[M].王正平,杨承滨,译.北京:中国工人出版社,1993:262.

感性的视觉文化为传播形式成为风尚。泛娱乐化思潮善于利用这一时代带来的优势，以图片、视频等感官刺激更强的表现形式来传播内容，以吸引大学生的注意力。这与大学生在课堂或书本杂志中以文字形式抽象地接收主流意识形态知识不同，泛娱乐化思潮的传播显得更加具象化。除此之外，泛娱乐化思潮还善于利用碎片化的信息，以主观的、片面的、具有煽动性的信息来引起大学生的共情。

在学校层面，高校主流意识形态教育部分存在形式化问题。高校是人才培养的重要场所，也是党意识形态工作的前沿阵地。站稳守牢高校意识形态前沿阵地是加强党对高校全面领导、办好中国特色社会主义大学的根本前提。主流意识形态教学方式应该随着时代的发展和学生的成长进行优化改进，以此培养更加优秀的、符合时代需求的优秀人才，从而实现教学目标。

在国际环境层面，西方意识形态不断渗透强化。从国际大环境角度来看，社会主义与资本主义在意识形态方面的斗争一直存在。西方国家针对社会主义国家的和平演变战略仍在上演，他们不断利用资产阶级的腐朽价值观从政治、经济、文化等各方面进行渗透。世界观、人生观、价值观尚不稳定的青年一代则是重点渗透对象。泛娱乐化思潮的兴起也是西方资本主义国家意识形态入侵的表现之一，借助网络媒体技术传播信息海量性、迅捷性和交互性等特点，泛娱乐化思潮在社会各个领域的蔓延十分迅速。又因其大众化、娱乐化的属性非常容易与其他各类社会思潮进行耦合从而产生新的变体①，所以泛娱乐化思潮中夹带的其他西方意识形态观点也一并在"娱乐"这层外衣的助推下进一步渗入人们的日常生活，影响人们思想与行为。

除此之外，西方意识形态渲染的思想观点和价值观点与我国所倡导的相左。大学生长期处于两者的相互拉扯之中，对主流意识形态的认同可能会出现一定程度的"西化"，同时这也是为什么会出现虚假认同的原因。大学生们在生活中、在网络上面对的是利益至上、娱乐至死的社会风气与现状，而在课堂、学校受到的教育又要求学生要乐于奉献、淡泊名利。这种来自现实与理想的差距可能使得大学生们只能采取虚假认同的方式维持二者表面的平衡。

在社会环境层面，网络媒体娱乐生产存在无序化问题。在互联网时代，传统媒介的传播作用日渐消减，新媒体的发展为经济带来的效益使其越来越为人们

---

① 陈昌凤.斜杠身份与后真相泛娱乐主义思潮的政治隐患[J].人民论坛,2018(6)：30－32.

所追捧。"在注意力经济的时代里,抓住人们的注意力,就抓住了主要的社会资源,更将给媒体带来巨大的经济效益。"①因此,在巨大的经济效益和激烈的市场竞争下,网络媒体紧抓大众的娱乐心理,开始利用"娱乐"为核心卖点,只为获取更大的关注度、流量和热度。这也就导致了传播内容与传播形式的泛娱乐化,进一步促成泛娱乐化思潮的生成与扩散。

第三节 泛娱乐化思潮下高校大学生主流
意识形态认同提升路径

本节从主流意识形态认同的生成机制与影响机制出发,提出泛娱乐化思潮下提升大学生对主流意识形态认同的建议,为在多变的社会思潮中巩固主流意识形态主导地位、加强对社会思潮的引导提供参考。

一、大学生主流意识形态认同的形成机制

(一) 大学生主流意识形态认同的内部生成机制

大学生主流意识形态认同的内部生成机制主要是从大学生自身出发,使其对主流意识形态产生认同,并指导大学生的思想与行为。该机制包括 5 个环节,分别是认知、选择、整合、内化、外化。

认知:即大脑对接收到的信息进行初步处理的过程,主要包括感知、解读、思考、记忆 4 个部分。大学生对意识形态的认知来自家庭培养、学校教育和社会环境等各个方面,是一个连续的、理性与感性相互作用的认知结果。

选择:大学生作为具有一定主观能动性的个体,在面对外界繁杂的社会文化、社会思想时会自觉地对信息进行筛选。在选择的过程中,大学生所做出的选择是以对事物的认知为基础,在自身利益需求和辨别是非能力的影响下所作出的价值判断和价值选择。

整合:指主体将脑海中的信息进行重构、统合、再加工的过程。在这个过程中主体将原有的思想观念打破,再根据自身的经验知识进行重组,形成新的属于

---

① 邵立肃,王宇.信息时代的传媒[M].成都:四川人民出版社,2000:188.

自己的思想观念体系。新思想的吸纳和旧思想的改造、正确意识形态的学习与错误意识形态的纠正是大学生思想整合成型的重要环节。只有通过这样的整合,主流意识形态才算初步进入大学生的内心。

内化:内化要求大学生在对主流意识形态有整体的理解和认知的基础上形成对此的坚定信念,并以之指导具体实践。主流意识形态内化过程不再是单纯的知识吸收和归纳整合,而是将主流意识形态的思想观点融入自身,形成属于自己的一种新的认知结构,并将此作为一种持久的行为处事态度和方法准则。可见,内化是主流意识形态认同内部生成机制的关键环节。

外化:大学生将内化了的品质、思想外化为实际行动并形成行为习惯,这是外化的最终环节。在这一过程中,大学生的思想与行为可能会出现反复,但是只有实现了思想与行为的统一,其对主流意识形态认同的内部生成过程才真正完成。

(二) 大学生主流意识形态认同的外部影响机制

大学生主流意识形态认同的外部影响机制包括主流意识形态的生产机制、主流意识形态的传播机制、主流意识形态的教化机制三个方面。这是一个自上而下、层层递进的过程,是主体、载体、客体、方式等因素相互调适的结果。

马克思曾对意识形态生产作出说明:"每一个企图取代旧统治阶级的新阶级,为了达到自己的目的不得不把自己的利益说成是社会全体成员的共同利益,就是说,这在观念上的表达就是:赋予自己的思想以普遍性的形式,把它们描绘成唯一合乎理性的、有普遍意义的思想。"①据此,意识形态生产至少包括三个要素,即知识生产赋予意识形态以普遍性、话语生产将意识形态描绘成唯一合乎理性的、权力生产维护意识形态背后的阶级利益。

我国主流意识形态的知识生产对主流意识形态中的思想观念、道德法律、哲学艺术等方面的知识结合当代实际进行更新换代,引导人们建立具有规范性的、正确的认知,为人们提供是非对错的行为判断标准。话语作为意识形态的外在表现形式,是人与意识形态之间的沟通桥梁。主流意识形态的话语生产是在顺

---

① 中共中央马克思恩格斯列宁斯大林著作编译局.马克思恩格斯文集(第一卷)[M].北京:人民出版社,2009:552.

应主流意识形态的本质要求的基础上,结合现实社会环境变化,以知识为内容生成多样、多变的话语形式,阐释主流意识形态的核心理念,促进人们对意识形态观点的理解。主流意识形态权力生产的目的是维护阶级利益,在知识机制和话语机制的共同作用之下,权力生产能够形成一种人与人之间关系的权力网络,构建起以主流意识形态观点方法来解释事物的权威体系,从而起到保障生活秩序、维护统治阶级权力的作用。

主流意识形态的传播机制是影响人们接收信息、获取信息并接受其思想观念的重要环节,一般由五个基本要素组成,即传播主体、传播内容、传播方式、传播受众、传播效果。要优化主流意识形态传播机制需要综合提升这五个基本要素作用与效果。

首先,传播主体是主流意识形态得以扩散、分享、交流、实践和发展的有机生命载体,在传播机制中担当着推动主流意识形态与人民群众沟通交流的主要责任。其次,传播内容是准确表达主流意识形态观点内核的物质载体,科学准确地规划传播内容是使主流意识形态得以有效传播的前提。再次,传播方式是影响传播受众对主流意识形态的接受程度的关键;对不同类型的传播受众,要选择合适的传播手段,不断创新传播手段,增强受众可接受性,以达到有效传播。再其次,传播受众即接受主流意识形态传播的客体都有趋利性,要充分了解受众的利益需求和心理需求才能及时调整并把握好主流意识形态宣传方向,达到良好的传播效果。最后,传播效果是判断主流意识形态传播是否有效的落脚点,也能够体现出受众对主流意识形态认同的程度;在评价主流意识形态的传播效果时要注意从全方面、多主体的角度开展科学评价。

主流意识形态的教化机制是指用教育、感化的方式使受教育者认可、理解并认同主流意识形态。因此,主流意识形态的教化机制具有较强的导向性和鼓动性。人与动物的区别在于人能够理性的思考,但是受限于认知范围与程度,个体的理性是有限的,人对待意识的态度也是如此。在深度全球化的时代背景下,各种思想观念、价值观念交织。个体要形成对主流意识形态的认同和对共同理想的信念,只有在理论的不断教化引导下,经过反复实践才能实现。教化机制中最重要的是科学、客观的教育内容和适合受教育者的灵活、科学的教育方式。当前,对于大学生群体来说,开展思想政治教育是教化机制作用的主要形式之一;创新优化教育方式、方法和内容是提升大学生对主流意识形态认同的重要途径。

提升大学生主流意识形态认同,需要将意识形态认同的内部生产机制与外部影响机制有机结合,将外部要求转化为内部需求,使主流意识形态不再是外来思想而是大学生心里内部自发需要、主动遵循、积极运用并能够指导实践的理论体系。

　　强化主流意识形态引领力是建立和实现主流意识形态领导权的内在要求,是促进大学生正确认识社会思潮的基本要求。主流意识形态想要实现对各类社会思潮的引领,需要一套健全的引领机制,主要包括三个方面的内容,即对社会思潮的预测机制、疏导机制和评价机制。

　　预测机制是指主流意识形态要利用其理论、方法,结合现代化的科技手段来分析预测社会思潮的产生、发展、演变的规律。通过收集社会各领域的突出矛盾和问题、当前热门的焦点话题、社会心理、社会风气等相关信息,综合利用多学科的理论与方法,分析判断社会思潮的产生原因、观点立场、思想本质等,以此为依据预测其未来的演变过程和发展趋势,以便于提前预估各种社会思潮的走向趋势,及时遏制不良思潮的发展。

　　疏导机制是指主流意识形态对社会思潮中其不同的思想理论、观点方法等问题进行的疏通和引导的机制。疏通的关键在于鼓励不同学术观点、理论思想的表达与切磋,创造百家争鸣、百花齐放的学术研讨环境,帮助人们在各种观点思想的交锋、争论中厘清思路、辨别良莠。引导的关键在于用科学的批判精神,在疏通的基础上引领社会思潮向利于社会进步的方向发展。疏导机制的核心在于与各种社会思潮进行交流沟通。社会思潮有积极正确的,也有消极错误的。面对多样多元的社会思潮,主流意识形态要在疏通和引导的过程中不断自省,吸取不同思想观点中有价值的部分,一方面促进主流意识形态的自我提高,另一方面为社会思潮健康发展提供良好的沟通交流环境与科学的引导。

　　评价机制是指主流意识形态利用马克思主义的观点、立场和方法对社会思潮的理论基础、本质内涵、价值观念、行为方法等方面进行评判。社会思潮的产生和发展与当前社会环境和民众心理有着十分紧密的联系。无论是正确的还是错误的社会思潮,其在理论形式与传播形式上都与民众有一定的契合性。对一些极具迷惑性的错误思潮,大众如果不对其进行小心辨别就很容易落入其意识形态陷阱。所以,应对各种社会思潮的过程中要善于利用马克思主义的观点立场和认识方法对其加以辨别,带着辩证批判的眼光和视角评判社会思潮,以保证社会意识形态环境的稳定与和谐。

综上所述,提升大学生对主流意识形态的认同,需要建立完善两大机制:一是大学生主流意识形态认同的内部生成机制,即认知、选择、整合、内化、外化;二是大学生主流意识形态的外部影响机制,即主流意识形态的生产机制、传播机制、教化机制和对社会思潮的引领机制。内部机制与外部机制是一个有机的整体,二者相互联系、相互依存,二者结合有利于促进大学生对主流意识形态的认同。

二、泛娱乐化思潮下提升大学生主流意识形态认同的方案

(一) 提升娱乐媒介素养,端正大学生主流意识形态认同态度

一方面,大学生应主动陶冶媒介审美情操,增强主体意识。每个时代不同媒介的发展为人们带来不同的审美体验。在第二次工业革命时期,广播、电视、电影等媒介把人们对事物的审美体验由周遭的现实世界转换到更广阔的屏幕世界。在互联网时代,人们的审美体验突破了时空限制,可以随时享受来自世界各地的不同事物的感官体验,极大丰富了人们的精神世界。但是,泛娱乐化思潮与互联网所提供的爆炸式信息相融合却为人们的审美体验带来隐患。碎片化的信息和同质化的审美既不能系统性地拓展提升人们的知识与技能,又不能为人们带来深度的美感体验,只能使人沉浸在肤浅的感官快感中无法自拔。大学生作为网络"原住民"更是深受其害。因此,在泛娱乐化思潮的背景下,大学生要主动陶冶自身的审美情操,摆脱庸俗品位,积极自觉地对哗众取宠的过度娱乐化的产品说"不",抵制过度娱乐诱惑;要坚守主体意识,在空洞、肤浅的娱乐陷阱中坚守自我;要积极追求能够促进个人全面发展的先进文化、高雅文化,坚决抵制歪曲历史、篡改经典、调侃英雄等以伪乱真进而解构我国主流意识形态内涵的低俗文化作品;要阅读有价值的经典著作,主动选择有内涵、富有真善美意义的文艺作品,加强对历史、社会、文学等方面的认知,提升自身的审美判断力,使自身思想境界和文化品位得以提高。

另一方面,大学生应自觉提升辨别能力,加强理性思考。泛娱乐化思潮的主要发生地和传播地是网络空间。网络空间信息繁杂,除了一些商业化的网络媒体为了谋取高额利益,盲目跟风传播一些不利于大学生身心健康发展的不良信息之外,还不乏一些在网络中故意以娱乐形式传播抹黑中国政府、中国共产党、

中国特色社会主义制度的信息,以此达到瓦解人心、遏制中国发展的作用。因此,大学生应正确、客观、理性地对待各种娱乐信息,提高自身警惕意识与辨别能力,正确的辨别和选择信息类型,自觉抵制低俗、涉黄、反社会、反国家等信息。为了提高媒介素养,加强信息辨别能力,首先,大学生应该自觉加强对主流意识形态的学习,学会运用马克思主义的立场、观点和方法分析看待问题,理性思考,以辩证思维统领自身发展;要以主流意识形态中的观点思想武装自己,在网络世界林林总总的诱惑中坚定自我,抵制泛娱乐化思潮带来的不利影响。其次,大学生要主动、自觉地了解、学习媒介使用的相关技巧,完善对媒介的认知,清楚媒介使用应当遵循的相关法律法规,确保正确使用媒介。再次,大学生要学会对不良娱乐信息进行筛选、鉴别,对于大量碎片化的信息要学会提取与整合有效部分,转变盲从、随大流式的信息接收模式。最后,大学生作为传播者在传播信息时要注意用词用语健康化、规范化,营造良好的传播环境,建立健康理性的娱乐观。

(二)完善对话机制,加强主流意识形态思想引领力

去粗取精,推进理论创新,提升主流意识形态时代性。在新的社会背景下,新事物的出现与发展影响着社会进步的步伐与国家前进的方向,有什么样的社会存在就会产生什么样的社会意识。因此,主流意识形态理论应当随着社会实践的不断发展而与时俱进,通过理论创新来提升时代性,进而指导社会发展与变革。在多样化的社会思潮蜂拥迭起的社会环境下,主流意识形态要对其进行更加理性的分析、辨别与批判,构建起能够与社会思潮进行良性对话的机制模式,实现思想的碰撞和观点的交锋。为了使主流意识形态理论能够说服人、能够更彻底,在沟通对话的过程中,主流意识形态应该积极地在实践中吸收融合各种社会思潮中合理的、有价值的部分,以对自身理论进行补过拾遗,对错误的、有失偏颇的社会思潮观点进行批判揭露,以维护社会的平稳和谐。主流意识形态要善于从新兴的社会思潮中发现社会的新问题、新情况、新矛盾,结合当前的新环境和之前的正确理论对这些问题、矛盾进行分析解决,在具体实践中总结经验、提炼亮点,进一步实现理论创新。

革故鼎新,重视话语传播,增强主流意识形态感染力。在快节奏的互联网时代和泛娱乐化思潮的影响下,图像文化极大冲击着传统的文字表达,以图片、音

频、视频形式传递的内容更易引发年轻受众的价值认同和情感认同。而具有较强理论性、系统性的主流意识形态则需要借助一定的话语来促进表达和传播，吸引人们对主流意识形态的关注，从而获得更高水平的理解和认同。因此，想要坚守主流意识形态主导地位，增强认同，实现对非主流意识形态的思想引领，就需要及时更新主流意识形态的话语体系，通过创新话语内容、表达方式等手段增强主流意识形态对大学生的亲和力与感染力。首先，要促进主流意识形态话语表达内容的创新，紧跟时代潮流，主动吸收和融合流行于当下的新话语、新表达，理论联系实际，实现政治、学术和大众三种话语的有机统一。针对大学生这一受众群体，还需要注意大学生群体的话语风格，要用接地气、有活力、有理论的话语来让青年大学生自觉自愿地接受，从而促进他们提升对主流意识形态的认同。其次，要推动话语表达方式创新，联系热点实际，以大学生喜闻乐见的方式宣传国家政策、会议精神、社会发展成就等。坚守话语表达的网络阵地，各官方主流媒体要积极入驻各大网络平台，以热点问题积极回应，最新政策积极解答等方式与大学生群体产生良性互动，进而将主流意识形态内容的宣传生活化、日常化，提升大学生对其认同程度。

（三）纠正不良娱乐风气，营造主流意识形态认同良好氛围

规范娱乐文化市场，坚守主流意识形态舆情阵地。泛娱乐化思潮的泛滥是市场自发无序追求利益的表现，过度商业化的娱乐市场将影响媒介发展趋势和社会舆情方向，破坏公众信息获取和观点表达的媒介环境。要从源头上遏制泛娱乐化思潮的发展与影响，坚守主流意识形态舆情阵地，就需要抓准切入口，从制度上规范娱乐文化市场秩序，增强对娱乐产品生产、传播及相关从业人员等方面的规范与监管。第一，完善与互联网相关的法律法规。网络平台是大学生受泛娱乐化思潮入侵的首要"受灾点"，要依法加大网络空间治理的力度，能够为大学生创设良好的主流意识形态认同网络环境。网络的匿名性为不良言论的传播制造了一定便利。虽然近年来关于社交媒体账号实名制、IP 归属地实时公开显示等举措给居心不良的人敲响了警钟，但仍有不少披着娱乐外皮的"歪风邪气"在网络平台上存在。因此，要加强对网络平台的监管，完善网络平台相关的法律法规。第二，要规范娱乐生产"流程"。对网络媒体的信息生产资格、审核机制、盈利模式、运营模式进行明确的法律规定，并及时根据社会发展的现实情况进行调整更改，加强法治管控，从源头上切断错误思潮的传播路径，牢牢占据

主流意识形态的主导地位,坚守网络主阵地。第三,要提高从业人员的基本素养。在娱乐文化行业,从业人员的自身素养影响着产品的质量和行业发展的好坏。一方面要提高从业人员的思想道德素养和法律素养,使其树立正确的价值观,加强自我道德约束,严守法律底线,积极成为主流意识形态的忠实维护者和有效传播者。另一方面要提高从业人员的职业素养,使其生产或传播文明的、健康的、具有正确价值导向的文娱作品,反对具有反社会、反国家、反科学、不利于社会稳定和发展等不良性质的作品在市场上流通。从业人员既要成为优质娱乐产品的生产者,也要成为娱乐文化行业的监督者。

创作优质娱乐产品,引导文化产品价值正向输出。文化是一个国家和民族精神面貌的折射,培育和发展先进文化有利于提升人们的科学文化素养和思想道德素养,引导人们形成正确的价值观,增强对主流意识形态的接收和认同。要重视提升娱乐文化产品的质量,引导生产富有正向文化价值的优质先进文化,为大学生营造风清气正的主流意识形态认同培养环境。一方面,要积极生产以弘扬主旋律、传播正能量为主要内容的优质文化作品。优质的主旋律作品能够激发大学生的爱国情感和对主流意识形态的认同情感,例如近几年获得广泛好评的影视作品《战狼》《流浪地球》《觉醒年代》等。除此之外,通过文化作品对历史人物、历史事件进行还原刻画与描述能够对泛娱乐化思潮中恶意丑化革命、历史事件和英雄人物的现象进行批驳,使大学生在轻松娱乐中受到主流意识形态的教育,提升对主流意识形态的认知、认同。另一方面,要加强主流意识形态对娱乐文化作品的价值观引导。娱乐文化产品不仅要满足人们的娱乐需要,更要为提升人的审美能力、丰富精神世界服务。因此,在娱乐文化产品的创作过程中不能盲目从众,一味以低级趣味的作品迎合大众,而要坚持正确价值导向,以弘扬社会主义核心价值观为己任,积极宣扬新思想、新理念,同时以理性、合理的方式反映社会现象、社会问题,为大学生铸造积极向上的社会文化环境。

(四) 优化思政教育工作,筑牢高校意识形态工作前沿阵地

一方面,要创新高校主流意识形态认同教育的内容与形式。高校是大学生接受主流意识形态教育主要阵地,因此,高校的思政教育工作的重要性不言而喻。但是,随着时代的变化与发展,高校思政教育工作仍然存在一些问题,思政教育的成效在大学生身上体现的并不显著。因此,应当及时调整教育的方式,创

新教育内容与形式,为提高大学生主流意识形态认同寻找"新出口"。首先,思政课堂应由传统的"灌输式"转向"参与式"。以往的教学方式多以教师主讲,学生被动输入为主,这样的教学方式不利于发挥学生的主观能动性。应引导学生通过自主研究、课题讨论等形式,主动探索主流意识形态的相关议题,增强自主性和批判性思维。通过组织辩论赛、模拟联合国、角色扮演等互动活动,增强学生的参与感和代入感,激发他们的思考与表达,在深度参与的课堂中获取对主流意识形态的认同。其次,思政课堂在教学内容方面应注意与现实生活相结合。思政课堂的教学内容除了对经典理论方面的教学之外,将主流意识形态与当前社会发展的热点问题、科技进步、国际局势等紧密结合,使内容更具现实感和时代性。将主流意识形态教育融入跨学科教学中,如与历史、哲学、社会学、政治学等学科内容相结合,形成综合性的教学内容。通过具体的社会案例、历史事件、典型人物等,引导学生深入理解主流意识形态的内涵与外延。以泛娱乐化思潮为例,可以在思政课堂中加入对这一社会思潮的评析,帮助学生认识到其中的危害,并提供应对方法和态度,以坚定学生对主流意识形态的认同。再次,要丰富校园活动,营造良好校园文化氛围。除了思政课堂教学,其他教学活动例如社会实践、学生社团活动、竞赛等第二课堂也是大学生学习主流意识形态知识的重要场所。将主流意识形态教育与文化艺术相结合,如通过主题展览、话剧表演、影视创作等方式,增强教育的感染力和吸引力。开展精彩多样的校园活动有利于学生在寓教于乐的过程中收获知识,但是要注意明确活动目的、主题鲜明,不能片面强调活动的娱乐性,活动载体要体现大学生主流意识形态教育的目标和理念,突出思想内涵,将思想性、科学性、趣味性集于一体。最后,要占据网络高地,实时了解学生动向。高校要充分运用校园网络媒介(学校官方微博、公众号、抖音等社交账号),构建一种能够与大学生进行平等交流的互动模式,更好地了解学生的情感倾向和思想动态。通过以平等关系为基础的沟通交流和以共同网络语言对主流意识形态进行软性输出,促进学生产生情感共识,以便思政教育工作的开展。

另一方面,要促进教师队伍对主流意识形态认同的引导作用。教师作为教学活动的主导者,影响着教育开展的质量与成效。除此之外,教师作为学生学习的榜样,要做到以身作则。促进教师队伍对大学生主流意识形态认同的引导作用要从以下几个方面出发:一是要提高教师自身的思想道德素养,加深教师对主流意识形态内容的认知和认同。除了思政课教师,其他专业课教师也需要强化相关方面的认知认同。每位教师都需要具备相关的知识素养才能确保课程思政工作的顺利开展。二是要加强教师对学生思想政治教育的重视程度。立德树人是教育的根本任务,育人要以育德为先导,强调授业解惑与育人相结合。不少大学生只关注专业课的学习,忽视了思想道德素养的提升,甚至有些教师也是如此。因此,要加强教师对思想政治教育的重视程度,防止主流意识形态教育边缘化。

参 考 文 献

Antoine N, Shiro U. Exploration of a text collection and identification of topics by clustering [J]. Lecture Notes in Computer Science, 2007(12): 115 - 124.

Ceron A, Negri F. The "social side" of public policy: monitoring online public opinion and its mobilization during the policy cycle[J]. Policy and Internet, 2016, 8(2): 131 - 147.

Crossley A C. Straw Polls in 1936[J]. Public Opinion Quarterly, 1937, 1(1): 24 - 35.

Doran D, Gokhale S S, Dagnino A. Discovering perceptions in online social media: A probabilistic approach[J]. International Journal of Software Engineering and Knowledge Engineering, 2014, 24(9): 1273 - 1299.

Eggens L, Werf M P C, Bosker R J. The influence of personal networks and social support on study attainment of students in university education [J]. Higher Education, 2008, 55(5): 553 - 573.

Guan Q, Ye S, Yao G, et al. Research and design of internet public opinion analysis system[C]. China: IITA International Conference on Services Science Management and Engineering, 2009: 485 - 489.

Huang X, Jin H, Zhang Y. Risk assessment of earthquake network public opinion based on global search BP neural network[J]. Plos One, 2019, 14(3): 1 - 14.

Hu Q. A web service clustering method based on topic enhanced gibbs sampling algorithm for the dirichlet multinomial mixture model and service collaboration graph[J]. Information Sciences, 2022, 586: 239 - 260.

Imran-Daud M, Sanchez D, Viejo A. Privacy-driven access control in social networks by means of automatic semantic annotation [J]. Computer Communications,

2016, 76(1): 12 - 25.

Kang Y, Yu N. Soft constraint based online LDA for community recommendation[C].
Berlin: Springer Berlin Heidelberg, 2010: 494 - 505.

Lachlan K, Spence P, Lin X, et al. Social media and crisis management: CERC,
search strategies, and Twitter content[J]. Computers in Human Behavior,
2016, 54: 647 - 652.

Lau J H, Collier N, Baldwin T. On-line trend analysis with topic models: #twitter
trends detection topic model online[C]. India: Coling. 2012: 1519 - 1534.

Loulwah A, Barbara D, Domeniconi C. On-line LDA: Adaptive topic models of
mining text streams with applications to topic detection and tracking[C]. Italy:
Proceeding of the 8th IEEE International Conference on Data Mining, 2008: 3 - 12.

Magin Z E, David A B, Carney L M, et al. Belief in god and psychological distress:
Is it the belief or certainty of the belief? [J]. Religions, 2021, 12(9): 757.

Ma J, Luo S, Yao J, et al. Efficient opinion summarization on comments with online
LDA[J]. International Journal of Computers Communications and Control,
2016, 11(3): 4 - 14.

Martens D, Bruynseels L, Baesens B, et al. Predicting going concern opinion with
data mining[J]. Decision Support Systems, 2008, 45(4): 756 - 777.

Mei G, Tu J, Xiao L, et al. An efficient graph clustering algorithm by exploiting k-
core decomposition and motifs[J]. Computers and Electrical Engineering,
2021, 96(PB): 1 - 33.

Michela D V, Fabiana Z, Guido C, et al. Mapping social dynamics on Facebook:
The Brexit debate[J]. Social Networks, 2017, 50(2): 6 - 16.

Millington C. Political belief in France, 1927 - 1945: gender, empire, and fascism
in the Croix de Feu and Parti Social Français[J]. Modern and Contemporary
France, 2016(24): 446 - 447.

O'Connor B, Balasubramanyan R, Routledge B R, et al. From tweets to polls:
Linking text sentiment to public opinion time series[C]. Washington: Fourth
International AAAI Conference on Weblogsand Social Media, 2010: 1 - 8.

Pitts V M, Spillane J P. Using social network methods to study school leadership[J].

International Journal of Research and Method in Education, 2009, 32(2): 185-207.

Rasch W. Political theology and political form: power, contingency, authority, belief [J].Journal for Cultural Research, 2016, 20(3): 217-234.

Sobkowicz P, Kaschesky M, Bouchard G. Opinion mining in social media: Modeling, simulating and forecasting political opinions in the web [J]. Government Information Quarterly, 2012, 29(4): 470-479.

Xin M, Wu H, Niu Z. A quick emergency response model for micro-blog public opinion crisis oriented to mobile internet services design and implementation[J]. Journal of Soft ware, 2012, 7(6): 1413-1420.

Zeng J, Zhang S, Wu C, et al. Predictive model for internet public opinion[C]. Xi'an: 2007 Fuzzy Systems and Knowledge Discovery Conference, 2007: 7-11.

艾四林,吴潜涛.高校马克思主义理论学科发展报告(2020)[M].北京:人民出版社,2022.

包雅玮.新媒体环境下青年爱国表达的新特征——以"B站"弹幕文化为例[J].中国青年研究,2021(7):96-101,109.

鲍德里亚.消费社会[M].刘成富,全志钢,译.南京:南京大学出版社,2014.

本报评论部.让主流媒体成为"全媒体"[N].人民日报,2019-01-30(5).

本报评论部.用主流价值纾解"算法焦虑"[N].人民日报,2008-06-20(5).

本刊记者.正确认识改革开放掌握社会主义意识形态话语权——访中国社会科学院马克思主义研究院党委书记侯惠勤[J].马克思主义研究,2009(1):25-40.

毕殿杰,张子振,余永红,等.基于改进的Elman神经网络的网络舆情预警模型[J].河北科技师范学院学报,2016,30(3):10-15.

波兹曼.娱乐至死:童年的消逝[M].章艳,吴艳莛,译.桂林:广西师范大学出版社,2009.

蔡太芝,陈志勇.社交媒体中信息供给泛娱乐化倾向的反思及应对——基于高校网络思想政治教育的视角[J].佳木斯大学社会科学学报,2016,34(5):79-82.

曹建平,王晖,夏友清,等.基于LDA的双通道在线主题演化模型[J].自动化学,

2014,40(12)：2877－2886.

曹克亮.行为主义视域下高校基层党组织政治理论学习研究［J］.学校党建与思想教育,2022(2)：224－227.

曹克亮.行为主义视域下高校基层党组织政治理论学习研究［J］.学校党建与思想教育,2022(2)：24－27.

陈昌凤.斜杠身份与后真相　泛娱乐主义思潮的政治隐患［J］.人民论坛,2018(6)：30－32.

陈大勇,刘清才,冯佳文.党对高校研究生信仰吸引力的实证研究［J］.研究生教育研究,2015(2)：20－23,33.

陈大勇,韦春霞,彭守建.浅谈体验式思想政治教育对提升党的信仰吸引力的作用［J］.教育教学论坛,2012(4)：219－221.

陈力丹.关于舆论的基本理念［J］.新闻大学,2012(5)：6－11+21.

陈力丹.媒介对舆论的社会控制机制——沉默的螺旋［J］.国际新闻界,1998(1)：46－48,76.

陈力丹.世界新闻传播史［M］.上海：上海交通大学出版社,2002.

陈玲,云电军,刘朝华,等.新时代高校基层党组织建设的路径探析［J］.学校党建与思想教育,2019(6)：32－33,47.

陈文胜.嵌入与引领：智能算法时代的主流价值观构建［J］.学术界,2021(3)：88－97.

陈锡喜.意识形态：当代中国的理论和实践［M］.北京：中国人民大学出版社,2018.

陈锡喜.重构社会主义意识形态话语体系的目标、原则和重点——以马克思主义中国化历史经验为视角的思考［J］.毛泽东邓小平理论研究,2011(11)：5－10.

陈曦.大数据时代网络舆情对青少年亚文化的影响［J］.新媒体研究,2016,2(11)：1－3.

陈兴蜀,高悦,江浩,等.基于OLDA的热点话题演化跟踪模型［J］.华南理工大学学报(自然科学版),2016,44(5)：130－136.

陈忆金,曹树金,陈少驰,等.网络舆情信息监测研究进展［J］.图书情报知识,2011(6)：41－49.

陈月生.突发群体性事件与舆情[M].天津：天津社会科学院出版社,2005.

陈占彪.当代娱乐文化的伦理危机[M].上海：上海人民出版社,2022.

崔凯,周斌,贾焰,等.一种基于LDA的在线主题演化挖掘模型[J].计算机科学, 2010,37(11)：156－159+193.

戴媛.我国网络舆情安全评估指标体系研究[D].北京：北京化工大学,2008： 40－97.

德波.景观社会[M].张新木,译.南京：南京大学出版社,2017.

邓观鹏,顾友仁.双重空间视域下主流意识形态话语传播空间转向的阐释理路 [J].领导科学,2023(3)：17－23.

邓小平.邓小平文选：第2卷[M].北京：人民出版社,1993.

丁义浩,王铄.当前高校网络舆情工作中存在的问题及对策[J].东北大学学报 (社会科学版),2013,15(4)：424－428.

董兴彬,吴满意.网络思想政治教育文本的新界定[J].毛泽东思想研究,2020,37 (2)：133－140.

豆勇超.基于意识形态结构理论的泛娱乐主义透析[J].北京社会科学,2021(9)： 66－75.

杜骏飞.网络传播概论[M].福州：福建人民出版化,2003.

杜明英,杨珊珊,高向辉,等.基于模糊综合评价法的食品安全网络舆情预警研究 [J].商业经济研究,2018(9)：188－192.

杜蓉,梁红霞.公共危机事件中政府对网络舆论的引导仿真[J].情报杂志,2011, 30(11)：61－66.

段永杰.从民主到民粹：政治传播中反话语空间的生成机制与流变[J].湖北行政 学院学报,2018(3)：26－31.

方芳,周玲.网络舆情在大学生群体中的传播路径[J].学校党建与思想教育, 2017(22)：57－58.

费尔巴哈.基督教的本质[M].荣震华,译.北京：商务印书馆,1984.

费尔克拉夫.话语与社会变迁[M].殷晓蓉,译.北京：华夏出版社,2003.

费瑟斯通.消费文化与后现代主义[M].刘精明,译.南京：译林出版社,2000.

冯刚,龙波宇.大学生网络话语的文化分析[J].思想理论教育,2018(6)：79－83.

冯希莹,王来华.舆情概念辨析[J].社会工作(学术版),2011(5)：83－87.

福柯.权力的眼睛——福柯访谈录[M].严锋,译.上海:上海人民出版社,1997.

高承实,陈越,荣星,等.网络舆情几个基本问题的探讨[J].情报杂志,2011(11):
　　52－56.

葛兰西.狱中札记[M].葆煦,译,北京:人民出版社,1983.

葛兰西.狱中札记[M].曹雷雨,姜丽,张跣,译.北京:中国社会科学出版社,2000.

谷宝华.基于 BP 神经网络的企业网络舆情危机预警研究[J].辽宁工业大学学报
　　(社会科学版),2016,18(1):25－29.

顾明毅,周忍伟.网络舆情及社会性网络信息传播模式[J].新闻与传播学研究,
　　2009,16(5):67－73,109.

顾小云.我国网络舆情应对机制的完善[J].中共山西省委党校学报,2013,36
　　(1):26－28.

管秀雪.人工智能时代主流意识形态传播力提升的多维审视[J].理论导刊,2022
　　(10):70－74,88.

郭亮,王永贵.网络流行语产生、传播流变对青少年主流意识形态认同的影响及
　　启示[J].思想教育研究,2019(4):103－107.

郭亮,王永贵.网络流行语产生、传播流变对青少年主流意识形态认同的影响及
　　启示[J].思想教育研究,2019(4):103－107.

郭明飞.全球化时代挑战我国主流意识形态的西方思潮分析[J].社会主义研究,
　　2007(1):128－130.

郭庆光.传播学教程[M].北京:中国人民大学出版社,1999.

郭庆光.传播学教程[M].北京:中国人民大学出版社,2011.

韩立新,王芙蓉."新闻舆化现象"对传统舆论引导的消解及应对[J].新闻与写
　　作,2010(10):30－32.

何建云,陈兴蜀,杜敏,等.基于改进的在线 LDA 模型的主题演化分析[J].中南大
　　学学报(自然科学版),2015,46(2):547－553.

何明升.高校学子眼中的网络政治与法律[J].南京邮电大学学报(社会科学版),
　　2018,20(1):36.

贺德方.基于大数据、云服务的科技情报工作思考[J].数字图书馆论坛,2013
　　(6):2－9.

洪之旭,陈浩,程亮.基于大数据的社会治理数据集成及决策分析方法[J].清华

大学学报(自然科学版).2017,57(3):264－269.

侯惠勤.马克思的意识形态批判与当代中国[M].北京:中国社会科学出版社,
　　2010.

侯惠勤.意识形态的变革与话语权——再论马克思主义在当代的话语权[J].马
　　克思主义研究,2006(1):45－51.

侯惠勤.意识形态话语权初探[J].马克思主义研究,2014(12):5－12.

侯惠勤.哲学与意识形态领导权[J].马克思主义研究,2019(3):5－15.

侯惠勤.中国共产党百年意识形态建设之道[J].马克思主义理论学科研究,
　　2021,7(5):83－96.

胡伯项,吴隽民.新媒体时代泛娱乐主义对我国主流意识形态的冲击及其应对
　　[J].思想教育研究,2021(10):85－92.

胡艳丽,白亮,张维明.网络舆情中一种基于OLDA的在线话题演化方法[J].国
　　防科技大学学报,2012,34(1):150－154.

胡义华,卓芝琴.新媒体时代新闻舆论引导的策略分析[J].传播力研究,2019
　　(17):75－76.

黄君录.新媒体时代高校主流意识形态话语权的建构[J].学校党建与思想教育,
　　2016(11):41－43.

黄明理,冯茜.我国90后大学生马克思主义信仰状况研究[J].河海大学学报(哲
　　学社会科学版),2014,16(1):6－13,32.

黄岩,王海稳.移动网络时代的媒介话语与意识形态安全[J].中共浙江省委党校
　　学报,2016,32(2):70－76.

黄一玲,焦连志,程世勇.网络文化"泛娱乐化"背景下的社会主义核心价值观认
　　同培育[J].湖北社会科学,2016(11):175－182.

黄一玲,焦连志."网络化生存"状态下高校意识形态建设的挑战与应对[J].现代
　　教育科学,2011(5):83－85,92.

纪红,马小洁.论网络舆情的搜集、分析和引导[J].华中科技大学学报(社会科学
　　版),2007(6):104－107.

贾文山.跳出泛娱乐主义的怪圈[J].人民论坛,2019(2):18－20.

江必新,郑礼华.互联网、大数据、人工智能与科学立法[J].法学杂志,2018,39
　　(5):1－7.

姜胜洪.从舆情视角论群体性事件的原因及其预防和处置[J].前沿,2009(1)：114－117.

姜胜洪.网络舆情热点的形成与发展、现状及舆论引导[J].理论月刊,2008(4)：34－36.

姜永建,刘向军.党的十八大以来习近平关于理想信念重要论述的研究述评[J].理论与改革,2018(5)：163－174.

蒋博,李明.解构与重构：新媒介赋权视域下的主流意识形态话语权建设[J].理论导刊,2021(7)：67－72.

揭晓,王永贵.论社会主义意识形态话语权提升的基本逻辑[J].思想教育研究,2019(8)：56－61.

金璐.大众传媒泛娱乐化倾向批判[J].新闻爱好者,2011(1)：21－22.

靳诺.新时代高校思想政治理论课改革创新的逻辑、方向和体系[J].教学与研究,2020(1)：16－23.

靳诺.新时代思政课改革发展的保障、动力及使命[J].北京教育(高教),2019(11)：25－26.

荆学民.当代中国社会信仰论[M].北京：人民出版社,2008.

荆学民.关于马克思主义和共产主义信仰的理论思考[J].马克思主义研究,1999(5)：60－68.

荆学民.现代信仰学导引[M].北京：中国传媒大学出版社,2012.

康玉洁,王洋,田冲.青少年与网络舆情的交互作用研究[J].读与写(教育教学刊),2019,16(2)：50,146.

孔德永.当代我国主流意识形态认同建构的有效途径[J].马克思主义研究,2012(6)：91－99.

孔明安,石立元.消费社会的双重异化及其批判——论鲍德里亚对《布拉格的大学生》双重解读[J].东岳论丛,2022,43(4)：89－96,192.

孔明安,谭勇.论意识形态的形式性构成及其辩证转换——齐泽克精神分析视域下的意识形态结构分析[J].四川大学学报(哲学社会科学版),2021(1)：38－44.

库兰,古尔维奇.大众媒介与社会[M].杨击,译.北京：华夏出版社,2006.

库少雄.行为主义与自杀研究[J].中南民族大学学报(人文社会科学版),2006,

26(6)：127－134.

匡文波.Web2.0下网络舆论引导的挑战与对策[J].中国记者,2008(12)：60－61.

拉斯韦尔.社会传播的结构与功能[M].何道宽,等,译.北京：中国传媒大学出版
    社,2013.

赖凯声,付宏,晏齐宏,李辉.地理舆情：大数据时代舆情研究的新路径[J].情报
    理论与实践,2020(8)：64－69.

赖胜强,唐雪梅.舆情事件中网民评论的社会影响研究[J].情报杂志,2020,39
    (2)：103－107,115.

兰月新,董希琳,陈成鑫.地方政府应对网络舆情能力评估和危机预警研究[J].
    现代情报,2012,32(5)：8－12.

兰月新,董希琳,苏国强.公共危机事件网络舆情预测问题研究[J].情报科学,
    2014,32(4)：35－38.

李超民.牢牢掌握新时代意识形态工作管理权[J].学术论坛,2019,42(2)：
    76－81.

李德顺.价值学大词典[M].北京：中国人民大学出版社,1995.

李国杰,程学旗.大数据研究：未来科技及经济社会发展的重大战略领域：大数
    据的研究现状与科学思考[J].中国科学院院刊,2012,27(6)：647－657.

李怀杰.大数据时代思想政治教育研究范式的转型——以电子科技大学为例
    [J].思想教育研究,2016(12)：17－21.

李金海,何有世,熊强.基于大数据技术的网络舆情文本挖掘研究[J].情报杂志,
    2014,33(10)：1－6,13.

李蓝汐.基于分型插值模型与BP神经网络模型的舆情预测对比分析——以水污
    染微博舆情为例[J].无线互联科技,2021,18(22)：68－71.

李楠,韩泊尧.当代中国马克思主义话语权审思：话语主体与话语主导的辩证观
    [J].山东社会科学,2022(4)：121－127.

李楠,王懂礼.国家意识形态安全视域下中华优秀传统文化的传承和弘扬[J].思
    想理论教育导刊,2019(4)：85－89.

李楠,张凯.大数据时代高校思想政治教育的创新[J].马克思主义理论学科研
    究,2019(4)：131－140.

李萍.国内当代大学生网络舆情研究综述[J].情报科学,2019,37(7)：171－176.

李普曼.公众舆论[M].阎克文,江红,译.上海:上海人民出版社,2006.

李普曼.舆论学[M].阎克文,江红,译.上海:上海人民出版社,2002.

李泉,李萌,成洪权,等.基于文本聚类与情感分析的群租房微博舆情量化研究[J].图书情报研究,2019,12(1):82-89,105.

李水金.中国公民话语权研究[M].长春:吉林人民出版社,2009.

李坦楼.新媒体时代高校网络舆情引导策略探析[J].长春大学学报,2020,30(4):77-80.

李希光.大数据时代的舆情研判和舆论引导[J].中国广播,2014(5):102-103.

李向平.信仰但不认同:当代中国信仰的社会学诠释[M].社会科学文献出版社,2010.

李晓阳,张明.感性传播背景下主流意识形态安全面临的挑战[J].湖北行政学院学报,2020(1):86-90.

李学龙,龚海刚.大数据系统综述[J].中国科学(信息科学),2015,45(1):1-44.

李晔.主流意识形态的认同机理及其建构——社会主义核心价值观的价值证成逻辑[J].学术探索,2015(10):11-15.

李一鸣.大数据背景下网络舆情的成因分析及治理探索[J].计算机时代,2019(12):108-111.

梁杰皓,薛亚萍.借力新时代 提升党建学科建设水平的若干问题新思考[J].党史博采(下),2019(1):37-38.

梁丽萍.中国人的宗教心理[M].北京:社会科学文献出版社,2004.

林萍,黄卫东.基于LDA模型的网络突发事件话题演化路径研究[J].情报科学2014,32(10):20-23.

刘波维,曾润喜.网络舆情研究视角分析[J].情报杂志,2017,36(2):91-96.

刘果.新时代网络新闻舆论的时代特征与引导策略[J].湖南大学学报(社会科学版),2019,33(2):151-156.

刘海燕."微时代"青少年网络舆情特征及应对策略分析[J].现代情报,2015,35(5):146-148.

刘宏宇."95后"大学生马克思主义信仰现状及教育策略[J].学校党建与思想教育,2019(4):85-86.

刘辉,张士海.中国共产党百年政治信仰建设的基本经验及启示[J].思想教育研究,2021(10):9-15.

刘建军.从信仰视角看为人民服务思想理论教育导刊[J].2004(12):18-22.

刘建军.关于理想信念教育的几点理论思考[J].教学与研究,2004(11):14-15.

刘建军.论马克思主义信仰的基本内容和主要结构[J].思想理论教育,2013(3):36-39.

刘建军.论马克思主义信仰的基本内容和主要结构[J].思想理论教育,2013(3):36-39.

刘建军.马克思主义学术视野中的信仰概念[J].教学与研究,2007(8):40-46.

刘建军.习近平理想信念论述的历史梳理与理论阐释[J].河海大学学报(哲学社会科学版),2015,17(3):1-8,89.

刘建军.信仰的呼唤——社会主义市场经济条件下的信仰问题研究[M].北京:人民出版社,2011.

刘建军.信仰教育:马克思主义思想理论教育的本质内容[J].中国人民大学学报,2000,14(4):14-17.

刘建军.信仰书简:与当代大学生谈理想信念[M].北京:中国青年出版社,2012.

刘建军.信仰追问[M].北京:中国青年出版社,2014.

刘建军.中国共产党人"信仰"概念的历史考察[J].思想教育研究,2021(4):59-64.

刘建军,朱喜坤.思想政治教育在应对突发事件中的作用[J].学校党建与思想教育,2003(6):9-12.

刘江华.一种基于 K-Means 聚类算法和 LDA 主题模型的文本检索方法及有效性验证[J].情报科学,2017,35(2):16-21,26.

刘江宁,周留征.认知理论与当代中国的文化认同重建[J].马克思主义与现实,2015(5):142-146.

刘经纬,董前程.对完善高校意识形态工作话语体系、掌握话语权的探讨[J].思想教育研究,2015(9):35-39.

刘明君,郑来春,陈少岚.多元文化冲突与主流意识形态建构[M].北京:中国社会科学出版社,2008.

刘鹏,罗丹,王玲玲.高校青年教师与大学生党员信仰吸引力的提升策略研究[J].智库时代,2019(15):28,37.

刘三宝,谢成宇.新媒体视域下高校意识形态安全的挑战与防控机制建构[J].中南民族大学学报(人文社会科学版),2023,43(4):155-164,187.

刘书林.思想政治教育学原理专题研究纲要[M].北京:人民出版社,2018.

刘姝媛.试论"泛娱乐化"时代如何维护我国意识形态安全[J].科学大众(科学教育),2015(6):140.

刘文博,刘吉.网络社会大学生信仰冷漠化风险与应对策略[J].中国青年研究,2020(1):21-27.

刘小帅,张世福.3G时代:传媒价值链的重构[J].网络传播,2009(7):20-24.

刘晓红,卜卫.大众传播心理研究[M].北京:中国广播电视出版社,2001.

刘笑菊.重构"认知图式"——提升中国共产党对大学生信仰吸引力的逻辑起点[J].浙江青年专修学院学报,2012,30(1):1-5.

刘迅,杨晓轩."泛娱乐化":核心价值观认同的挑战与应对[J].中共天津市委党校学报,2017,19(3):38-43.

刘艳.高校思想政治理论课教学"泛娱乐化"现象批判与省察[J].广西社会科学,2015(9):209-212.

刘艳.网络舆情视角下大学生网络素养探究[J].法制与社会,2020(19):127-128.

刘毅.基于三角模糊数的网络舆情预警指标体系构建[J].统计与决策,2012,31(2):12-15.

刘毅.内容分析法在网络舆情信息分析中的应用[J].天津大学学报(社会科学版),2006,8(4):307-310.

刘毅.网络舆情研究概论[M].天津:天津人民出版社,2007.

刘毅.网络舆情研究概论[M].天津:天津人民出版社,2007.

刘志礼,韩晶晶.政治隐喻视域下新自由主义思潮的本质属性探析[J].思想教育研究,2021(5):83-89.

卢卡奇.历史与阶级意识[M].杜章智等,译.北京:商务印书馆,1999.

路媛,王永贵.习近平关于新时代意识形态的思想研究综述[J].广西社会科学,2018(9):11-17.

吕峰.试论网络空间马克思主义话语权的内涵、特征与功能[J].理论导刊,2022(10):108-111,117.

罗鑫.什么是"全媒体"[J].中国记者,2010(3):82-83.

骆郁廷,骆虹.论大学生网络谣言辨识力的提升[J].思想理论教育,2020(3):73-79.

骆郁廷,史姗姗.论意识形态安全视域下的文化话语权[J].思想理论教育导刊,2014(4):66-73.

马尔库塞.单向度的人:发达工业社会意识形态研究[M].刘继,译.上海:上海译文出版社,2014.

麦考姆斯,郭镇之,邓理峰.议程设置理论概览:过去,现在与未来[J].新闻大学,2007(3):55-67.

聂峰英,张旸.移动社交网络舆情预警指标体系构建[J].情报理论与实践,2015,38(12):64-67.

聂立清.我国当代主流意识形态认同研究[M].北京:人民出版社,2010.

聂智,邓验.自媒体领域主流意识形态话语权的构成要素及衡量维度[J].湖南师范大学社会科学学报,2016,45(5):69-74.

聂智.自媒体领域我国主流意识形态的话语权研究[M].北京:人民出版社,2020.

欧庭宇."泛娱乐化"现象对青少年价值观教育的消极影响及其应对[J].理论导刊,2020(4):123-128.

潘娟.从经验到精准:基于大数据的网络舆情治理研究[J].重庆行政,2020(3):58-61.

潘维.信仰人民[M].北京:中国人民大学出版社,2017.

裴可锋,陈永洲,马静.基于 OLDA 的可变在线主题演化模型[J].情报科学,2017,35(5):63-68.

彭兰.媒介融合方向下的四个关键变革[J].青年记者,2009(6):22-24.

齐泽克,阿多尔诺.图绘意识形态[M].方杰,译.南京:南京大学出版社,2006.

齐中祥.舆情学[M].南京:江苏人民出版社,2015.

秦程节,何小春.互联网时代社会主义核心价值观网络话语权建设[J].广西社会科学,2016(9):143-146.

秦健.群体性事件网络舆论的引导和控制[J].当代世界与社会主义,2011(4):151-152.

秦在东,高晨光.历史虚无主义对大学生主流意识形态认同的影响及应对[J].学校党建与思想教育,2017(17):69-71.

卿立新.创新大数据时代的网络舆情管理[J].红旗文稿,2014(22):28-29.

邱园园,庞立生.网络意识形态的感性化传播机制及其治理逻辑[J].理论导刊,2021(9):60-65.

曲涛,臧海平.网络舆论引导面临的挑战和应对措施[J].传媒,2016(17):56-58.

人民网舆情监测室.如何应对网络舆情?——网络舆情分析师手册[M].北京:新华出版社,2011.

人民网舆情监测室.网络舆情热点面对面[M].北京:新华出版社,2012.

荣格.寻求灵魂的现代人[M].苏克,译.贵阳:贵州人民出版社,1987.

舍恩伯格,库克耶.大数据时代[M].盛杨燕,周涛,译.杭州:浙江人民出版社,2013.

沈建波.社会心态视域中的主流意识形态认同[J].湖北大学学报(哲学社会科学版),2014,41(1):24-29.

石云霞.习近平关于新时代意识形态重要论述研究[J].马克思主义研究,2022(8):61-74,160.

史波.公共危机事件网络舆情内在演变机理研究[J].情报杂志,2010,29(4):41-45.

苏丹.新时代大学生马克思主义信仰教育的战略意义及路径[J].思想理论教育导刊,2018(10):129-132

孙海文,陆腊梅,何毅.大数据时代网络舆情治理模式探讨[J].数字通信世界,2020(3):283.

孙凯奇,丁小丽,彭袁圆."信息茧房"效应下高校意识形态话语权建设的守正创新[J].东南大学学报(哲学社会科学版),2023,25(A2):53-56.

孙立平.转型与断裂——改革以来中国社会结构的变迁[M].北京:清华大学出版社,2004.

孙玲芳,周加波,林伟健,等.基于BP神经网络和遗传算法的网络舆情危机预警研究[J].情报杂志,2014,33(11):18-24.

孙秀玲.加强高校意识形态能力建设——以新疆高校为例[J].马克思主义研究,

2019(7)：134－142.

覃事太,吴长锦.加强高校意识形态建设的若干思考[J].思想理论教育导刊,
　　　2012(12)：97－99.

谭亚莉,刘艳.算法时代网络主流意识形态的话语建构及优化策略[J].学习与实
　　　践,2022(7)：24－34.

汤乐,陈云云.中国共产党理想信念教育的百年探索与时代启示[J].学术探索,
　　　2021(10)：143－149.

汤普森.意识形态与现代文化[M].高铦,文涓,高戈,等,译.南京:译林出版社,
　　　2005.

唐爱军.意识形态领导权建设的三重阐释[J].南京师大学报(社会科学版),2019
　　　(6)：93－102.

唐登然.高校意识形态话语权建设研究[M].北京:中国社会科学出版社,2020.

唐涛.基于大数据的网络舆情分析方法研究[J].现代情报,2014,34(3)：3－
　　　6+11.

陶达.全媒体时代高校主流意识形态话语权建构的理性审思[J].学校党建与思
　　　想教育,2021(10)：70－71,78.

陶达.全媒体时代高校主流意识形态话语权建构的理性审思[J].学校党建与思
　　　想教育,2021(10)：70－71,78.

陶文昭.中国特色社会主义新时代的逻辑要点[J].马克思主义研究,2019(9)：
　　　20－31,159.

万俊人.信仰危机的"现代性"根源及其文化解释[J].清华大学学报(哲学社会科
　　　学版),2001,16(1)：22－29.

万欣荣,叶启绩.当代大学生对主流意识形态宣传与教育认同状况研究——基于
　　　离散选择模型的实证分析[J].教学与研究,2011(10)：74－81.

汪康,吴学琴.网络"泛娱乐化"引发的主流意识形态安全风险及其治理[J].思想
　　　教育研究,2021(3)：56－60.

汪青,李明.从背离到统合:全媒体场域中主流意识形态传播的现实困境与突破
　　　路径[J].理论导刊,2022(2)：56－63.

汪青,李明.从疏离到弥合:人工智能时代主流意识形态话语权建设[J].当代传
　　　播,2022(4)：68－71,83.

王国华,冯伟,王雅蕾.基于网络舆情分类的舆情应对研究[J].情报杂志,2013,
　　32(5):1-4.

王海威,王艳.新时代牢牢掌握高校意识形态工作领导权管理权话语权[J].思想
　　理论教育导刊,2019(7):118-122.

王海威,王艳.新时代牢牢掌握高校意识形态工作领导权管理权话语权[J].思想
　　理论教育导刊,2019(7):118-122.

王红艳.提升党对大学生信仰吸引力的途径探析[J].学校党建与思想教育,2014
　　(9):40-41.

王来华,林竹,毕宏音.对舆情、民意和舆论三概念异同的初步辨析[J].新视野,
　　2004(5):64-66.

王来华.舆情研究概论:理论、方法和现实热点[M].天津:天津社会科学院出版
　　社,2003.

王宁,赵胜洋,单晓红.基于灰色系统理论的网络舆情预测与分级方法研究[J].
　　情报理论与实践,2019,42(2):120-126.

王宁,赵胜洋,单晓红.基于灰色系统理论的网络舆情预测与分级方法研究[J].
　　情报理论与实践,2019,42(2):120-126.

王青松.大数据时代网络舆论引导策略研究[J].福建省社会主义学院学报,2015
　　(5):116-121.

王铁套,王国营,陈越.基于模糊综合评价法的网络舆情预警模型[J].情报杂志,
　　2012,31(6):47-51.

王铁套,王国营,陈越.基于模糊综合评价法的网络舆情预警模型[J].情报杂志,
　　2012,31(6):47-51.

王习胜.意识形态及其话语权审思[J].马克思主义研究,2007(4):42-46.

王雪莉.加强党对高校大学生信仰吸引力的途径探索[J].人才资源开发,2015
　　(22):160-161.

王延超,王秋,高静.党员干部坚定理想信念的动力机制——来自六省一市的调
　　查研究[J].江西社会科学,2015,35(10):222-232.

王岩,陈绍辉.政治正义的中国境界[J].中国社会科学,2019(3):4-20,204.

王永贵.经济全球化与我国社会主流意识形态建设研究[M].北京:人民出版社,
　　2010.

王永贵.特约召集人语：网络空间的文化与意识形态研究[J].探索,2018(4)：164.

王永贵.新时代国家意识形态安全体系建构研究[J].马克思主义研究,2022(6)：114-124,156.

王永贵.以历史主动精神打赢新时代网络意识形态斗争[J].思想理论教育导刊,2023(4)：131-138.

王永贵.意识形态领域新变化与坚持马克思主义指导地位研究[M].北京：人民出版社,2015.

王永贵.影响我国主流意识形态建设的西方主要意识形态透视[J].社会科学研究,2007(1)：60-64.

王治河.福柯[M].长沙：湖南教育出版社,1999.

温旭.智能算法助推高校精准思政的逻辑进路[J].思想理论教育,2020(6)：81-85.

吴俊锋,侯欣."时代新人"视阈下大学生信仰教育路径探析[J].学校党建与思想教育,2019(22)：70-72.

吴琪.成因与机制："泛娱乐化"问题研究[J].现代交际,2020(15)：48-50.

吴小雪,冯秋婷.新时代社区党组织思想引领力的建构困境及提升路径研究[J].理论视野,2021(1)：72-78.

吴学琴,吕晓琴.习近平关于意识形态工作重要论述蕴含的科学思维方法[J].思想教育研究,2023(8)：3-10.

吴学琴.中国共产党执政话语体系的百年探索与成功经验[J].马克思主义研究,2021(10)：30-38,163.

武超群.高校群体性事件网络舆情治理实证研究[M].北京：中国书籍出版社,2015.

习近平.高举中国特色社会主义伟大旗帜为全面建设社会主义现代化国家而团结奋斗：在中国共产党第二十次全国代表大会上的报告[N].人民日报,2022-10-26(1).

习近平.关于坚持和发展中国特色社会主义的几个问题[J].求是,2019(7)：4-12.

习近平.加快推动媒体融合发展构建全媒体传播格局[J].求是,2019(6)：4-8.

习近平.加快推动媒体融合发展构建全媒体传播格局[J].思想政治工作研究，
　　2019(4)：11－13.

习近平.决胜全面建成小康社会 夺取新时代中国特色社会主义伟大胜利——在
　　中国共产党第十九次全国代表大会上的报告[J].党建,2017(11)：15－34.

习近平.决胜全面建成小康社会 夺取新时代中国特色社会主义伟大胜利——
　　在中国共产党第十九次全国代表大会上的报告[M].北京：人民出版社,
　　2017.

习近平.青年要自觉践行社会主义核心价值观,与祖国和人民同行努力创造精彩
　　人生[N].人民日报,2014－05－05(2).

习近平.实施国家大数据战略加快建设数字中国[J].中国卫生信息管理杂志,
　　2018,15(1)：5－6.

习近平.习近平在全国宣传思想工作会议上强调：举旗帜聚民心育新人兴文化
　　展形象更好完成新形势下宣传思想工作使命任务[N].人民日报,2018－8－
　　23(1).

习近平.习近平在全国宣传思想工作会议上强调胸怀大局把握大势着眼大事
　　努力把宣传思想工作做得更好[N].人民日报,2013－08－21(1).

习近平.用新时代中国特色社会主义思想铸魂育人贯彻党的教育方针落实立德
　　树人根本任务[N].人民日报,2019－3－19.

夏征农.辞海(1999年版缩印本)[M].上海：上海辞书出版社,2000.

项建英,孙炳海."身体"转向的省属师范大学研究生层次卓越教师养成新路
　　径——基于具身认知理论的视角[J].学位与研究生教育,2022(1)：36－41.

谢耘耕.中国社会舆情与危机管理报告(2017)[M].北京：社会科学文献出版社,
　　2017.

邢国忠.泛娱乐主义对青年价值观的影响研究[J].中国特色社会主义研究,2018
　　(6)：67－73.

邢国忠.警惕泛娱乐主义对青年价值观的负面影响[J].世界社会主义研究,
　　2019,4(1)：90.

徐曼,周琳."后真相"时代社会思潮的"真相"合谋及其应对[J].理论导刊,2021
　　(7)：94－98,105.

许丹红.当代中国家庭教养实践的类型化探索——基于质性资料的分析[J].中

国青年研究,2020(5):43-52.

许佃兵.大学生意识形态认同生成机理与改进机制[J].高校教育管理,2015,9(6):110-114.

薛圈圈.基于 BP 神经网络的网络舆情危机预警研究[D].江西:江西财经大学,2010:25-30.

闫广新.新时代增强高校非党青年教师信仰吸引力的研究[J].浙江工商职业技术学院学报,2020,19(4):39-42.

闫璐.大数据环境下网络舆情危机预警机制研究[D].吉林:吉林大学,2018:19-36.

闫兴昌,马静音.脱嵌与重构:"泛娱乐化"思潮下大学生主流意识形态认同研究[J].西昌学院学报(社会科学版),2020,32(4):34-39,45.

杨军.泛娱乐主义的主要表现及治理要求[J].人民论坛,2021(3):29-31.

杨茂青.基于改进 BP 神经网络的事故灾难类舆情热度评价研究[J].图书情报导刊,2022,7(4):59-66.

杨鲜兰,陈明吾.和谐社会视域下的社会交往分析[J].湖北大学学报(哲学社会科学版),2011(2):57-61.

杨晓奇.教学"泛娱乐化":隐忧与化解[J].教育学报,2020,16(2):59-65.

杨宇辰.祛魅与超越:网络泛娱乐主义思潮下的青年亚文化审视[J].宁夏社会科学,2021(2):201-208.

杨章文.网络泛娱乐化:青年主流意识形态的"遮蔽"及其"解蔽"[J].探索,2020(5):181-192.

姚福生.大学生群体网络舆情意识形态演化的监测预警研究[J].西华大学学报(哲学社会科学版),2018,37(1):44-48.

姚君喜,刘春娟."全媒体"概念辨析[J].当代传播,2010(6):13-16.

叶浩生.论班图拉观察学习理论的特征及其历史地位[J].心理学报,1994,26(2):201-207.

余本功,张卫春,王龙飞.基于改进的 OLDA 模型话题检测及演化分析[J].情报杂志,2017,36(2):102-107.

余源培,吴晓明.马克思主义哲学经典文本导读:上卷[M].北京:高等教育出版社,2005.

俞吾金.意识形态论[M].上海：上海人民出版社,1993.

原宙,平章起.价值观念多元化境遇下的主流意识形态认同探析[J].毛泽东思想研究,2015,32(2)：142-145.

岳爱武,段红敏.网络信息时代高校意识形态阵地建设与管理[J].重庆邮电大学学报(社会科学版),2023,35(1)：148-156.

曾润喜.网络舆情信息资源共享研究[J].情报杂志,2009,28(8)：187-191.

曾润喜,徐晓林.网络舆情对群体性突发事件的影响与作用[J].情报杂志,2010,29(12)：1-4.

詹姆逊.文化转向[M].胡亚敏,译.北京：中国社会科学出版社,2000.

詹志华,黎林娟.新媒体视域下高校意识形态话语权建设[J].学校党建与思想教育,2020(22)：58-59.

詹志华.论网络舆情与青少年群体的交互作用[J].电子科技大学学报(社科版),2013,15(3)：73-77.

张爱凤."泛娱乐化"批判的多维背景[J].前沿,2009(3)：169-173.

张东亮.互联网背景下的思想政治教育话语权研究[M].北京：中国社会科学出版社,2022.

张国臣,邵发军.多元文化场域下马克思主义意识形态话语权建设论[M].北京：人民出版社,2021.

张骥.马克思主义意识形态引领多样化社会思潮若干问题研究[M].北京：人民出版社,2013.

张骥,申文杰.马克思主义意识形态话语权在我国思想宣传领域面临的挑战与实现方式探究[J].当代世界与社会主义,2011(1)：163-168.

张连.论马克思主义信仰内涵的两种属性[J].前沿,2010(1)：13-17.

张蕊.当代中国泛娱乐主义：实质、特征及应对[J].思想教育研究,2021(10)：106-112.

张希贤.论中国共产党百年支部工作的历史经验[J].理论视野,2021(2)：5-10.

张霞.论中国马克思主义信仰的构成要素[J].学校党建与思想教育,2015(15)：73-74.

张恂,吕立志.祛魅与消解：网络泛娱乐主义的资本逻辑批判[J].思想教育研究,2020(6)：72-76.

张恂,吕立志.网络"泛娱乐化"影响下高校思想政治理论课困境审思[J].思想教育研究,2021(8):95-99.

张杨,高德毅.算法推荐时代高校网络思想政治教育面临的挑战与应对[J].思想理论教育,2021(7):91-96.

张一兵.本真时-空中的失去与重新获得——瓦纳格姆《日常生活的革命》解读[J].马克思主义理论学科研究,2021,7(1):71-80.

张一文,齐佳音,方滨兴.基于贝叶斯网络建模的非常规危机事件网络舆情预警研究[J].图书情报工作,2012,56(2):76-81.

张一文,齐佳音,方滨兴.基于贝叶斯网络建模的非常规危机事件网络舆情预警研究[J].图书情报工作,2012,56(2):76-81.

张志丹.马克思的意识形态权力思想及其当代性[J].马克思主义与现实,2023(6):82-89.

张志丹.推进新时代意识形态建设的逻辑进路[J].宁夏社会科学,2023(6):18-29.

赵建波."泛娱乐化"思潮对大学生价值观念的消极影响及其应对策略[J].思想教育研究,2018(11):72-76.

赵文杰.基于大数据技术的 BP 神经网络舆情预测模型[J].信息与电脑(理论版),2022,34(3):200-203.

郑苏法.高校网络舆情研判与控制的若干思考[J].网络安全技术与应用,2009(9):74.

郑秀月.基于 BP 神经网络的校园网络舆情危机预警研究[J].齐齐哈尔大学学报(自然科学版),2021,37(6):14-16,20.

郑永扣,寇东亮.国家意识形态安全建设中高校智库的功能与实现[J].河南社会科学,2015,23(12):97-100,124.

郑永廷,林伯海.坚持高校意识形态工作的领导权与话语权[J].思想理论教育,2015(4):10-14.

郑永廷,叶启绩,郭文亮,等.社会主义意识形态研究[M].广州:中山大学出版社,1999.

中共中央党史和文献研究院.习近平关于网络强国论述摘编[M].北京:中央文献出版社,2021.

中共中央关于坚持和完善中国特色社会主义制度　推进国家治理体系和治理能力现代化若干重大问题的决定[N].人民日报,2019-11-06(1).

中共中央文献研究室.毛泽东哲学批注集[M].北京:中央文献出版社,1988.

中共中央文献研究室.十八大以来重要文献选编(上册)[M].北京:中央文献出版社,2014.

中共中央文献研究室.十四大以来重要文献选编(上)[M].北京:人民出版社,1996.

中共中央文献研究室.习近平关于社会主义文化建设论述摘编[M].北京:中央文献出版社,2017.

中共中央宣传部,中央全面依法治国委员会办公室.习近平法治思想学习纲要[M].北京:人民出版社,2021.

中宣部党建杂志社,红旗出版社编辑部.信仰的力量[M].北京:红旗出版社,2011.

钟新文.青年懂中国,才能接好棒[N].人民日报,2014-09-06(4).

仲昭慧,王永贵.新时代中国共产党意识形态自信的三维阐释[J].学校党建与思想教育,2024(3):16-22.

周培源.大数据舆情研究的现状与进路:基于文献计量分析的思考[J].情报杂志,2019,38(12):86-91.

周未东.一种基于LDA中文微博舆情演化分析方法[D].黑龙江:哈尔滨工程大学,2017:31-46.

朱斌.对马克思主义意识形态话语权的调查与思考[J].理论视野,2018(3):5-12,80.

朱斌,刘新成.媒体融合环境下高校网络舆情传播引导模式研究[J].理论视野,2020(11):77-81.

朱晨飞,黄淑华,何杭松,等.基于BP_Adaboost算法的网络舆情危机预警[J].中国公共安全(学术版),2017,49(4):95-101.

朱继东.新时代党的意识形态研究[M].北京:人民出版社,2018.

邹庆华.推进主流意识形态认同机制建设[J].理论探索,2015(4):27-31.

致　　谢

《大数据时代高校网络舆情引导机制与话语模式研究》是本人主持的国家社科基金重点项目《新时代基于大数据的高校网络舆情预警系统与引导机制研究》(项目批准号：20AKS016)的最终研究成果。课题和书稿的完成离不开许多单位和个人的支持与帮助。在此,谨向所有为本书的研究、写作和出版提供帮助的人士,致以最诚挚的感谢。

首先,衷心感谢浙江农林大学和杭州电子科技大学科研团队的鼎力支持。两所高校为本书的研究提供了良好的学术环境与资源保障,使我能够深入探讨高校网络舆情管理这一复杂课题。本书的完成离不开课题组的精诚合作与分工,特别感谢课题组的郑静、张美玲、陈麟、武健、刘新成、马妍、何佩芸、王浩、杨佳璐,他们为本书的写作、调研、数据分析和文献收集做出了大量的工作,为本书的理论构建和案例分析注入了新的视角与活力。

其次,要感谢参与访谈和调研的高校师生及相关管理部门的工作人员,他们以真诚和专业的态度分享了大量一手资料,使本书的研究更加贴近实际,更具针对性。同时,感谢技术团队在大数据分析和舆情模型开发方面的技术支持,使本书的研究成果更加科学、严谨。

此外,感谢学术同行在研究过程中给予的悉心指导与批评建议。各位专家严谨的治学态度和宽广的学术视野让我受益匪浅,而同行们的探讨与交流帮助我发现了许多研究中的不足并及时改进。

最后,特别感谢我的家人和朋友。他们在我撰写本书期间给予了无私的理解和支持,无论是精神上的鼓励还是生活上的帮助,都让我能够全身心投入研究。

尽管付出了许多努力,本书仍难免存在不足与疏漏,欢迎广大读者批评指正。再次向所有曾经帮助过我的人致以由衷的谢意!

朱　斌

2024 年 12 月于浙江农林大学东湖校区